Okano Moriya
岡野守也

仏教とアドラー心理学

自我から覚りへ

佼成出版社

まえがき

本書は、仏教と心理学・心理療法（本書ではアドラー心理学＝個人心理学）を統合したかたちで活かして使うためのヒントになることを目指しています。

専門家だけでなく、心の問題について関心のある一般の方にも実際に役立てていただけるものにしたいという意図から、できるだけわかりやすく書くことを心がけました。けれども、内容の水準は落としていないつもりですから、仏教と心理学どちらの分野の専門家の方にも参考にしていただけるのではないかと思っています。

現代日本の社会には、うつ、神経症、心身症、不登校、引きこもり、リストカット、自殺、いじめ、非行、薬物依存などなど非常に多様で深刻な心と行動に関わる問題が、文字どおり山積しているといっていいでしょう。

なぜそうした問題が起こっているのか、どうすればいいのか、仏教と心理学（特にアドラー）を統合したアプローチによって、適切で有効な理解と対処（特に予防的対処）が可能になるのではないか、と筆者は考えています。

しかし現在のところ日本では、仏教と心理学を統合的に理解し活用できるということについて、仏教者、心理学者ともに、まだ十分には了解されていないと思われますので、まず序章で、何が統合を妨げているのか、なぜ統合が可能でもあり必要でもあるのかという理論的な問題について述べたいと思っています。

タイトルは「仏教とアドラー心理学」ですが、述べる順序は、最初に両者の統合について、続いて心の発達段階に沿ってアドラー心理学が先（第一部）、仏教が後（第二部）というかたちにしました。それぞれ独立にアドラー心理学と仏教のコンパクトな入門書としても使っていただけると思います。

しかし、「仏教と心理学・心理療法の統合」というテーマについては、一般の読者にはやや面倒に感じられるかもしれないことも一定程度論じざるをえませんでした。

詳しいことは後に本文で述べますが、まえがき的に統合のポイントである心の発達段階について必要最小限述べておきたいと思います。

人間の心の発達が乳幼児の自我以前から段階を経て大人としての自我の確立に到るということは、仏教者も心理学者も認めるところでしょうし、一般の方々も体験的におわかりのとおりです。

しかし問題は、発達のプロセスはかならずしも順調に進むとはかぎらず、それどころかかなりしばしば自我の確立に失敗するというところにあります。先にあげたような心の問題は確かにその現われ方は多様ですが、もっとも主には社会に適応できる正常な自我の確立に失敗したことから生まれていると考えてまちがいないでしょう。

心理療法の目的は、まず確立に失敗し困難に陥っている自我を再確立し、正常な社会生活ができるレベルに回復させることにあります。アドラーも端的に「個人心理学の目標は社会的適応です」といっています。

そして、人間の心の発達は、社会に適応できる自我を確立あるいは再確立するという段階にとどまらず、さらに「自己実現」と呼ばれるようなより高次の発達段階に到りうることも、人間性心理学の世界では共通認識になっています。

さらにトランスパーソナル心理学は、自己実現を超えた「自己超越」と呼びうる発達段階が存在すると主張しています（拙著『トランスパーソナル心理学』青土社、参照）。

もし、そうした自我以前―自我確立―自己実現―自己超越という心の発達段階を想定することができるとすれば、アドラー心理学は主に自我の確立・再確立の段階、さらに若干自己実現の段階に焦点を当てた心の理論と技法であり、仏教は自己超越の段階に焦点を当てた心の理論と技法である、と発達心理的に位置づけることができます。

そして、焦点の当たっている段階は異なっていますが、アドラーの「共同体感覚」というコンセプトと仏教の「縁起の理法」というコンセプトに両者の本質的な接点あるいは結合点がある、と筆者は捉えています。

筆者の大学時代の指導教官であった高尾利数先生も、アドラーの『人間知の心理学』（春秋社）の訳者あとがきで次のように言っておられます。

「こうしたアドラーの根本理解は、別の表現を用いれば、自己中心的なエゴというレベルの自我を超えて、つまりエゴイズムに縛られている自我を脱却して、他者とともに、他者のために生きるという新しい、正しい自己に目覚めるということであろう。そのことは、『自分の命を得ようとする者はそれを失い、自分の命を捨てる者は、かえってそれを得る』というイエスの言葉を思い起こさせる。それはさらに、仏教の告げる無我にも通じるし、新しい真の自己の確立は、禅のいう『無位の真人』『無相の自己』にも通じるものであろうと思う。それは、他者を排除し、他者から奪うという『私的な』(private)自我が捨てられ、他者とともにありつつしかも固有な個性を備えた『個体』(individual)が確立されることというふうにも理解されるであろう。」

そういう捉え方ができるとすれば、アドラー心理学と仏教は、人間の心という複雑な現象を理解し、さらにそのトラブル・病いによりよく対処し、さらにより高いレベルの発達を促進するうえで、補いあうものとして必然的に統合されることになるでしょう。

筆者はそうした視点に立っており、本書ではさらに具体的にはどういうふうに両者を相補的・統合的に有効活用できるかの見通しを述べたいと思っています。

最後に、前著を含め筆者の仏教、唯識関係の著書をすでにお読みいただいている方のためにつけ加えておきますと、本書はもちろん独立した著作ではありますが、前著『唯識と論理療法――仏教と心理療法・その統合と実践』(佼成出版社、二〇〇四年)の続編・姉妹編という性格もあり、仏教についてはかなり同じことを繰り返さざるをえませんでした。

ただ、本書では、縁起についての理解、唯識における個々の随煩悩の解釈・解説、それらと根本煩悩との悪循環のメカニズムについてなど、これまで述べていない重要なポイントについてもかなり踏み込んで述べましたので、単なる重複ではなく、新たに参考にしていただける点が少なからずあると思っています。

いずれにせよ、本書が、仏教者、心理学者、両方の分野に関心のある一般の読者、とりわけクライアントの方々の参考になることを祈っています。

著者

【目次】

まえがき 1

序章　仏教と心理学の統合 13

智慧と慈悲 14／あらゆる教えは方便である 15／煩悩と覚りの心理学 17

第一部　アドラー心理学と健全な自我の確立――27

第一章　アドラーの個人心理学 29

第一節　自我の確立と再確立 30

必須の人生課題としての自我の確立 30／三大深層心理学の一つ 33／自分の問題と学説 34

第二節　弱さ・劣等性の克服 38

虚弱児だったアドラー 38／力への意志 42

第三節　共同体感覚 44

共同体感覚の原体験 44／協力による弱さの克服 47／「個人心理学」ほかのネーミング 49／共同体感覚─宇宙意識─縁起 53

第四節　生育歴と環境 55

出生順位 55／甘やかしと無視 61／劣等性と補償・過補償 62／社会主義への関心 65／ライフタスク 66

第五節　アドラーとフロイド 69

医者と患者の関係 69／フロイドとの出会いから決別まで 70／個人心理学の確立 74

第二章　アドラー心理学の主軸理論 79

第一節　人生への思い込み 80

ライフスタイル 80／統覚スキーム・私的論理　対　共通感覚（コモンセンス） 83／劣等感と劣等コンプレックス 84

第二節　協力する能力 87

共同体感覚と性格のいい・悪い 87／希望のある楽観的な心理学 90／アドラー派のカウンセリングのポイント 92／早期回想 95

第三節　アドラー心理学の類型論 97
ライフスタイルの類 97／夢 102／アメリカ移住から早めの死まで 104
第四節　しつけの問題 107
ドライカースの貢献 107／所属願望がもっとも基本的 108／不適切な四つの目標・行動 109／自然の結末と論理的結末 112
第五節　自我確立の援助 115
勇気づけについて 115／ほめることと勇気づけの違い 118／受け容れていることを示す言葉 120／信頼を示す言葉 122／失敗も受け容れる 123／貢献に感謝する言葉 124／根拠抜きの信頼 125／努力や進歩を認める言葉 126／勇気づけと勇気くじきの違いの整理 127
まとめ：アドラー心理学と仏教の接合点 132

第二部　仏教とアドラー心理学 135

第一章　釈尊の説いた真理 137

第一節　縁起と四諦八正道 138
縁起の理法とは何か 138／ブッダの思想は「つながりコスモロジー」 143／四諦八正道をどう理解する

か 147／八正道のポイント 151／四諦とインフォームド・コンセント 154

第二節　仏教の三つの特徴 155

三法印 155／諸行無常 156／諸法無我 157／一切皆苦 161／涅槃寂静 162

第三節　仏教の発展 164

ブッダ以後の分裂と部派仏教 164／大乗仏教の興隆 166

第四節　空の思想 169

空とは何か 169／空の定義 170／縁起と空 171／無自性と空 172／無常と空 173／無我と空 174／苦と空 176／如と空 178／空と慈悲 179

第二章　大乗仏教の深層心理学としての唯識心理学 183

第一節　唯識心理学 184

唯識学派の登場 184／唯識の二つの側面 186／唯識の主要学説とそのシステム 187

第二節　迷いと覚りの分析 188

ものの見方の基本パターン――三性説 188／言葉と分別性 190／古典論理学と分別 192／分別性から依他性へ 193／依他性 194／依他性に重点を置いた見方と共同体感覚 196／真実性 197／迷いと覚りは見る方向の違い 199

第三節　潜在意識と煩悩 200
マナ識の発見 200／四つの根本煩悩 203／自我の確立の必要性 208
第四節　心の深層領域 211
アーラヤ識 211／記憶の貯蔵庫 212／いのちへの執着・維持 214／カルマの貯蔵庫 216／アーラヤ識―マナ識の悪循環構造と死の不安 218／善と煩悩 221
第五節　善なる心の働き 222
善の心 222／信―まごころ 223／慚・愧―内的反省・対他的反省 224／無貪、無瞋、無癡と三毒 227
無貪―貪らないこと 228／無瞋―憤らないこと 230／無癡―愚かでないこと 232／精進―努力 234／軽安―爽やかさ 234／不放逸―怠けないこと 235／行捨―平静さ 237／不害―傷つけないこと 238

第三章　意識上の根本煩悩と随煩悩 241

第一節　意識上の根本煩悩 242
六つの根本煩悩 242／瞋―過剰な怒り 244／癡―宇宙の理への無知・無理解 245／慢―過剰な優越感 246／疑―我見による自己防衛 248／悪見―我の実体視への執着 250

第二節　凡夫の性 257
随煩悩 257／忿——怒り 259／恨——恨み 261／覆——ごまかし 263／悩——悩ませ・悩むこと 265／嫉——ねたみ 268／慳——ものおしみ 273／誑——だますこと 274／諂——へつらい 276／害——傷つけること 277／憍——おごり 280／無慚・無愧——内的無反省・対他的無反省 282／掉挙・惛沈——のぼせ・おちこみ 285／不信——まごころのなさ 286／懈怠——おこたり 287／放逸——いいかげんさ 288／失念——ものわすれ 289／散乱——気がちっていること 290／不正知——正しいことを知らないこと 291

第四章　治療法としての唯識心理学のシステム 295

第一節　四つの智慧への転換 296
覚りへの好循環の構造 296／転識得智——八識から四智へ 298／大円鏡智 300／平等性智 302／妙観察智 304／成所作智 307／四智と共同体感覚 309

第二節　心の発達段階論 310
五位説 310／資糧位 313／加行位 315／通達位、修習位 316／究竟位 318

第三節　心の治療方法 319
六波羅蜜 319／布施 321／三種類の布施 324／布施とチャリティ・ボランティアの違い 330／持戒 333／五戒 336／八戒 338／十善戒 339／忍辱 340／能動的な受容 343／精進 345／禅定 347／智慧 352

第四節　究極の安らぎ 355
無住処涅槃 355／有余依涅槃・無余依涅槃 357／本来清浄涅槃 357／無住処涅槃 359
まとめ：アドラー心理学と仏教・唯識の統合的学習について 363
あとがき 367

ブックデザイン　鈴木正道（Suzuki Design）

序章　仏教と心理学の統合

智慧と慈悲

仏教の原点であるゴータマ・ブッダの教えに関する筆者の理解は、後にやや詳しく述べていきますが、本書のテーマに関して最初に引用しておきたいのは、以下のブッダの言葉です。

生きとし生けるもののすべてが安楽で、平穏で、幸福でありますように。いかなる生命、生物でも、動物であれ、植物であれ、長いものも、大きなものも、中くらいなものも、短いものも、微細なものも、少し大きなものも、また今ここにいて目に見えるものも、見えないものも、遠くにいるものも、近くにいるものも、すでに生まれたものも、これから生まれるものも、一切の生きとし生けるものが幸福でありますように。(『スッタニパータ』「慈悲経」)

端的に結論から言うと、ブッダ(さらに仏教全体)の教えのエッセンスは智慧・覚《さと》りと慈悲にある、と筆者は捉えています。そして、智慧・覚りは慈悲を生みだすものであり、慈悲は智慧・覚りに裏づけられたものであるという切っても切れない関係にあります。

覚りは、そこから「生きとし生けるものすべてが安楽で、平穏で、幸福でありますように」という慈悲の想いが自然に湧いてくるのでなければ、ほんとうの覚りとはいえないでしょう。

慈悲も、こだわりや無理のある、悪い意味の人間的な愛情・愛着になったのではかえって問題を起こしますから、覚りに裏づけられていなければほんものにならないと思われます。

あらゆる教えは方便である

仏教は、智慧と慈悲を核としているという意味で、本来、自らの教祖、教理、儀礼、教団などを唯一絶対に正しいと主張する原理主義的宗教ではありえません。それどころか、創始者ゴータマ・ブッダにおいて、あらゆる教え・言葉は慈悲のための方便である、と筆者は理解しています。

それは、原始経典におけるブッダの教えの姿勢からはっきりと読み取れるのではないでしょうか。ブッダの説法の特徴を表わす「応病与薬」「対機説法」「人を見て法を説け」という言葉のとおり、ブッダは説法する相手の機根つまり性質や状態に合わせ、その人にとって益・救いになる教えをいろいろなかたちで説いており、並べると論理的には矛盾と思えることもためらわず説いているようです。

なかでも重大なものの一つは、死後の生つまり輪廻があるかどうかですが、ブッダは、説くことがその人に安心をもたらしたり倫理的に正しい生き方をする導きになると判断すると、はっきり輪廻を説いています。ブッダは、必要だと判断すれば方便として古代インドの神話的世界観に基づいた輪廻という説き方も採用したということです。

しかし、ブッダは、それがすべての人が信じるべきものであり、すべての人に語られなければならないという姿勢を取っていないと思われます。それどころか、宗教的・思想的に高度なレベルにある修行者には、「あるとも言わない、ないとも言わない。あるのでもありないのでもあるとも言わない。あるのでもなくないのでもないとも言わない」と言っているケースがあります。これは明らかに言葉の遊びではなく、ブッダが究極の覚りの境地は言葉を超えていて表現できないものであり、実体的な輪廻をあると考えるかどうかに関わらないと見ていたことを示しています。

もし、この二つの教えを単純に並べて同じ水準にある論理として考えてしまうと、明らかに相互に矛盾していると言わざるをえません。言葉・論理としては矛盾したことをブッダは説いているのです。つまり、ブッダはいろいろな場面でいろいろな教えを説いており、ケース・相手に応じた説き方・対処をしています。ブッダは、教え・導き方に関してきわめて臨床的・実践的な姿勢を取っていたと見てまちがいありません。

もちろん、その人の素質や状況が可能であれば、覚りの高みへと導くことがもっとも望ましいことは言うまでもありませんが、それが難しい場合も見放すことなく、できるだけその人の心が安らかになり幸せになることを願って、ブッダはためらうことなくさまざまな説き方や導き方をしていたと思われます。

もし、仏教関係者が、そうしたブッダの姿勢にならってあらゆる教えや方法を「方便」と捉えるならば、仏教と心理学の対話から統合という方向は、より有効な現代の方便を創造するための試みとしてきわめて容易になるだけではなく、ある意味で必然と見えてくるでしょう。

煩悩と覚りの心理学

仏教は創始者であるゴータマ・ブッダ以来、人間の心の悩み（煩悩）をどう克服し究極の安らぎ（解脱、菩提・覚り、涅槃）に到達するかということを基本的なテーマにしています。そういう意味でもともと「煩悩と覚りの心理学」という面を持っています。

そして、ブッダ以後、心についての洞察・理論もさらに探究され整備されました。特に大乗の代表的な学派の一つ唯識学派では、「煩悩と覚りの深層心理学」と呼べるような緻密で普遍妥当性のある理論が確立されています（これについては後に詳しく述べます）。

それに対しヨーロッパに始まる心理学は、まず近代科学の方法を使って人間の心を研究してきました。しかし、「主客分離」を前提にした実験や観察という方法は、知覚や行動などを外面から研究することはできても、心・内面を理解するには最初から方法的な限界があり、心の悩み・病いを治療するうえでの有効性にも限度がありました。

やがて、そうした科学的・客観主義的な心理学に対して、心の病いの内面的理解と治療を目指すフロイドの精神分析、アドラー（ドイツ語読みではアードラーと音が伸びますが、日本での慣例にしたがってアドラーと表記）の個人心理学、ユングの分析心理学などの深層心理学、さらにはロジャーズの来談者中心療法など人間性心理学の流れを汲むきわめて多様な心理療法（サイコセラピーないしセラピー）が登場してきました。さらには、一九六九年以降、アメリカにおける東洋宗教と心理学の出会いをとおして、人間の個人性を超えたレベルの意識をも扱うトランスパーソナル心理学が発展しています。

同じく「心」に関わる理論と方法であるという点で、まず仏教と心理学の比較研究はぜひとも必要なものであると思われますし、悩み・心の病の克服・治療に関わるという点で、有効性の公平な比較検討と対話、さらには統合が強く望まれます。

しかし、これまで両者の統合にはさまざまな障壁がありました。そうした問題については、すでに先行する拙著（『自我と無我』ＰＨＰ新書、『唯識と論理療法――仏教と心理療法・その統合と実践』佼成出版社など）で述べましたので、本書ではアドラー心理学と仏教の統合的理解のために必要な序論の範囲で以下ごく簡略に述べておきます。

仏教と心理学の統合の壁になっているものは、何よりも双方にある「党派的思考」であり、それを取り払うには、①それぞれの党派的思考に気づき、②仏教教団のための仏教や心理学者のための心理学ではなく、クライアントの治癒や成長のためという実用的・臨床的視点（仏教的に言えば慈悲の立場）を取ることが望まれます。

以下、対話や統合を妨げる党派的思考の主なものとそれを超えるためのポイントをあげておきます。

1 仏教の側の党派的思考

(1)仏教の側にある大きな障壁の第一は、「仏教」と総称される文化現象に含まれる呪術的・神話的側面と、哲学的・合理的側面、霊性的側面が区別されず、そのままの全体が絶対に正しいものとされがちなため、西洋の科学・合理的な思考とは対話が困難であることです。

伝統的仏教には、古代インドから前近代の日本までの呪術的・神話的世界観が含まれており、そのままでは近現代の科学・合理的な思考とは相容れません。例えば地獄―極楽、六道、輪廻、十界、須弥山世界、三千大千世界などの仏教の神話的世界観は、現代科学の世界観・宇宙観とはどうやっても一致させることはできないでしょう（ただし意味ある象徴的解釈は可能です）。仏教者が呪術的・神話的要素も含めたそのままのかたちで正しいとこだわるかぎり、科学としての心理学との対話―統合は成り立ちえません。

しかし後述のように、幸いにしてブッダ以来、仏教の教義の中核にあるものは、きわめて合理性・普遍性の高い人間論であり、人間心理への深い洞察であると考えられます。しかもそれは単に哲学的な理論でなく、いかにして覚るか、霊性のきわめて高いレベルに到達することができるか、臨床実践の方法を持っています。この側面においてこそ、仏教と心理学の対話―統合の可能性と必然性がある、と筆者は考えています。

(2)第二の障壁は、従来仏教界、広くは日本文化全体において、自我と無我が対立概念と誤解され、仏教は自我を否定するものとされるため、自我の確立を目指す西洋心理学とは相容れないと考えられがちだったことです。

(3)第三の障壁は、欲望と欲求が混同され、仏教は無欲あるいは少欲知足を目指すものであり「欲」を否定するものとされているために、人間としての自然な欲求の充足を肯定する西洋心理学とは相容れないと考えられがちだったことです。

2　心理学の側の党派的思考

(1)心理学の側にある障壁の第一は、仏教の側の(1)と重なっていますが、仏教にはさまざまな側面があるにもかかわらず、通俗的で神話的な側面のみを見て、哲学的・合理的側面があることを認識しないまま、「仏教は宗教だから、科学である心理学とは対立する」とする無理解をもとにした誤解です。

(2)第二の障壁は、心理学自体の内部にもある、それぞれ特定の派が自派の理論と方法を絶対ないし最高とする傾向です。さらにそれも関係して、学派内で業績として評価されないこともあって、日本では、従来他の学派や、まして仏教との対話―統合といった取り組みはあまり関心に入ってこない傾向があったようです。

(3)さらに、日本のアカデミックな心理学の主流では、自我確立以後のさらなる発達段階があること、人間の心の深みには霊性のレベルがあることは十分認められておらず、覚りを語る仏教は「単なる形而上学であって科学ではない」と見られて、研究対象として関心を示されない傾向がありました（一部の先進的で優れた心理学者による坐禅の心理学的研究などは幸いなる例外です）。

3　党派的思考を超えて対話―統合へ

しかし米英においては、すでに人間性・トランスパーソナル心理学系の臨床心理学の世界を中心に、そうした党派的思考は非常に生産的なかたちで克服されつつあります。

1―(1)については、仏教の現代にも通用する普遍的な側面が哲学的・合理的な側面と霊性的な側面であることの合意形成がなされつつあり、例えば上座部仏教のヴィパッサナー瞑想法がセラピーの技法として採り入れられ、臨床効果の実証的研究が進められるとか、『禅セラピー』といった本が出版されるなど、多様な試みがなされています。

1―(2)については、人間の発達が自我以前から自我の確立を通過点として、さらに自己実現、自己超越へと到るという発達心理学的な視点を参照することによって、赤ん坊の自我以前の段階と覚者の自我以後の混同が解消され、自我の確立と無我――というより自我を含んで超える自己超越――の探求は対立するものではなく、それぞれ人間にとって不可欠なステップとして統合的に捉えることが可能になっています。

1―(3)については、日本の仏教者が、マズローの欲求理論における「自然で基本的な欲求」と「神経症的な欲求」の区別を参照すれば、仏教が「貪り」として否定してきたのは「神経症的な欲求」であって、「自然で基本的な欲求」はむしろ肯定・充足することによって心の発達が促進できるという、統合的実践のための理論的な場ができるでしょう。米英の人間性・トランスパーソナル心理学の流れでは、すでに広範な合意形成がなされています。

2―(1)については、日本の心理学者が、まず仏教（特にゴータマ・ブッダや空、唯識）の教えがきわめて哲学的で合理性が高いことを理解すれば、容易に超えられるでしょう。

2―(2)は、K・ウィルバーが『意識のスペクトル論』（邦訳春秋社）や『インテグラル・サイコロジー（Integral Psychology）』（未訳）などにおいて展開した心理学と東洋宗教の統合の試みを参照しつつさらなる検討・精査を加えることによって、日本においても生産的な対話―統合の展望が開けてくる、と筆者は考えています。

また、心理臨床の理論と方法としては、心理学と東洋宗教の統合をすでに先駆的にそうとうなレベルで達成しているロベルト・アサジョーリのサイコシンセシスを参照することも、大きなヒントになるでしょう（『サイコシンセシス』邦訳誠信書房）。

3―(3)も、同じくK・ウィルバーの『アートマン・プロジェクト』（邦訳春秋社）や『進化の構造1』（同）で展開された人間の意識の発達論を参照し、その妥当性を検証することによって、東西の意識の発達論の対話――統合の道が見えてくるでしょう。

4　臨床的・実用的視点から

ここで、筆者が再度強調したいポイントは、困難な時代状況のなかで、クライアントの側には、心の治療、心身の癒し、慰め、安らぎ、救い、心理的成長・成熟、自己実現、霊性・覚りなど多様なニーズがあり、それらすべてを満たせるような万能の理論や方法は仏教にも心理学にもないということです。

仏教と心理学の双方が、それぞれ万能でないことを自覚すれば自然に、さまざまな悩みや課題を抱えてやってくる人々・クライアントのために、自分にない理論と方法をも学び、できれば統合することによって、より広くより深い臨床の理論と技法を獲得することを目指すことになるはずだ、と筆者は考えています。

何よりも両者の統合は、仏教や心理学の専門家よりも両者のクライアントにとって大きな利益があると思われます。

読者も良くご存知の「ピグマリオン効果」という教育心理学の用語があります。古代ローマのギリシャ神話集であるオウィディウス『変身物語』にある、ピグマリオンという王が、理想の女性の彫刻を作らせたところ、あまりにすばらしかったので、人間に恋をすることができなくなり、ひたすらそれに恋焦がれていると、愛の女神アプロディテが哀れんで、彫刻を人間の女性にしてくれたという伝説にちなんだもので、教師が子どもに期待を持って接していると子どもはその期待どおりに伸びる傾向が高いことを示す用語です。一九六四年、アメリカの教育心理学者ロバート・ローゼンタールが実験に基づいて報告した現象で、「ローゼンタール効果」とか「教師期待効果」とも呼ばれます。

筆者自身は厳密な追試をしていませんし、ローゼンタールの実験の厳密性・再現性に対して批判もあるようですが、大学教師としての現場の経験からするとかなり実感―納得できるコンセプトであり、教育だけではなくセラピーの過程でもほぼ同じ現象があるのではないか、クライアントに対してセラピストがどういう期待のコンテクストを持って接するかが、どのような治癒効果や成長効果が生まれるかをかなり決めるのではないか、と考えています。

これは、セラピーにおけるスキルとメタ・スキルの関係として論じられることとも関わっています。かならずしもスキル・技法のいかんにかかわらず、セラピストの依拠する理論・人間観（メタ・スキル）が自我の再確立・社会的適応を想定していると、クライアントはそこまで到達し、自己実現まで想定していると、クライアントは自我の再確立を超えて自己実現まで到達し、さらに自己超越まで想定していると、自己超越の段階まで到達するという傾向があるように見えます。

もしセラピストが、自我の再確立・社会的適応――それはもちろんきわめて重要なことではありますが――しか想定していない場合、クライアントの人格的成長の可能性としてはその先があるにもかかわらず、成長可能性を限定し自我の再確立にとどまらせてしまうという問題があると思われます。しかしまた、仏教者が覚り・自己超越しか見ていない場合、自我の再確立や社会的適応さえできていないクライアントに発達段階として不適切な課題を強要する事態に至る危険があると思われます。

当面自我の再確立や自己成長・自己実現をテーマとしているセラピストの場合でも、人間にはその先の自己超越に至る可能性があるというメタ・スキルないしコンテクストを持ってクライアントに接することは、クライアントにとって「ピグマリオン効果」をもたらし、さらなる人間成長の可能性を開くことになると予想されます。

覚りに導くことを最終目的とする仏教者も、心理学的な自我の再確立や自己成長の理論や技法を学ぶことによって、クライアント（衆生）の現状・発達段階にあった適切な導き方ができるようになるでしょう。

そういう意味で、クライアントの利益を優先するという視点からすれば、両者の統合はどちらにとってもきわめて実り多いものであり、現代においてぜひとも必要とされることだ、と筆者は考えています。

〔やや私事にわたるようですが、筆者は、そうした問題意識を共有する方々とともにさらに広く関心を共有できる方々に呼びかけ、多くの賛同を得て二〇〇八年十二月日本仏教心理学会を創設することができました。

本書は、実用的な目的もあって、アドラー心理学と仏教にテーマを限定していますが、今後学会に参集してくださった多くの研究者や臨床家のみなさんとともにより広範囲により深く探究していく作業の一環でもある、と筆者は考えています。

読者のみなさんからも、学会関係者のみなさんからも、お読みいただいて生産的なご意見、ご批判をいただきたいと心から願っています。」

第一部　アドラー心理学と健全な自我の確立

第一章　アドラーの個人心理学

第一節　自我の確立と再確立

必須の人生課題としての自我の確立

アドラー心理学に入る前に、まず心理学と仏教との統合を考えるうえでポイントになる「自我」と「自我の確立」について、実践的・実用的な面から見て必要な範囲でごく簡略に述べておきます（後に「自我と無我」という問題についてやや詳しく述べますが）。

実践的・実用的な面から見ると、「自我」と呼ばれる心の部分がどういう働きをしているか、機能を果たしているのかということが大切で、おおまかにいうと、自我は、感覚器官が知覚したことをまとめて認識し、思考し、意思決定をして、自分（の感情や欲求）と他者や外界との調整を行ない、自分を満足させつつ社会に適応し社会に適応しつつ自分を満足させるという機能を果たしている心の部分だと捉えられます。

ですから、より簡略に言えば、「自我の確立」とは、自分の満足と社会への適応のバランスをうまくコントロールできるような意識的な心のシステムが形成されることだといっていいのではないでしょうか。そのあたりのことを、アドラーは次のような言葉で述べています。

「人間共同体への価値を認めうる生きかたをしているときのみ、人間は人生の諸課題を満足なかたちで解決できもするし、自分自身満足感を得ることもできる」（『アドラー心理学教科書――現代アドラー心理学の理論と技法』ヒューマン・ギルド出版部、一八頁の引用）。

その場合、重要なことは、自我あるいは自意識は、自分と他の人や他のものを分けて対象として認識するということです。自分と他との区別・区分がついていないとちゃんと生きていくことができません。そもそも自分と他とが区分されていなければ、コントロールすることもありえない、できないからです。

通常の社会生活・日常生活は、自他の区別を大前提にして営まれています。自他の区別とコントロールができなければ、社会生活に適応できません。

仏教的視点からいえば、確かに区分がいきすぎて自他が分離していると錯視されるところ（自我の実体視）に問題があるのですが、だからといって人間が自我なしに、つまり自他の区別をすることなしに生きることができるとは思えません。

どんなに無邪気で汚れなく見え、無分別でほとんど悟りのように見えても、人間は赤ん坊の心のままで社会生活に適応して生きていくことはできません。「分別がつく」ことによってのみ、大人になれ、社会的に適応できるようになるのです。

たとえ問題があるにしても「人間は自我なしには生きられない」という点をはっきりさせることが、心理学と仏教の対話さらには統合のためには不可欠だと思われます。

このポイントがはっきりすれば、まず健全な自我を確立すること、もし失敗して自我が歪むないし病んだ場合、健全な自我へと再確立し直すことは、すべての人間にとっての人生の前半（乳幼児期から成人初期に到るまで）での最大といってもいい課題であることもはっきりしてきます。そして、その「すべての人間」には心理学者はもちろん仏教者も含まれることは言うまでもありません。

子どもは成長の過程で自分なりの自己認識（「私って〜だ」）や他者認識（「人って〜だ」）、社会認識（「世の中って〜だ」）に基づいた性格（アドラー心理学の用語で言えば「ライフスタイル」）を創り上げていくのであり、アドラーは、それが社会適応的なものであるか不適応的なものであるかが問題である、と考えました。そして、不適応的になっている場合、それを修正して適応的なものにしていくためのきわめて有効な理論と方法を開発した、といっていいでしょう。

つまり、アドラー心理学は大まかにいえば、健全な自我と不健全な自我の違いはどこにあるかを明らかにし、どうしたら、健全な自我を育てられるか、不健全になった自我を健全な自我へ再教育・治療できるかというところに焦点を当てています。アドラーは自分の心理学に「個人心理学（Individual psychology）」という名前をつけており、それはまず「分割（divide）」できない全体としての「個人」という意味ですが、「健全な個人・自我を育成・再育成する心理学」という意味も含まれていると理解していいでしょう。

アドラー心理学は、自己実現のレベルもある程度カバーしていますが、やはり主には自我の確立・再確立に焦点が当てられていると思われます。

そういう点からいえば、筆者の知るかぎり仏教には自我以前の乳幼児から自我確立に到る段階についての理論もありませんし、特に自我確立あるいは自我再確立のための臨床的技法もありませんから、アドラーから補うべきものがあると考えられるのです。

さて、以下、アドラーの伝記に沿いながら、アドラー心理学の重要なポイントについて述べていきましょう。

三大深層心理学の一つ

アルフレート・アドラーは、オーストリアのウィーンの出身、民族的にはユダヤ系の心理学者です。一般的には、フロイド、ユングに並ぶ近代西洋の深層心理学における三大潮流の創始者の一人と評価されています。

一般的に最近まで、「アドラーはもともとフロイドの弟子だったのに後で離反した」と思われていたようですが、アドラー自身の主張、そして歴史的事実としても、最初から協力者・同僚だったと捉えるほうが正しいようです。考え方が近いと思ったので一時期一緒に仕事をしたけれども、次第に考え方の違いが調和できないところまできたので別れたというのが事実のようで、アドラー自身もアドラー派の人々も、「アドラーがフロイドの弟子だったことは一度もない」と主張しています（ちなみにアドラーは、後にそういうことが起こるのを予感していたのでしょうか、フロイドが初めて彼に研究会に参加しないかと——ということは弟子ではなく研究仲間として——招待するために出した葉書を保存しており、現在でも残っているそうです）。

アドラーは一八七〇年二月七日、日本でいえば明治三年生まれです。フロイドよりは若いのですが、現代の私たちから見るとかなり昔の人です。しかし、日本よりはるかに早く近代化したヨーロッパにあって、近代人特有の心の問題に取り組み、解決の方法を考案しているという意味で、決して昔の人ではありません。日本でいうと明治の末期・大正元年ころから大正年間くらいにかけて確立した学説は、後にご紹介するにつれて納得していただけるように、遅れて近代化した現代の日本にもほとんどそのまま当てはまり有効な人間洞察を含んでいる、と筆者は捉えています。

自分の問題と学説

セラピーの世界には「自分の傷で人を癒す」という言葉があります。アドラーの場合も、フロイドやユングの場合もそうであるように、自分自身が人生の初期にいろいろなことで心理的に傷ついたことが出発点になっています。そこで傷ついたままだと、もちろんセラピストにはなれませんが、それぞれに傷を抱え、その傷を自分で癒しています。その体験をベースにしながらさらに理論と臨床技法を普遍化することによってセラピストになったと見ることができるでしょう。セラピー専門家の世界に「傷ついたことのある癒し手《ウーンディッド・ヒーラー》」という言葉もあるとおりです。

そういうふうにアドラーその他の人々は、自分が人生で抱えた課題をどう解決していくか苦闘して、自分なりの解決を見出した体験が自分の学問・学説のベースになっていると考えられます。

後半との関連でつけ加えておくと、ゴータマ・ブッダも、老い、病い、死といった人生の根本問題に深く悩み、自分でそれを乗り越えた体験をもとに教えを説いたという意味で、「傷ついたことのある癒し手」・セラピストであると捉えることができるでしょう。ただ、主にどういう問題で悩んだかが、ブッダやそれぞれのセラピストの学説の違いになっていると思われます。

人生で深く悩み、それを自分で克服した体験のある人は、他の人の悩みをわかってあげることができますし、克服する手伝いもしてあげられるようになる傾向があります。それが非常に高度なレベル、ある程度の普遍性に達した人がプロフェッショナルなセラピストになれるのだといっていいでしょう。

アドラー自身、そのことをよく自覚していて、次のようなことを言っています。

「人間というものは誰でも、自分の考え方に合わせて経験するし、問題も起こす。その考え方は本人も自覚しないうちに身についてしまい、その考え方をもとにして推測したり、結論をだしたりしながら生きていき、やがて死んでいくものだ。たとえ科学者、特に哲学者や社会学者や心理学者といった人々でさえ、そういうワナにはまってしまっているというのは、面白くも悲しいことだ。自分独自の前提や人生についての考え方や生き方のスタイルがあるというのは、個人心理学者も例外ではありえない。しかし、そういう事実を自覚しているのとしていないのでは、大変な違いが生じる」（H・モサック／M・マニアッチ『現代に生きるアドラー心理学』坂本玲子ほか訳、一光社、三四頁、ただし読みやすくするために訳文を変更した。以下の引用についてもすべて同様）。

詳しくは後で述べますが、人間が良くも悪しくも主体的あるいは主観的な生物であることをはっきり自覚しているところが、仏教とりわけ唯識の「人々唯識《にんにんゆいしき》」つまり人には人それぞれの心の世界があるという考え方と一致していて、両者の重要な接点の一つになると思われます。

ともかく、そういうわけで、本書では評伝によく見られる「生涯と思想」というふうに二つに分けず、まずアドラーの生活史に沿いながら、どういう体験がアドラーの「個人心理学」の基本的な考え方に影響を与えたかを見ていくというかたちを取りました。その流れのなかで、アドラー心理学の理論と技法のポイントを簡略に紹介していきたいと思います。

〔アン・フーバー／ジェレミー・ホルフォード『初めてのアドラー心理学』鈴木義也訳、一光社、もこうした叙述のスタイルになっています。イラスト入りで読みやすく、重要なポイントがよく押さえられていて、本書を書くうえで非常に参考になりましたし、「初めての」というタイトルどおり本書の次にまず読むといい入門書として読者にもぜひお奨めしたい好著です。」

ところで、残念ながらたとえ天才であっても、あるいは天才だからこそ、なかなか自分の主観の限界を超えることができないようです。自分の体験したことがあまりにも切実だったということもあるのでしょうか、その心理プロセスが、「すべての人間に当てはまる。人間の心すべてを捉えているものだ」と思いがちになります。そうした傾向がこの三人の天才には多かれ少なかれあり、特にアドラーはそのことを自分でもはっきり自覚していたのですが、それでも完全に自由ではなかったようです。

筆者のような特定学派の外の人間からは、「みなそれぞれ当たっているところも外れたところもあるようだから、素直に当たっているところだけをお互いが認めあって、外れたところはお互いに捨てれば、協力しあってより広くて深い心理学理論を作り上げることができるのではないか」と見えるのですが、それはなかなか難しいことのようです。

ユングは、実際にフロイドの弟子だった時期があって、やがて決別していきます。それに対してアドラーは、最初は同僚という気持ちだったようですが、やはり考え方が合わなくなって決別します。

決別して以降、対話は途絶えたままで終わり、学派についても、フロイドの精神分析学、ユングの分析心理学、そしてアドラーの個人心理学というふうに、ずっと分離したままであり、残念ながらお互いのいいところを公に採り入れあうことはなく、しかし相手に断ることなしに密かにアイデアを使うということがあったらしく、外部から見るとあまり美しくない関係だったようです。それは他の学派間でも似た事情があったように見えます。

幸いにして最近は、そうした状況はかなり改善されてきて、学派間の相互容認や対話もなされるようにはなってきていますし、大学の臨床心理学科などでは比較的広く各派の概論は教えられるようになってきていますが、まだ統合のレベルにはかなり遠いようです。

第二節　弱さ・劣等性の克服

虚弱児だったアドラー

さて、アドラーの心理学理論に大きな影響を与えた第一の体験は、幼いころ、いわば虚弱児だったことです。声門が不随意にけいれんして軽い無呼吸になる病気があり、さらに、軽度で大人になってからはほとんど写真などを見てもわからないくらいになっていますが、クル病という背骨の病気もあったようです。

つまり、アドラーは全体的に身体の器官が弱かったわけです。その身体の弱さとそれにともなう心の弱さの問題も含めて、とにかく「自分の弱さをどう克服するか」ということが、彼にとって人生のいちばんの課題になったと見ることができるでしょう。

それに加えて、四歳のときに、当時は伝染病についての知識が確立されていなかったためジフテリアにかかっていた弟ルドルフと一緒のベッドに寝かされていて、目を覚ますと、弟は死んでいたという体験をしています。これは、当然ですが「大きなショックだった」と後に回顧しています。

さらに五歳ころ、ひどい肺炎にかかって意識が朦朧としているとき、医者の「この子は助かりません」という言葉を聞くという体験をしていますし、そのうえ二度も意識を失うほどひどい馬車の事故にあっています。

そうしたことの影響で、小さいときから病気や死に対する恐怖心が強く、それをどう克服するかが彼の非常に大きな問題関心・人生のテーマでした。

幼児期の弱さに加えて、学生時代には視力の弱さにも悩まされたといいます。

フロイドの場合は、お母さんに対する心理的な非常に強い愛着と、それからお母さんの愛情の奪い合いのような気持ちでお父さんに対しては愛着と憎しみの入り混じったアンビバレンツ（二律背反的）な感情があったようです。

そうしたアンビバレンツな気持ちを抱えて、自分の人格がどうもまとまりがつかないという苦しみを、どうやって分析して納得し克服するか、というのがフロイドのテーマだったと見ていいでしょう。フロイドにとっては、単に生理的な意味だけではなくてむしろ心理的な意味のほうが大きいと思いますが、ともかく「性」や「性衝動」がいちばん問題だったわけです。

ところがアドラーは、そうしたことではあまり悩まなかったようです。その代わり自分の弱さで悩んだものですから、「弱さをどう克服するかが人生でいちばん重要なことなのだ」と思ったわけです。

彼自身の言葉を引用すると、「人間であるとは劣等感を持つことである、と筆者は長い間強調してきた」（『生きる意味を求めて』岸見一郎訳、アルテ、七九頁）と言っています。

そうすると、アドラーには「性などフロイドが言うほどの問題ではないのだ」と見えました。それに対してフロイドは、健康で頭のいい子だったので、「弱さなどは問題ではなくて、性こそ問題なのだ」というふうに見えたのでしょう。第三者である筆者からすれば、どちらも人間にとって同じくらい大きな問題であるように見えますが。

そしてアドラーは、小さいころから、自分の弱さ、特に死と病気を克服するために、そのことに直接関わる仕事として医者になろうと決心し、まず最初は心理学者ではなく医者になっています。

繰り返せば、そうした自分の弱さに苦しんだという体験が、アドラーの人生観と学説の出発点になっていると考えていいようです。「無力であるという感覚、すなわち『劣等感』は、個人心理学の根本的な概念です」（アドラー『人はなぜ神経症になるのか』岸見一郎訳、春秋社、四六頁）とも言っています。

自分の弱さに対してそれを補うような力を得ていくことを「補償」と呼んでいますが、アドラー自身、医者それも眼科医になることで体の弱さ、視力の弱さを補償したといっていいでしょう。

詳しい内容は後で述べますが、「劣等感」「（劣等）コンプレックス」「補償」など、一般にもよく知られたアドラー心理学の概念は、そうした彼の幼児期の切実な体験から来ていると見てまちがいないようです。

しかし、人間は自分が弱く無力であるというマイナスの感覚には耐えられないので、何とかそれを克服してプラスの感覚を持ちたいという切実な気持ちを持っています。アドラーは、「人は誰でもみな、優越性を目標にしています」（同書二六頁）といい、それを初期には「力への意志（Wille zur Macht, will to power,「権力への意志」とも訳される）」とか「優越性への意志（will to superiority）」とか「優越性への努力（striving for superiority）」という用語で表現しました。

「私たちの努力はすべて、安心感――人生のあらゆる困難が克服され、環境全体とのかかわりのなかで、ついに安全で勝ち誇って上昇してきたという感じ――が達成された状態に向けられています」（『人生の意味の心理学』高尾利数訳、春秋社、三〇頁）という言い方もしています。

力への意志

そうしたアドラーの考え方は、確かに彼の個人的体験からきてはいますが、普遍的にも当てはまるのは、人間は誰でも無力な赤ちゃんとして生まれてきて、幼児期には大人のできるようなことはできませんから、自分が非常に小さくて弱いと感じるという意味での「劣等感」を感じざるをえないという指摘です。

それに対して子どもには、「でも自分はきちんとこうやって生きていけるんだ」という「力の感覚」、より一般的にいえば「自信」を持ちたいという切実な願いがあり、そこからスタートするのが人間なのだという洞察は当たっていると思います。

今の日本でも、例えば男の子たちがヒーローに憧れ真似をし気持ちは成りきって、「自分は強い」と思っている、思いたがっているという、ほほえましい場面はよく見られます。

当時思想の世界ではニーチェが注目されるようになっていて、アドラーは最初アイデアが似ていると思ったらしく彼の概念を取り入れて、先にも述べたとおり、劣等感を克服しようとする気持ちを「力への意志」と呼んだりしています。ニーチェの言っていることとアドラーの言いたいことは、ほんとうはかなり違っていたのですが、同じ用語を使ったため、後々まで誤解される原因を作ってしまいました。

ヒューマニズム的な人から、言葉の印象だけで、「アドラーは、人間は劣等感で悩んで必死になって権力・力を追求し、人を蹴落としてでも優越感を得たいと思うようなネガティヴな存在だと捉えている。人間のポジティヴな面を見ていない」と誤解されたのです。それは、アドラーの生涯にわたる業績全体をよく読まないで初期の用語からくる印象だけで批評している単純な誤解なのですが、しかしとにかく、初期に誤解の種になるような言葉を使ってしまったことはまちがいありません。特に日本では「権力」という訳語がいっそう誤解を強めたようです。

それに対して、逆に精神分析などからは、「考え方が甘い。人間の心はもっと暗くてどろどろした性の衝動（や死の衝動）につきうごかされていて、たいへんなものなのだ」というふうな感じで批判されます。

ともかく、「力への意志」という初期の用語は、両側から誤解される原因になり、いまでも心理学関係者のなかにさえそういう誤解された印象がある程度残っていて、「アドラー？　あ、劣等感と権力への意志の心理学者ね」と先入見で片づけてしまって、その先までアドラーを学ばない人が多いという原因にもなっているようです。それは、アドラー心理学の現代的な有効性からすると、とても残念なことだと思います。

さらにつけ足しておくと、フロイドは生まれたばかりの乳児は「劣等感」で悩むどころか、「ナルシシズム的な全能感」を持っているのだと批判しています。これは、フロイドの弟子で後に精神分析的な児童心理学を確立したルネ・スピッツなどが映像記録を採りながら行なった非常に厳密な臨床的観察からもいえるようです。

しかし、発達心理としては、赤ちゃんがそうした全能感に浸っていられるのはある年齢までのことであり、次第に自分が「ちっちゃくて、力がない」「いろいろなことが、大人みたいにはできない」と感じるようになるのも確認できる事実だと思われます。

この件については、フロイドとアドラーの主張の違いは子どもの発達段階の違いと理解すれば、矛盾・対立ではなく、生産的に統合できると筆者は考えています。

第三節　共同体感覚

共同体感覚の原体験

「劣等感」というのは、先に述べたようにアドラー本人の出発点でもあり、個人心理学の基本的な概念でもあることはまちがいありませんが、実はある意味でもっと重要なのはもう一つの「共同体感覚」という概念のほうです。

アドラーは、ウィーン郊外のルドルフスハイムという村で誕生し、幼年期を過ごしています。その地域は田舎的でありながら排他的ではなく、彼はユダヤ系であり体が弱かったにもかかわらず、その村で近所の子どもたちにいじめられたりすることもなく、とても仲よく楽しく遊ぶことができるという経験をしたといいます。この経験がもう一つ個人心理学の理論にきわめて大きな影響を与えています。

伝記には、「後になってアドラーは自分の心理学の始まりを幼年時代に帰すことを常とした。『思い出すかぎり、私はいつも友人や仲間に囲まれていた。たいてい私は友だちからとても好かれた。そういう友だちは途切れることなく次々にできた。私が人との協力が必要であることを理解するようになったのは、おそらく他の人と結びついているという、この感覚によるものだった。これが後に個人心理学の鍵となった主題である』」（E・ホフマン『アドラーの生涯』岸見一郎訳、金子書房、一〇頁）と述べられています。

つまり「人間にとって、社会的な関係のなかで仲間とどのくらい仲良く協力しながらやっていけるか、これが人生をしっかり生きていけるかどうか、幸せになれるかどうかのいちばん大きなポイントだ」と言い換えてもいいでしょう。

そうした幼児期の経験が、後に「共同体感覚」という用語を作る原体験になっているわけです。ドイツ語では「ゲマインシャフツゲフュール（Gemeinschaftsgefühl）」といい、英語で「ソーシャル・インタレスト（social interest）」と訳されています。

ただ、ドイツ語の「ゲマインシャフト」というのは訳せば「共同体」ということで、ソーシャルは「社会的」という意味で「共同体」という語感がありませんし、「ゲフュール」も、単に「感覚」というより、むしろ「感情」と「感覚」を合わせたような意味で、英語にも日本語にもぴったりとくる言葉が見当たりません。

もう一つ「ソーシャル・フィーリング（social feeling, 社会的感情）」という訳語もあり、さらに「コミュニティ・フィーリング（community feeling, 共同体感情）」という訳語もあって、筆者は後者のほうがいくらかドイツ語のニュアンスに近いのではないかと思いますが、ふつう英語圏では「ソーシャル・インタレスト」が使われているようです。

おおまかには、他者と一緒に協力していくこと、共同体を形成することに喜びを感じ、それを求めるような心情のことだと理解しておけばいいでしょう。

これは、特に後期（H・アンスバッハーによれば一九二七、八年以降）にさらに意味が拡大・深化されいっそう強調されるようになったアドラーの重要な用語で、自分の人生の原体験から、元気に幸せに生きられるかどうかは仲間とうまくやれるかどうかが一つの大きなポイントだと感じ、そのために必要な基本的な感覚・感情をこういう言葉で表現したわけです。

参考としてより詳しくは、私の友人であり日本におけるアドラー心理学の代表な専門家である岩井俊憲氏の主宰するヒューマン・ギルドの「アドラー心理学ベーシック・コース」などで示されている定義と引用をあげておきます。

①定義
(1)共同体に対する所属感・共感・信頼感・貢献感を総称した感覚・感情
(2)精神的な健康のバロメーター
②アドラーの文章
「『人生とは仲間の人間に関心を持つこと、共同体の一員になること、人類の福祉にできるだけ貢献することである』という確信に支えられたものである。」(『人生の意味の心理学』)
「共同体感覚は、徐々に育つ。子ども時代の最初から共同体感覚の方向にほんとうに訓練され、いつも人生の有益な側面で努力している人だけが、実際に共同体感覚を持つ。」(『個人心理学講義』)

協力による弱さの克服

後で述べるように、人間には自分の弱さを自分の努力で克服しようとすることが必要であるという面もあり、それも重要なことですが、そうはいっても一人だけの力には限界があります。アドラーは、むしろ他の人との協力関係を作ることによって弱さを克服するほうがより有効で健全であり、かつ人間として本質的なあり方であると考えています。次のような言葉が、そのことを非常にわかりやすく示しています。

「まずなによりも共同体感覚（社会的関心）を理解することが必要である。それは、共同体感覚を理解することが、我々の教育や治療のもっとも重要な部分だからである。勇気があり、自信を持ち、世の中のことをよく知っている人だけが、人生の困難さからも有利な側面からも恩恵を受けることができる。彼らは決して恐れない。彼らは困難を知っているが、同時にそれは乗り越えられることも知っている。いうならば彼らは、すべての人生の問題――それはいつも社会的な問題である――に対して準備ができているのだ」（『子どものおいたちと心のなりたち』岡田幸夫・郭麗月訳、ミネルヴァ書房、一一頁）

この「協力することによって弱さを克服する」ということは、そのほうが個人としてうまく生きていけるというだけでなく、より広く人類すべてに当てはまることであり、人間の本質である、とアドラーは考えていました。

集団で生活することは他の動物にも見られることで、特に弱い種の動物は団結することによって個々の個体も生きのびられるようになっている、というのです。

例えば野牛は群れをなし、オオカミがやってくると頭をくっつけあって、足でけることで身を守り合います。一匹の野牛ではできなくても、団結することによって身を守ることができるわけです。それに対して、ゴリラやライオンやトラはもともと非常に力が強いので、孤立しても生きることができるのだ、と言っています。

そして特に、「人間には、彼らのように強い力も爪も牙もないから、一人離れては生きられない。つまり、個人に弱点があるからこそ社会生活がはじまるということがわかる」（前掲書、二七頁）と述べています。それは、原始時代のきびしい環境のなかで、人類そのものが協力・団結すること、共同体を形成することで生きのびることができたということでしょう。

余談のコメントをすれば、現代の動物学の知識からいえば、ゴリラやライオンやトラも群れをなして生きており、決して単純に孤立はしていないのですが、「人間は一人では生きられない。一人では弱いからこそ、助けあうシステムとしての人間社会ができたのだ」というアドラーの言いたいことのポイントはそのまままったく当たっているといえるでしょう。

協力しあうことによって弱さつまり劣等性や劣等感を克服するためには、それぞれの人の心にしっかりと「共同体感覚」があることが必須の条件です。

前期ではそのあたりがややあいまいだったようですが、後期には、人間にとって重要であり健全であるのは、競争して他者を打ち負かせて優位に立つことではなく、他者と協力しあってお互いの弱さを克服し、しっかりと自信を持って安心して生きられるようになることだという主張が明快になっています。

「個人心理学」ほかのネーミング

先に述べたように、初めはアイデアが似ていると思ってフロイドと共同の仕事をしていたのですが、やがてテーマ・強調点が違うことがはっきりしてきて、一九一一年には別れ、一九一二年ころには自分自身の心理学に「個人心理学（Individual psychology）」という名前をつけ、新しい学派を形成しました。

しかし、アドラーという人は残念ながらネーミングがとても下手だ、と筆者は感じています。「個人心理学」というと、言葉の印象で「何だ、個人のことしか考えてない心理学か」と思われがちですが、本来の「individual」という言葉は、語源からしても、「分割不可能な全体的存在としての個人」という意味で、「社会と分離した個人」というのとは逆の意味です。それは、「人間においては体と心は不可分な全体をなしている」という意味と、「個人は社会・共同体や他の人間と不可分な存在である」という意味を含んでいるのです。後期には、さらに個人は社会とだけではなく他の生き物、自然全体、宇宙と不可分であるというより深い意味が含まれるようになっており、むしろ「トランスパーソナル（超個人）心理学」に非常に接近した捉え方がされていたと思われます（I・プロゴフ『心理学の死と再生』春秋社、参照）。

アドラーは、「個人《インディビデュアル》」という言葉をそういう意味で使って、自分の心理学に「個人心理学」という名称をつけたのですが、残念ながらそういう深い意味は言葉を聞いただけの印象ではまったくといっていいほどわかりません。

ていねいに説明してもらわないとほんとうの意味がわからない概念でしたから、外部の人には印象で「何だ、要するに個人のことしか考えていないのか」と取られて、読まないで批判されるという不幸なことが起こる原因の一つになっているようです（特に日本語の「個人」には語源的にも英語のような「不可分」という意味はありませんから、日本ではいっそう誤解されやすかったのではないかと思います）。

この「個人心理学」にしても、先に述べた「力への意志」や「優越性への意志」や「劣等感」にしても、まだ内容を理解していない人に適切かつ魅力的な印象を与える広報効果という点では上手なネーミングとは言えない、と筆者は感じます。

それらの用語の印象で、「要するに人間というのは権力意識しか持たない、エゴイスト的な存在だと捉えているのか？」とか「要するに劣等感を持っていた人間が他者と競争して蹴落として優越的な立場に立ちたいと思うことを認めているのか？　人間・個人というのは所詮そういうものだと考えているのか？」といった誤解を受けたわけですが、しかし、それは心を病んだ人の状態であって、先に述べたように、心理的に健康な人間についてアドラーの言おうとしたことはまったく逆だったのです。

そこで、アドラーは後期には「力への意志」という用語はあまり使わなくなり、「完全・完成への努力（striving for perfection）」や「意味（存在意義）への努力（striving for significance）」という言葉に置き換えることもありましたが、「優越性への努力」という言葉は使い続けました。

特に後期になると、アドラー自身、「supeiority というのは他者に勝って優位になるということではなく、自分の弱さや困難というマイナスの状態に打ち勝って自信を持って生き生きと生きられるというプラスの状態になることであり、目標としての完全・完成された状態のことだ」という意味のことを述べていますし、さらには「子どもたちのある種の特性は、子どもたちのうちに劣等感、弱さ、自信のなさを引き起こす環境の力が作用しており……子どもたちは、この状態から自分自身を解放すること、より高いレベルに到達すること、そして平等感を得ることを目標にします」（『子どもの教育』岸見一郎訳、一光社、四三頁、原著は一九三〇年つまり後期に刊行されています。傍点筆者）とも言っています。

確かにアドラーは「優越性」という言葉にそういう意味も含ませて使ったのでしょうが、一般的には「他者と比較競争して優位に立つこと」という意味が主で「平等感を得ること」といった意味はありませんから、どうしても印象による誤解を避けるのは困難です。

そういう点では、アドラーから大きな影響を受けた人間性心理学の創始者マズローのほうがネーミングが上手で、例えば「自己成長欲求」とか「成長への動因・衝動」といった言葉を使っています。

確かに、「人間には今の自分の現状にとどまらないで、より高い自己成長を遂げたいという非常に強い衝動がある」といえばポジティヴに聞こえます。

ですから、「人間は、生まれてきたときの未成熟な状態から、より成熟した状態へと成長したいという切実な衝動を抱えていて、うまく方向づけさえすればきちんと成長できるのだ」とでも表現すればもっと誤解を避けることができたのかもしれません。

実際、マズローが、ほぼ同じことにうまく「自己成長への動因・衝動」というネーミングをすると、六〇年代末アメリカでは非常に広い範囲で、専門家だけではなく一般市民からも大きな支持を得ています。マズローはアドラーから大きな影響を受けていますし、アドラー心理学はもっとも先駆的な人間性心理学ということもできますので、そのあたりはとても惜しまれるところです。

仏教との統合というテーマに関していえば、「優越性への努力」、「完全・完成への努力」や「意味（存在意義）への努力」、つまり一般的な心理学用語に置き換えれば人間のやむにやまれない「自我確立への衝動」は、後半で述べる唯識の「マナ識」における「我癡・我見・我慢・我愛」という四つの根本煩悩と重なる洞察であり、どちらもそれ自体は善でも悪でもないとされているところも一致していて、補いあうものだと思われます。

共同体感覚―宇宙意識―縁起

さらに加えていえば、この「共同体感覚」という概念こそ、アドラー心理学と仏教を統合的・相補的に捉えるための決定的なキー・コンセプトだ、と筆者は考えています。

それは、「共同体感覚」というのはやさしい言葉に置き換えれば「つながり感覚」といってもいいものであり、それは「すべてのものは縁＝つながりによって生起している」という意味での「縁起」という概念と非常によく重なると思われるからです。
　そして、特に後期のアドラーでは「共同体感覚」は「宇宙意識」と言い換えることのできるような意味の深まり・広がりを見せていますから、「宇宙と自己との一体性の目覚め」という意味での「縁起の理法の覚り」「空・一如の覚り」にも近づいているといっていいのではないかと思われます。次のようなアドラーの言葉が、そのことをもっともよく示しています。
「連帯感や共同体感覚は、子どもの心の中にしっかりと根づいており、それがうしなわれるのは精神生活がひどく病んで退化したときだけである。それは、ニュアンスが変わったり制限を受けたり拡大されたりしながらも一生続き、機会に恵まれれば家族のメンバーだけではなく、一族や民族や全人類にまで広がることもある。それはさらにそういう限界を超え、動植物や他の無生物にまで、ついにはまさに遠く宇宙にまで広がることさえある。」（『人間知の心理学』高尾利数訳、春秋社、五〇頁）
　人間の心の中には子どものときから「連帯感や共同体感覚」「つながり感覚」が根づいており、それは「機会に恵まれれば……ついにはまさに遠く宇宙にまで広がることさえある」という指摘は、先にも述べたようにきわめて「トランスパーソナル心理学」の人間観に近づいており、大乗仏教の「人間は教えに出会うことができ、修行することができれば、仏性を開発することができる」という考え方とも深く触れるところがあるのではないでしょうか。

後半でもう少しくわしく述べるように、もちろん仏教の「縁起」という概念は「無我」「無常」「空」というコンセプトとも密接に関わっていて、アドラーがそこまで把握していたというのではありません。

しかし他方、前述のとおり仏教には健全な自我を育てたり自我の再確立を援助する理論と方法が十分に整備されていませんから、相互に補いあうことができると思うのです。

第四節　生育歴と環境

出生順位

さて、生活史と理論の次のポイントに移りましょう。

アドラーは、八人きょうだいの二番目の次男だったのですが、身体が弱かったために、幼いころは両親がまるで長男のような感じにいちばん甘やかして育てました。それに対して長男のジグムントは身体的に元気で、弟アルフレートは自分にできないことが兄には自由にできることに嫉妬を感じ、兄は弟が弱いために親から多く世話をされることに嫉妬し、そのこともあって二人は生涯あまり仲がよくなかったようです。

その後、彼がだいぶ健康になってきたころ次の弟が生まれ、お母さんはこんどは弟のほうに手を取られます。それで、アルフレートは、いつも注目の的で世話をしてもらえるという状態、いわば王様の立場・王座を奪われたという感じの体験をしました。

さらにもう一つの重要な体験は、弟が亡くなったときのお葬式で、母親が知り合いに慰められて笑ったのを見て、「子どもが死んだのに笑うなんて」という感じで、許せないという気持ちになったことです。そういう体験から、お母さんに対する一種の恨みに近いさめた感情を持つようになり、お父さんのほうになつくようになりました。

ですから、有名なフロイドの「エディプス・コンプレックス」という概念、すなわち「ギリシャ神話のエディプスのように、男の子は誰でもお母さんに対して性愛をともなった愛着を持つもので、それこそ人生の原点の問題なのだ」といった捉え方は、アドラーからするとあくまでもフロイドの個人的なものであってそれほど人間の普遍的な心理とは思えなかったわけです。自分はお母さんよりお父さんのほうが好きだったので、「子どもは状況次第で、お父さんのほうが好きでお母さんはどうでもいいという気持ちにもなったりするのだ」と思ったのです。つまり、それは性そのものの問題ではなく、関係性の問題だというわけです。

そうした体験を通じて、特にきょうだいのなかでどういう位置を占めていたかが性格形成に大きな影響を与えると考え、「出生順位」という用語で表現しました。

これは常識的にいってても納得できるところでしょう。やはり第一子は第一子、第二子は第二子、中間子は中間子、末子は末子、あるいは単独子（一人っ子）は単独子というふうな性格特徴は確かに傾向としてはあります。

きょうだいのなかのどこの位置を占めることでどういう性格形成がなされるとアドラー心理学で考えているか、入門的な概説ですから詳しく述べることはできませんが、なかなか興味深いものがあります。私の訳したA・L・チュウ『アドラー心理学への招待』（金子書房）のなかに紹介されているカールソンの簡潔なまとめを基に以下におおまかに述べておきましょう（同書五三―五五頁）。

第一子は、いちばんに生まれ、そのままずっといちばんでい続けたいと思う傾向があります。最初はほかに子どもがいませんから、当然家族の注目の的になります。しかし、次の子が生まれると、しばしば「王座を奪われた」と感じることになります。そう感じると、最初はがんばっていい子になろうとしますが、必要以上に注目されようとする傾向があります。ところが、いい子になっても次の子に勝てないと思ってしまい、勇気・やる気がくじかれると、問題児になることもあります。一般的傾向としては、しっかりとして、責任感が強く、頼りになり、親などの権威のある人には従順でうまくやっていくことができ、正しくて、完璧で、優秀な子だと思われます。

第二子は、後から生まれたので、追いつくために必死になって走るという傾向があります。

第一子に対抗して、もし第一子が「いい子」なら、第一子は「悪い子」になるか、その逆もあります。あるいは、第一子と競争しなくてもいい別の分野で努力することを選んだりします。最初の二人の子どもの性格はたいてい正反対になります。まるで競争しているみたいに行動するのです。親もしばしば「お兄ちゃんみたいに、もっと努力しないとダメだ」と競争を煽るようなことを言いがちです。そのため過補償的で過度に活動的で、でしゃばりになる傾向があります。

間にはさまれた子ども（中間子）は、一生、人をかき分けていく傾向があるといわれます。それは、最年長の特権も末子の特権もなく、家の中での自分の居場所がよくわからず、無視されているとか愛されていないと感じることがありがちだからです。そこで、人は自分に対して不公平なのだから、自分の立場を確立するには闘わなければならないと思うわけです。家の中で居場所が見つけにくいので、外に出て社交的に振る舞う傾向がありますが、周りから圧迫されていると感じ、不正義や不公平、軽視されたり虐待されることに敏感になりがちです。

末子は、最後の赤ちゃんとして生まれていますから、愛され注目されるという王座を追われることは決してありません。そして、家族の中でのそういう地位は特権的ですから、そういう楽園を去ろうとするはずがないといわれます。しかし、そのため、親や年上のきょうだいに甘やかされてダメにされることもあります。いちばん小さいので、まじめに取りあってもらえなかったり、いつまでも赤ちゃんのように振る舞っていろいろなことを他の人に代わりにやってもらい、自立性が育たず、大人になっても、依存的で、赤ちゃんのままのこともあります。末子は、甘やかされがちという点では単独子（一人っ子）に似ていますが、違うのは見て真似をする上のきょうだいがいることです。しかも第二子のように競争しなければならないという圧迫感なしにのびのび育って、とてもクリエイティブで、優秀で賢くなって大成功することもあれば、上にはどうしても勝てないという劣等感を持つことも、勇気をくじかれることもあります。

単独子（一人っ子）は、いわば「巨人の世界のなかの小人」で、育つ間中ずっと、自分より大きくて能力のある人々のなかで暮らすわけです。単独子は、大人の間での居場所を確保するために独特のスタイルを形成します。とってもおしゃべりで、かわいらしくて、賢くなるか、そのほうが助けてもらえて有利だと思うと恥ずかしがりや頼りなげになることもあります。

こうした出生順位に関して、アドラーおよびアドラー派は慎重に、パターンが固定的に決まっていて、「長男ならかならずこうだ」というのではなくて、あくまでも「傾向性がある」と言っています。

しかし、アドラー心理学の出生順位についての洞察を参照しながら自分を客観的に見ると、自分の性格のいいところも悪いところも含めて、「ああ、そういうわけで、自分はこういう性格形成をしてきたんだな」とわかります。そうするとそれに対して、大人として自分の性格をこれからどういうふうに変えていくか、あるいはそのままでいくか、自分で決めることができるわけです。

セラピーの過程としていえば、クライアントはセラピストから「出生順位」という考え方を示され、その洞察を参照しながら自己認識を深めていくことができるのです。

アドラー心理学は、性格というものは固定的なものだとは考えていません。しかし、どうにでも変えられるものだとも考えていません。非常に妥当な考え方で、一定程度の限界は確かにあるけれども、自覚すれば、相当程度変えることはできる。自分の性格――後で改めて述べますが「ライフスタイル」という言葉で表現しています――がどういうものかを自覚できれば、新たにどういうライフスタイルを選択するかは、自由意志によってかなりのところまでできる、と考えています。

わかりやすい言い方をすれば、人間は変われる、というか気づいてその気になれば自分を変えることができる、完全にではないとしても、かなりの程度まで、ということです。

自分の性格・ライフスタイルが自分にとっても周りの人にとっても不都合なものである場合、そのことが自覚でき、適切な方法を使えば、新しい適応的なライフスタイルを再形成することも可能だというのです。言うまでもなく、「ライフスタイルの再形成」は一般的な心理学用語では「自我の再確立」と言い換えられるでしょう。

甘やかしと無視

人間はスタートで劣等感を持っており、それに対して力への意志というか自己成長衝動を持って立ち向かって、弱さを克服するためのさまざまな努力をするわけですが、そのとき劣等性をどういうふうに克服するかという補償のパターン—ライフスタイルに、人生のすべての鍵がある、とアドラーは見ています。

努力がなされてパターンが形成されていくプロセスでは、もちろん環境も影響を与えます。特に先にいったように、第一子か第二子か中間子か末子かといった出生順位は大きく影響します。

さらにアドラーは、しつけ・育て方の影響が大きいことを指摘し、甘やかすのでもなく無視するのでもないという育て方、「子ども自身の自己決定と自己責任を尊重しながら自立に向けて勇気づける」というのが教育の正しいあり方だという提案をしました。

今、かなり安易に「自己決定—自己責任」といわれたりしますが、もともとのアイデアはアドラーから来ているようです。しかしアドラー（および以後のアドラー心理学）はもっと慎重で、まさに自己決定—自己責任ができるように自立に向けて勇気づける方法論を非常にうまく整備をしています。

筆者は、できるだけ多様な心理学・心理療法を学ぶよう心がけてきましたが、知っている範囲でいえば、現代の教育や家庭の問題に取り組むための理論と方法のベースとしては、そうした意味でたぶんアドラー心理学が——唯一ではありませんが——いちばん有効性が高いのではないか、と評価しています。

〔しかし、それで足りないところは論理療法で補うといいし、もちろん他のいろいろなものも補っていくことができます。それから世界観としては、後期のアドラーが方向性としては持っていながら未完成に終わった面を発展させると、私が考案したコスモス・セラピーになると考えています。〕

劣等性と補償・過補償

アドラーは、一八七九年、中等学校（ギムナジウム）に入っていますが、算数ができなくてとても悩んでいます。ところが、それがくやしくて一生懸命家で自習してできるようになったといいます。そしてあるとき、学校の先生が黒板に問題を書いて「この問題できる人」と言い、クラスでほかに誰も手があがらなかったとき、自習で力をつけていたアドラーが「はい、できます」と手をあげたら、その先生が、とても皮肉っぽく「きみならできるだろうよ」と言って、しかしいちおう当ててくれたそうです。そして出ていってやったら、みごとにできたので、そこで、「あ、自分はやればやれるんだ。ちゃんとやっていけるんだ」と自信をつけたといいます。

そうした体験などを通じて、スタートで弱点を持っていることが人生全体でかならずマイナスになるとはかぎらない、克服しようと努力することでかえってその弱かった面や他の面で伸びる人がいることを、自分自身を含めて見出したわけです。

そうした「弱さ」に対して、アドラーは、「劣等性・インフェリオリティ（inferiority）」という用語を当て、弱さを実感している心の状態を「劣等感」と呼んでいます。

しかし常識的にもよく言われるように、人間は劣等感があるからこそそれをバネにして頑張ろう・伸びようとするものです。アドラーは次のように言っています。

「そもそも子どもはみな人生に対しては劣等なもので、周りにいる人の多大な共同体感覚なしには生きていけないということを考え、子どもたちの小ささと足りなさ――長い間続き、人生は大変だという印象だけを与えがちな――を理解すれば、すべての人の精神生活の始めには、多かれ少なかれ深い劣等感があると仮定するほかありません。それ（劣等感）は、そこから子どものあらゆる努力が出てくる、そして目標設定するために発達する推進力である点なのです。子どもは、その目標によって将来の自分の人生でのあらゆる安心さや確かさを期待し、そういう目標の達成に適していると思える道を拓こうとします。……子どものそういう独特の立場……のなかに、子どもの教育可能性の基礎もあります」（アドラー『人間知の心理学』高尾利数訳、春秋社、八〇―八一頁）。

劣等性・劣等感があるからこそそれを補おうとすることを、「補償（compensation）」、補いが余って、むしろその面で優れていくのを「過補償（over compensation）」といいます。

ですから、劣等性はかならず固定化した劣等感、あるいは「劣等コンプレックス」をもたらすとはかぎらず、劣等性を自覚するからこそ、それを克服しようという補償行為が行なわれる。過補償というところまでいくと、弱かった領域でかえって優れる人が出てくる。それが人間というものなのだ、と自分の体験を通じて思うようになったわけです。

アドラーもあげている「過補償」の有名な例の一つは、ギリシャの雄弁家デモステネスという人で、吃音で口下手で、それがくやしくて必死で演説の練習をして、とうとう歴史に残るような雄弁家になったというものです。例えば筆者の知っている例では、小さいとき体が弱くて、それでケンカするといつもいじめられて泣いていた子が、くやしくて空手を習い、今や空手の師範になっているという人がいます。そうした実例は、読者の身近にもたくさんあるのではないでしょうか。

子どもというのは、理性的に未成熟な心で自分なりに、すなわちきわめて主観的に生き延びるためのいろんな補償・過補償の方法を見つけていくもので、たまたま見つけたその方法がプラスの方向に向かっているか、それともうまくできないでマイナスの方向に向かっているか、これが人生の一つの大きな分かれ目になります。

先に述べたように、アドラー自身は病弱という問題を抱えていたので、克服しようとして医学生になります。視力も弱かったので、まず眼科医になりました。しかし、体が弱いということは、単に体だけではなくて自分の弱さをいつも自覚しなければいけないという意味で心の問題でもあることを体験を通じて知っていますから、体と心の問題をどう統合的に捉えて強くなれるかということを考えようとします。

そしてすでに述べたように、一八八八年ウィーン大学医学部に入学し、一八九五年には医師の資格を得ています。最初は眼科を専攻していましたが、心と体の問題の両方を扱えると考え、やがて精神科に移っていきます。

社会主義への関心

医学生時代、時代の学生の流行のようなところもあり、アドラーはヒューマニズムとしての社会主義に関心を持ち、マルクス主義者の会合にも顔をだすようになりました。そして、一八九七年、そうした政治集会の一つで後に妻になるライサ・ティモフェイブナ・エプスタインと知りあっています。

ライサは、きわめて本格的な社会主義とフェミニズムの活動家であり、そのサークルには有名なロシアの革命家トロツキーもいて、アドラーもかなり親しく交際したようですが、アドラーは、後に起こったロシアの共産主義革命には批判的であり、トロツキーには個人的にも暴力的な統治への抗議をはっきりしていますし、実際の政治活動には生涯ほとんど関わっていません。しかし、人間は社会的存在であることを強調するアドラーの理論は社会主義・マルクス主義からかなり影響を受けているといわれています。

ライフタスク

さて、無力な存在として生まれてきた人間は、成長するにしたがって人生で対処しなければならないいろいろなチャレンジに直面するわけですが、アドラーは、人間が人生で直面するチャレンジを「ライフタスク（life task）」と呼んでいて、もっとも主なものとして、仕事、仲間、愛（結婚・親密さ）の三つをあげています。そして、そのどれもが共同体感覚がなければうまくいかないといいます。

アドラーは、仕事は人の心の援助をする精神科医を選び、多くの友人を持ち、結婚についていえば、前述のとおり医学生時代に政治集会で知りあったライサと恋に落ちて、一八九七年に結婚しています。ライサは、非常に知的で自分の考えを持った新しいタイプの女性で、マルクス主義・フェミニズムの活動家であり、オーストリアの伝統的なタイプのすべてを夫に合わせるという人ではなかったため、アドラーはそうした点ではいろいろ苦労したようで、お互いの仕事の都合でしばしば別居していたこともあったのですが、愛情は一生変わらなかったといいます。

アドラー自身が、どのライフタスクについても共同体感覚を持って取り組み、みごとに成功したといっていいでしょう。もちろん、主なライフタスクが三つあるという指摘は、かなり誰にでも当てはまる普遍性の高いものですが、アドラー自身の個人的な体験とも強くかかわっているわけです。

アドラー夫妻には、一八九八年の長女のバレンティーナ・ディナ、一九〇一年、次女のアレクサンドラ、一九〇四年、息子のカート、一九〇九年、三女のコーネリア（愛称ネリー）と四人の子どもが恵まれています。アドラーはかなりひどい仕事中毒であまり家にいる時間はなかったにもかかわらず、子どもたちは世話好きの愛情深い父親だったと記憶しており、なかでもアレクサンドラとカートは父を深く尊敬していて跡を継いで精神科医になったほどです。その事実からして、子育てにおいても、アドラーは共同体感覚を持って取り組み成功したといえます。

アドラーの後継者であるドライカースは、ライフタスクとして先の三つに「自分自身とうまくやっていくこと」、「自分の人生の意味を発見すること」をつけ加えています。さらに、現代では「スピリチュアリティ（霊性）の確立」をあげるアドラー心理学者もいます（H・モサック／M・マニアッチ『現代に生きるアドラー心理学——分析的認知行動心理学を学ぶ』坂本玲子監訳／キャラカー・京子訳、一光社、一八三頁以下)。

アドラーが指摘した三つのライフタスクは、言われて気づくと常識のようですが、子どもから青年期にかけてはごく漠然としか捉えておらず、そのためにしっかり意識的に取り組まず、しばしば社会的適応に失敗をするケースが見られます。ところが、アドラー心理学では、はっきり「ライフタスク」つまり「人生の課題」という言葉で位置づけ、クライアントにそれを自覚させることによって、人生の基本的で不可避な課題として意識的に取り組むよう勇気づけるというアプローチをしています。

ここでもコメントしておくと、アドラーのあげた三つのライフタスクは、仏教が主に課題としてきたこととは明らかに領域が違っています。三つのうちの最初（仕事）と最後（愛・結婚）は、ブッダが出家というかたちで放棄したものであり、『維摩経』など大乗の在家主義においてふたたびある程度取り上げられたテーマですが、ごくふつうの在家の人が維摩居士のいわば名人芸をただちに真似をすることはできないでしょう。では、どういうふうにすればふつうの人が適切にライフタスクに対処できるか、そのための助言をするうえで、仏教者にとってもアドラーの示唆は有効なヒントになると思われます。またアドラー心理学者にとって、維摩居士のような理想的モデルがあることは、人格成長の最終的到達目標を明らかにするという大きな意味を持ちうるでしょう。

そういう意味で、この点でも両者はまさに違っているからこそ補いあうことができると思われます。さらに現代のアドラー心理学者のようにスピリチュアリティの確立を加えるならば、ますます統合が可能になると言えるでしょう。

第五節　アドラーとフロイド

医者と患者の関係

一八九八年、アドラーは有名なプラテル公園の近くに自分の病院を開業しています。遊園地の曲芸師や道化師たちが主な患者で、彼らが体の問題を訴えるのを聞き、職業柄体の弱いところを努力して鍛え上げていかなければならないことを観察しながら、自分の小さいころの記憶とも重ねあわせたことが、後の「器官劣等性」や「過補償」という概念の大きなヒントになったようです。

また、アドラーは患者に専門用語をできるだけ避けて病気の説明をし、患者の訴えに本気で耳を傾けたといいます。それは、当時の上下関係に基づく医者と患者の関係とはまったく違ったスタイルであり、医者と患者が、人間として対等で信頼しあえるよい人間関係を作り、協力して治療に当たるという、後のアドラー心理学の心理療法のスタイルの基礎になっています。ここでアドラーはすでに、上下関係を前提にした従来の医者―患者関係のかたちで精神分析の診療を行なったフロイドとはちょうど逆のスタイルを創り上げているわけです。

患者にはほかに洋服の仕立職人も多く、彼らの劣悪な仕事場の環境が病気の原因になっていることを知り、『仕立て業者のための健康の本』を書いています。興味深いことは、これがアドラーの最初の著作であり、精神医学・心理学のものではなかったことです。そこには、単に医学的な治療だけでなく、模範的な工場を設立する法律、住居の改善、労働時間の制限など環境の改善の提案がなされています。そこには、アドラーの「共同体感覚」がいっそう深まっていることがうかがわれます。

フロイドとの出会いから決別まで

アドラーは開業したころ、フロイドの講演を聞きに行っていますが、そのときには直接話すことはせず、一九〇〇年に出版されたフロイドの『夢診断』を読んで、他の多くの医者たちが非難したのに対しフロイドを擁護する文章を書いています。それもきっかけになり、フロイドの患者でもあった医師のシュテーケルの推薦もあって、一九〇二年、フロイドは毎週一回開いていた心理学に関する討論会への招待状をアドラーに送り、それに応えてアドラーは集会に参加するようになりました（つまりスタートからしてアドラーは「招待された客」であって、自分が頼んで入門させてもらった「弟子」ではなかったわけです）。こうして後に深層心理学の巨匠となる二人が出会ったのは、十一月六日の木曜日だったことがわかっています。

後に集会は水曜日が定例になり、フロイドは毎回、最後に自分が議論の締めくくりをし、次第に教祖のようになっていきました。それに対してアドラーは当初から、すでに自分独自の考えやスタイルを形成しつつあり、フロイドに追従することはありませんでしたが、当分は集会に出席し活発な議論に参加することを楽しんでいたといわれます。

アドラーはフロイドの学説を知って、初期段階では自分の考え方に非常に近いという感じで招待されたこともあって接近したらしいのですが、よく接してみるとやはり違うというので離れていったことは先に述べたとおりです。アドラーがフロイドに共感したのは、「人間は自分の抱えている心の問題が何であるかについてよく自覚していないことがある。そういう意味で無意識だと解決できないけれども、自分の問題点を意識化できると解決の方向に向かうことができる」という発想の点だったといいます。

ところが、その問題のポイントは、フロイドにとっては性心理でした。ところがアドラーにとっては「ハンディや劣等性を背負って生まれてきたことをどう克服するか」ということがテーマだったわけです。

さらに、フロイドは意識と無意識を心の別の領域と捉えたのに対して、アドラーはどの程度気づいているかというグラデーション的なことであって、心が意識と無意識の二つの領域に分かれているという考え方は採っていません。

一九〇六年には水曜集会で、「神経症の器官的基礎について」という論文を発表し、一九〇七年には『器官劣等性の研究』という著作を刊行しています。この二つによって、すでにアドラーはフロイドとは異なる自分の理論的立場を確立していたのですが、この段階ではまだ関係は良好で、後に有名な精神分析家となったオットー・ランクは、フロイドが「アドラーの論文は私の仕事をさらに押し進めるものである。私の第一印象では、彼の論文のほとんどは正しいことが証明されるのだろう」と絶賛したことを記録しています。

しかし、水曜集会は何とか自分を中心にまとめようとするフロイドの努力にも関わらず、メンバー間の意見の対立が次第に大きくなり、理論的な論争よりも人身攻撃が多くなりつつありました。こうした状況を観察したこともきっかけになって、アドラーは「人生における攻撃欲動と神経症」という論文で、人間の根本的な欲動には性だけでなく攻撃もあることを主張しました。これも、フロイドと大きく対立する点でした。

内部での対立にもかかわらず、精神分析は次第に国際的な評価を得るようになり、一九一〇年四月には、ニューールンベルクで国際精神分析学会が創立されました。しかし、当時ヨーロッパで次第に高まっていた反ユダヤ主義に配慮したからでしょうか、ユダヤ系であるフロイドは会長にならず、ゲルマン系である弟子のユングを推薦して国際精神分析学会の会長にしました。

一方、アドラーはウィーンの精神分析協会の会長になっています。ところが、ウィーンの人々はユングが会長になったことに不満で、フロイドとの緊張が高まりました。

そうしたなかで政治的意図もあったのでしょう、フロイドはウィーンで『精神分析中央誌』を創刊し、自分が編集長となってアドラーを共同編集者として招いています。しかし、やがて理論的対立は調和不可能なところまで進み、フロイドが『精神分析中央誌』の出版社にアドラーと共同編集はできないので二人のどちらかを選ぶよう手紙を書き、状況を察したアドラーが自分から共同編集者とウィーン精神分析学会を辞めます。

ところが、フロイドのやり方に賛成できなかったフルトミュラーなど十一人も脱会し、新たに「自由精神分析学会」を創立することになりました。学会の名前は、誰か一人の理論を絶対視することなく、「自由」に討議する会という意味を持っています。学会には、やがて水曜集会の初期からのメンバーであったシュテーケルも加わるようになり、そのこともあってか、フロイドとフロイド派の人々はアドラーを異端・裏切り者呼ばわりするようになり、「弟子だったのに、裏切って離反した」という主張を繰り返すようになったわけですが、歴史的事実としてそれは当たらないのはすでに述べたとおりです。

個人心理学の確立

フロイド派との対立・葛藤のなかでアドラーは臨床においても理論形成においても仕事中毒的に働き、一九一二年、最初の代表作ともいうべき『神経症的性格』を刊行しています。同僚のフルトミュラーは、この著作にアドラー心理学の基礎がすべて含まれていると指摘しています。

そこでは、個人の発達はその人の生きている社会に依拠すること、神経症は器官劣等性が劣等感に結びついた結果生まれること、攻撃性欲動は重要ではあっても、独立したものではなく他の欲動すべてと結びついていること、などが述べられています。

またハンス・ファイヒンガーという哲学者から影響を受け、人間は世界についてそれぞれ自分なりの主観的な考え方を創りだすことを「仮想《フィクション》」と呼び、その仮想はさらに人生の「仮想的な目標」を生みだすこと、その仮想的な目標がどういうものであるか本人は必ずしも自覚・意識していないこと、しかしその仮想的な目標がその人の行動のガイド・ラインになっていること、などを述べています。

この著作は広く読まれ、アドラーの考えはヨーロッパ全体に広がっていきました。

アドラーはさらに自分の思想を発展させ、『神経症的性格』のころにはすでに「個人心理学」

という名称を使っていましたが、一九一四年の初めに「自由精神分析学会」を「個人心理学会」と改称し、フロイドとの決別を決定的なものにしました。

アドラーの個人心理学は、アメリカの指導的心理学者であったクラーク大学のＧ・スタンレー・ホールにも評価されるようになり、ホールはアドラーと友人になり、アドラーのアメリカ講演旅行を計画しました。

一九一四年の夏の終わり、第一次大戦が勃発します。アドラーは徴兵され南ウィーンの山中の病院に配属されますが、一九一五年、軍務の合間を縫って著作を再開しています。一九一七年、クラクフに移動、さらに数ヶ月後、ウィーン北部の病院に移動させられました。さらに移動させられて、中立国スイスで負傷した捕虜の治療に当たり、第一次大戦の終わりまで滞在しています。

興味深いことに、この間のさまざまな戦争体験にもかかわらず、アドラーは人間の「権力への意志」や「攻撃欲動」のほうに目を向けて人間そのものに絶望するといったことにはならず、むしろ人類のよりよい未来をもたらすものとしての共同体感覚の重要性をますます痛感するようになっています。そこには、アドラーの根本的な気質といってもいい楽天主義・人間信頼がうかがわれます。

戦後一九一九年に出された『神経症的性格』の第二版の序言でアドラーは次のように言っています。「本書の二つの版の間に戦争が行なわれました。戦争とその恐るべき結果は、権力への欲求と示威的な政策によって蝕まれた、現代の、神経症的で病的な文明が示す、もっともすさまじい集団神経症です。現代の出来事の恐ろしいなりゆきは、本書の単純な思考の流れの正しさを証明しています。戦争の正体が、人類に不滅の共同体感覚を抑圧したり悪用したりする、広く解放された権力への意志の悪魔的な仕事であることは明らかです。」（H・オーグラー『アドラー心理学入門』西川好夫訳、清水弘文堂、一四三頁）。

詳しくは後半で述べたいと思いますが、ここで指摘されている「権力への意志の悪魔的な仕事」についての洞察は、仏教的にいえば「無明」、マナ識における「四つの根本煩悩」、さらにそこから生まれる憤りや怒りや他者を害する心といった煩悩への洞察と深く関わるものだと思われます。

一九一八年十一月、ドイツとオーストリア＝ハンガリー帝国がイギリス、アメリカ、フランスに降伏して、第一次大戦は終結し、終結時に帝国の皇帝が退位し、オーストリアは共和国になりました。一九一九年の選挙で社会民主党が連立の主力政党となり、妻のライサは党の活動を続けており、党の幹部には多くの友人がいましたが、アドラーは政治に直接関わらず、民主主義的な教育改革を目指してフルトミュラーたちが始めた成人教育組織で心理学を教えました。さらに、戦後の混乱のなかで問題児が激増していることに注目し、学校に若者の犯罪や問題を予防する方法としての「治療的教育学」を導入することを目指して活動を続けています。

アドラーは、著述や臨床と並行して教員の訓練も行ない、アドラー派独特のオープン（公開)・カウンセリングのスタイルを生みだしています。それは、問題児を抱えた教師が、他の人々の同席しているところでそのケースについて報告し、アドラーがケースを明確にする質問をしてから、どこに問題があり、どういう対処をしたらいいかアドヴァイスをするというかたちのカウンセリングで、通常のセラピストとクライアントの一対一のカウンセリングとはまったく違ったものでした。これは、さらに教員たちがいる前で、問題児とその親にアドラーが質問し、親子が退出してから、アドラーが教師たちに説明をするというかたちになっていきました。

一九二二年、それまでに書いた論文を集め、個人心理学を初めて体系的に述べた『個人心理学の理論と実践』を出版しました。さらに、一九二三年、ウィーンに新しい教育機関が設立され、翌年、アドラーが治療的教育部門の担当者になっています。

アドラーの治療的教育学の側面は、後にアメリカにおいてもっとも有力な後継者であるルドルフ・ドライカースによっていっそう体系的に発展させられました。

アドラーと個人心理学は、次第に国際的に評価されるようになり、ドイツの精神科医レオンハルト・ザイフによってドイツに紹介・導入され、やがてドイツで一九二二年、一九二五年、二回の国際個人心理学会の大会が行なわれています。また、一九二三年には、『個人心理学研究誌』の刊行が再開され、アドラー本人はオランダとイギリスに講演旅行を行ない、ケンブリッジ大学でも講演しています。その後、アドラーは講演で長い旅をすることが日常になっています。また、このころ、子どものアレクサンドラとカートが父の講義に参加するようになり、やがて精神科医になるためにアメリカに渡っていきました。

しかし、すべてがうまくいっていたわけではなく、個人心理学会では内部対立が起こり、学会から去る人も出てきたようです。

一九二六年、アドラーは、イギリスを経てアメリカ合衆国に渡り、講演旅行を続けて大変な評判を勝ち取りました。アドラー心理学の民主的でありつつ健全で社会に適応できる人格を育てる理論と方法がアメリカの状況にぴったりだったのでしょう。また、アドラーもアメリカの自由な雰囲気がとても気に入ったようで、一九二八、一九二九年と二度訪れています。このときの講演の聴衆のなかに後の人間性心理学の代表的存在であるエイブラハム・マズローやカール・ロジャーズもいて、大きな影響を受けたといわれています。

第二章　アドラー心理学の主軸理論

第一節　人生への思い込み

ライフスタイル

アドラーの心理学は、人間性心理学の基礎になったといわれていますが、非常に妥当だと思うのは、人間を非常に主体的・主観的な存在と捉えているところです。遺伝や環境（出生順位、家庭の雰囲気など）、しつけの仕方（甘やかしや無視）など、その人の生きている社会はもちろん大きな影響は与えますが、しかしそれらはけっして絶対的な原因ではなく、それらを本人がどう受け止めるかという主体的・主観的な受け取り方・仮想こそ決定的な要因なのだと考えています。

そして、与えられた条件を自分がどう受け取るかによって、五歳ぐらいまでに基本的な人生の受け取り方とそれに基づく行動のパターンを形成する、とアドラーは言っています。しかし、現代のアドラー派は、臨床的な経験から、「五歳は早すぎるが一〇歳くらいまでにはいちおう固まってしまうようだ」と修正しています。

このパターンを「ライフスタイル」と呼びますが、それは幼児期から少年期に作られるので、大人のようにものごとを広く見て客観的・合理的に考えて自分の考え方のパターンを作ることはできていません。そのために、しばしば非常に主観的で不適切になることがあるわけです。

現代のアドラー心理学者のアレックス・L・チューは、「人はそれぞれ幼児期の初期に、自分が安全で、有能であり、何かに属していて、完全だと感じるために何をすべきかについて仮想的なイメージを形成します。この仮想的なイメージから得られたものが、その人のライフスタイルの中心的な目標になります」と言っています（『アドラー心理学への招待』金子書房、五九頁、傍点筆者。チューはおそらくマズローも参照したのでしょう、「優越性への努力」という言葉を避けています）。

「仮想的」の原語は fictional で、「創作的」とか「想像的」とも訳せるように、子どもはまだ十分理性の発達していない幼い主観で、自分を確立する――安全で有能で居場所があって完全だと感じられる――にはどうすればいいか、自分なりに想像し目標を創作していくわけです。

それまで問題がなかったように見える子が思春期、青年期、成人期になってから問題を起こすのは、実はそれまでに形成したライフスタイルの結果が出てきている、と考えることができるということです。

例えば末っ子が、絶えず上の人に甘やかされて育ち、可愛い態度をしていればものごとは全部上の人が処理してくれるという体験がベースになっていると、人生をそうしたものだと考えてしまいます。すると思春期から青年期になって、自分で責任を取らなくてはいけないときになっても、無意識的に「誰かが私の面倒を見てくれるべきだ」と思っているわけです。そして、可愛い態度をしたりすねたりしながら、誰かに依存することによって生き延びていこうという戦略を取ります。ところが、もう誰にも面倒を見てもらえないという状況になると、人を恨んだり、そこで人生を投げだしてしまったりすることがあります。

これが特に夫婦関係ですと、「面倒見て」というタイプの甘え方やすね方が上手な末っ子が、うまく依存できる「面倒見るよ」という長男タイプの相手を見つけて、ぴったりあうと、うまくいったりすることもありますが。

しかし、依存的な性格がいきすぎると、やはり相手は抱えきれなくなります。例えば、末っ子的な夫を持った長女的な妻が、最初のうちは面倒を見ているのですが、だんだん負担になってきて不満がつのって、「もう、いやだ、面倒見きれない」というふうになったりします。

アドラーは、ライフスタイルに問題があっても、当人が気がつけば――つまり意識化できれば――パターンを直せるといいます。その、気がついて直すプロセスを、教師やセラピストがどう援助できるかという、効果のある理論と技法が開発されているという意味で、アドラー心理学はそうした問題に関して非常に有効だと筆者は評価しているわけです。

統覚スキーム・私的論理　対　共通感覚（コモンセンス）

ライフスタイルを形成するうえで、前提として、「要するに人生とはこういうものなのだ」というものの見方・思い込みがあり、アドラーはそれを「統覚スキーム」という難しい言葉で表現しています。わかりやすく言い換えれば、ものごとや何かを捉えてそれをまとめ上げていくときの考え方の枠組みのことです。

この洞察は論理療法の洞察とほぼ重なっており、世代的としてはもちろんアドラーが先で、論理療法はアドラー心理学を大きなヒントにしています。ただここでも、アドラーはネーミングがあまり上手でなく、論理療法・エリスのほうがわかりやすく巧みです。「統覚スキーム」と言われると、なんだかよくわからない感じがしますが、「ビリーフ・思い込み」と表現されると、なるほどと直感的に理解しやすいでしょう。

それはともかくとして、統覚スキームが、人には通じない自分勝手な思い込みになっているのを「私的論理（private logic）」といいます。それに対して、広く一般的に通用するものを「共通感覚（common sense）」といいます。これはいわばグラデーションで、私的論理が強いほど、人とうまくやっていけない。共通感覚があればあるほど、社会でうまく生きていけるわけです（このコンセプトも、論理療法の「ラショナル・ビリーフ」と「イラショナル・ビリーフ」に非常に近いものです）。

アドラー心理学はおおまかにいえば、無力な状態で生まれた子どもが、何とか力強くなりたいと必死になって願いながら、遺伝や環境の影響も受けつつ、しかし自分自身が創造的にものの受け止め方のパターンを作りだすと捉えており、それが、私的論理的であると、劣等感や劣等コンプレックスかあるいは優越感や優越コンプレックスの強い不毛なライフスタイルを形成してしまうことになり、共通感覚と共同体感覚に基づいたものであれば、社会的にも有益で、自分自身も幸福なライフスタイルを形成できる、と考えている、といっていいでしょう。

ここでもやや先取りのコメントをすると、「私的論理」と「共通感覚」の対比は、「無明」と「覚り」の対比と対照的《パラレル》で、アドラー心理学と仏教の接合点の一つになる、と筆者は考えています。

劣等感と劣等コンプレックス

自分は劣っている、だめだ、弱い、という気持ちが、自分の心のなかに固着してしまった状態を「劣等コンプレックス（inferiority complex）」といいます。日本語では「コンプレックス」という言葉だけで「劣等感」という意味に取られてしまっていますが、「コンプレックス」という言葉は正確にいうと「心の奥底に複合的に凝り固まっているもの」という意味であり、しかも「優越コンプレックス」も「劣等コンプレックス」もあるのであって、コンプレックス＝劣等感ではありません。

それからアドラーは、劣等感と劣等コンプレックスを使い分けていて、意識的に劣等性を感じている状態を劣等感、それが心の奥底にかならずしも自覚されないかたちで深くこびりついている状態を劣等コンプレックスと呼びます（現代のアドラー心理学では、劣等感が固着して行動に表現されるまでなったものを「劣等コンプレックス」と呼んでいるようです）。

そして、劣等感も劣等コンプレックスも、自覚すれば克服できるのです。それに対して、その裏返しである優越感や優越コンプレックスを持つことによっては、ほんとうには克服できません。優越感は劣等感、優越コンプレックスは劣等コンプレックスの裏返しにすぎないのでいつでも揺らぎますし、いつでもまたひっくり返る危険があるからです。

ほんとうに揺らがないものにするためには、共同体感覚的な「自分は他者からいつでも受け容れてもらえる。自分も他者を受け容れられる、他者とうまく仲良くやりながら力強く生きていける存在なのだ」ということが自分の心のパターンとしてしっかり形成される必要があります。

繰り返すと劣等コンプレックスや劣等感を抱えたままではもちろん不幸ですし、裏返しの優越感や優越コンプレックスで、力を自分で勝手に獲得しようというやり方では他者と仲良くやっていくことはできませんし、他者と仲良くやっていき他者から認められることなしには、ほんとうの満足は得られません。

ある意味では非常にシンプルに見える理論ですが、このシンプルな理論でかなりの人間の心理が説明できてしまうのが不思議です。ユングやフロイドのように難しく深遠に見える理論を使わなくても、アドラー心理学の範囲でそうとうの心理、特に日常の私たちの悩みの心理はだいたい分析—解決できるのではないか、と筆者は考えています。

私たちが多く悩んでいるのは、何かある種の劣等感があって、で、「何とか優越したい」というか「強くなりたい」、しかしなかなか強くなれない。それで、「どうせ私はだめなんだ」と落ち込んだり、「くそっ、世の中は」と恨んだりしている、そういうかたちになっているのが、私たちのほぼ日常の感情の問題です。そして、自分が幸せを感じるときには、自分で自分を肯定し、他者を肯定し、他者から肯定されています。そうした状態ができているときには私たちは幸せです。ですから、理論はわりに簡単なのです。もちろん実行はそれほど易しくはありませんが。

第二節　協力する能力

共同体感覚と性格のいい・悪い

アドラー心理学、特に後期において重要なのは、最初にも言った「共同体感覚」です。人間は、個人だけではなくて人類そのものが、ある意味では非常に無力な存在です。例えばヒョウのように脚が速いわけでもなく、象のように体が大きいわけでもない。そういうふうに比べてみると、体力・行動能力レベルでは、人間は他の動物に比べてかなり劣等な動物です。にもかかわらず、人間がある意味ではもっとも有力な生き物になりえた理由は、もちろんいわゆる知恵・理性もあるでしょうが、重要なポイントは協力だとアドラーは言います。つまり人間は群れをなして一緒に協力することによって、一匹だけでいるヒョウを囲んで狩ることができる。象だってみんなで囲んでやっつけられる。速かろうが強かろうが、集団になった人間には勝てない。そうした束になる能力というか、「協力する能力が人間の強さの最大の秘訣なのだ」とアドラーは考えました。

そして、人間は、自分の弱さを克服する過程で、協力するというかたちで強くなるか、それとも協力ではなくて自分一人で強くなろうというかたちでなるか、あるいは強くなれないで無力感に陥ってしまうか、というところでライフスタイル――一般の心理学用語でいえばほぼ「性格」あるいは「自我のパターン」に当たります――が決まってくると言っています。

このときに、他者と協力しながら自分を強くすることのできる性格が、一言でいうと「いい性格」です。自分勝手に、自分一人の力をつけることによって、何とか弱さを克服しようというのが、「悪い性格」であり、もっと悪いというか困ったことは、それができなくて無力感に陥り、その結果、うつに陥ったり神経症になったり引きこもりになったり、「病的な性格」になることです（後述の「ライフスタイルの類型」の項参照）。

アドラーは、「問題行動のある子供、神経症者、犯罪者、性的倒錯者、売春婦、自殺する人の行動のような人生の建設的でない面におけるあらゆる行動は、多かれ少なかれ、まさしく、共同体感覚の欠如とそれに伴う自信の喪失にその起源を求めることができます。保育園から職場まで、また、学生時代から結婚生活まで、私たちに求められる適応は、直接的あるいは間接的に、対人関係的な行動だからです」（A・アドラー『人はなぜ神経症になるのか』岸見一郎訳、春秋社、四五頁）と言っています。

「あらゆる……その起源を求めることができる」という言い方はややいきすぎた「共同体感覚の欠如・還元主義」といった感じがしないでもありませんが、それが唯一あるいは第一の原因であるかどうかはともかく、確かに建設的でない行動には例外なく共同体感覚の欠如が認められるという意味では相当程度当たっていると思われます。

一般的に「性格がいい」といわれる子どもや大人を見ると、かならずパターンがあります。いい性格の人は、自分にできるときにはかならず人を助けます。逆に自分が困ったときには、とても素直な態度で助けを求められます。そして、素直な態度で助けを求められると、できればやはり助けたくなってしまうのが人間で、助けてあげてしまいます。つまり助けたり助けてもらったりということが非常にうまくできる人が、だいたい「いい性格」といわれている人です。すなわち原理は簡単なのです。

いい人になりたかったら、協力する／してもらえるという性格になればいいわけで、そうなれたら、人生はとても豊かに生きることができます。こういうことを最初に学んだとき、「そんなに話は簡単ではない」と思ったのですが、人生経験を重ねてくると、確かにそうだと思えてきて、話というか原理は簡単だと思えます。協力したりされたりがうまくできれば、人生はとても幸福なものになります。ただ問題は、実行はそれほど簡単ではないということです。

無理して自分だけで何かの力をつけて幸福になろうと思っても、充実感がありません。自分一人で持っている力というのは、恨まれたり妬まれたり蹴落とそうと思われたりしますから、いつも何か不安を抱えている強さです。ところが協力しあえる強さ、「困ったら助けてあげられるよ」、「困ったときには助けてもらえるね」という強さは、ほんとうに強いものです。協力しあえる性格、つまり「共同体感覚」をベースにした性格こそいい性格・ライフスタイルなのだということです。

希望のある楽観的な心理学

ところが今言ったように、意地を張って人に助けてもらいたくないとか、なぐっても人からものを取ろうとか、脅かして言うことを聞かせようとか、そうしたふうな性格に育つ人がしばしばいます。アドラー心理学が非常にヒューマニスティックだと思うのは、それを単純にいいとか悪いとか捉えないところです。

誰でも劣等性を持って生まれてくるから、それを克服しようとする力への意志を持つのは当然です。その当たり前のことを、適切に協力的に処理していけるように性格形成できるか、いつも戦って勝つというふうなやり方で、無理やりわがままをいって獲得するとか、脅して取るとか攻撃的な方法でやるか、あるいはそれができないと、すねるとか、ぐずるとか、いじけるとか、引きこもるというふうに、悪い意味で卑屈になったり依存的になったりしてその場を切り抜けるという不適切な性格を形成するか。どちらにしても、いいか悪いかというよりも、適切か不適切かという問題で、不適切な性格は他人にとっても本人にとっても不幸であり、そしてそれに気がつけば治せるので、「気がついたら治せます」、「気がついたら治しましょう」という心理学です。

その「治せます」というところが、希望のある楽観的な心理学です。「私は性格が悪いな」と思う人に対して、アドラーは「それは治せますよ」と言うわけです、ただし「気がついて、適切な方法を取れば治せますよ」と。

アドラー心理学のそうした特徴をよく表わしているとてもユーモラスなエピソードがあります。アドラーが亡くなる少し前に、シカゴのコミュニティ児童相談センターを共同設立したシドニー・ロスが、人間が「変わるのが手遅れになるのはいつだろう」と問うと、アドラーは「ああ、その人が死ぬ一日か二日前だろうね」と答えたというものです。

ここでも先取りのコメントを加えておくと、そうしたアドラー心理学の楽天性は非常に現代人に向いていると思われ、筆者は高く評価していますが、しかしもう一方、どんなにいいライフスタイルを形成して幸福に生きられるようになっても――もちろんそれはとても重要なことですが――仏教がテーマにしてきた、自分の意思とは関わりなく生まれてきてしまったこと、嫌でも老いなければならないこと、しばしばたいてい病まなければならないこと、そして最悪のせっかく生まれてきて幸せになったとしても最後は死ななければならないこと、愛する人と別れなければならないこと、恨み憎む人に遭ってしまうこと、求めるものが得られないこと、生存の五要素（五蘊）が盛んであればあるほど苦痛も盛んになりがちなこと、といった人生の根本的な限界に関する不条理感（苦）が超えられるわけではないということです。

そういう意味でいえば、アドラー心理学のテーマが終わったところから仏教のテーマが始まると言ってもいいのではないか、と筆者は考えています。

アドラー派のカウンセリングのポイント

戻ると、アドラーは、個人個人およびそのライフスタイルはとても個性的で独自なものであって、一般化や類型化することのできないものだと考えていました。そのため、アドラー心理学には固定的なセラピーの方法はありません。アドラーは、あえてきっちりとした体系的な方法を作らないように注意していたといってもいいでしょう。しかし、セラピストの教育のために、大まかなアウトラインはしっかり示しています（H・オーグラー『アドラー心理学入門』西川好夫訳、清水弘文堂書房、二六九―二七〇頁）。

まず、アドラー心理学では、共同体感覚が心理的健康の核であると考えており、セラピー／カウンセリングの技法も共同体感覚を育てるという基本的目的に沿っています。

〔現代のアドラー心理学では、ライフスタイルの改善を目指す場合を「セラピー」、ライフスタイルそのものには触れないでライフタスクへの建設的な取り組みを援助する場合を「カウンセリング」と呼んで区別していますが、より詳細なことは前掲の『アドラー心理学教科書』にゆずり、本書では厳密な区別をしないかたちで述べていきます。〕

カウンセリングにおける「共感的理解」の決定的な重要性を強調したのは言うまでもなくロ

ジャーズですが、それよりもはるかに早くアドラーは「共同体感覚」とは、「相手の目で見、相手の耳で聞き、相手の心で感じることだ」と言い、そうした共同体感覚こそ効果のあるカウンセリング／セラピーの必須の条件であることを指摘しています。すなわち、セラピスト／カウンセラー（以下カウンセラーに統一）自身の共同体感覚こそクライアントの共同体感覚を育てる基礎なのです。

どちらかといえば臨床家・実践家で、あまり体系的な理論を形成しようという気のなかったアドラーの書いたものを編集して明快な体系にまとめ上げたハインツ・アンスバッハーは、共同体感覚について「他者に対する関心にとどまらず、他者の関心に対して関心を持つこと」というコメントを加えています。

クライアントとカウンセラーの関係は、先にも述べたとおり、医師と患者のような上下・優劣の関係ではなく、クライアントが自分自身を理解し変えていくために、カウンセラーとクライアントが協力的に学習をしていくという対等な関係と捉えられています。それは、病人を癒すというよりは、自分自身に気づいていない人に気づきのヒントを提供すること、道に迷っている人に道を示すこと、生きる勇気をなくしている人を勇気づけるといったことなのです。

そうした基本姿勢に基づいて、実際のカウンセリングのプロセスでは、まず第一に、カウンセラーとクライアントの良い関係を築くことから始まりますが、その基礎になるのが、たとえクライアントの行動に問題があっても、クライアントの主観的気持ちからすれば、それなりに理由があることを、まさに「相手の目で見、相手の耳で聞き、相手の心で感じること」によって共感的に理解し、クライアントの存在そのものを受容するという共同体感覚的な姿勢です。そういう姿勢は、「行為と行為者（存在そのもの）を区別する」という言い方で表現されることがあります。

第二に、クライアント自身が気づいていない私的論理と隠された目標およびそこから形成された不適切なライフスタイルをカウンセラーがリードしながらも共同で見つけてきます。

第三に、不適切なライフスタイルにもかかわらず、クライアント自身の存在は基本的によいものであり、さらに自己改善の能力があることに気づかせて、新たに生きていく勇気づけをします。

そして第四に、その共同作業を通じてクライアント自身が自分の問題を理解するのをカウンセラーは援助し、クライアントが自分の人生を今までとは違ったふうに見ることができるようになり、共同体感覚に沿った、よりよい目標を新たに見つけだし、新しいライフスタイルを形成し直すための助言を行なっていくのです。

こうしたプロセスは最初から最後まで、カウンセラーに共同体感覚的に接してもらうことによってクライアントが共同体感覚を再学習する、別の言葉で言えば「協力してもらうことで協力することを学ぶ」、「愛されることによって愛することを学び直す」プロセスだといっていいでしょう。

これも先取りして簡単にコメントしておくと、こうしたアドラー心理学のカウンセリング・プロセスは、仏教における縁起の理法に目覚めた人に接しその教えを受けることによってその人も縁起の理法に目覚めていくというプロセスと――気づきの深さのレベルはもちろん違いますが――きわめて相似形《パラレル》です。もしそう捉えてまちがいないとすれば、この点でもアドラー心理学と仏教の統合はごく自然に可能になるはずです。

早期回想

カウンセリングの第二段階、通常の心理療法でいえば診断の段階で使われる技法にはいろいろありますが、もっとも代表的なものは「早期回想」です。「早期回想」とは、その人が思い出せるいちばん最初の記憶のことで、アドラーは、次のように言っています。

「早期回想には特別な重要性があります。まずそれは、ライフスタイルを根本的にそしてもっとも単純なかたちで示してくれます。その回想から、子どもが甘やかされていたか、それとも無視されていたか、他の人との協力についてどのくらい訓練されていたか、どんな問題に出会ったか、そしてその問題とどういうふうに取り組んだか、といったことを判断できるのです。……子ども時代から記憶されている事件は、本人の主な関心に近いはずです。だからもし、彼の主な関心を知ることができれば、彼の目標やライフスタイルも知ることができます。早期回

想が専門的な指導のうえでとても価値があるのは、こういうことによっています。」（前掲『人生の意味の心理学』八五—八六頁）

記憶には偶然の記憶などというものはなく、本人に関係があると思うことだけを選んで記憶するもので、特に最初期の記憶は、その人の「私の人生の物語」をもっともよく表示するもので、その人が自分の人生の目的、他者との関係、自分の置かれた環境・世界などをどう見ていたかを示している、と言っています。

カウンセラーは、「あなたのいちばん最初の思い出はどんなものですか」といった質問をすることで、その人の私的論理や仮想的目標やライフスタイルを推測していきます。しかし、精神分析と異なり、自分の推測・解釈をそのままクライアントに説得し押しつける——「抵抗の排除」——ことはなく、クライアント自身がその推測・解釈に思い当たるところがあるか、納得できるかどうかを確かめていきます。

第三節　アドラー心理学の類型論

ライフスタイルの類

アドラーは、個々人とそのライフスタイルはとても主体的で独自なものであり、一定の類型に当てはめて分析できるとは考えていないため、ライフスタイルの類型論はほとんど展開していませんが、例外的に他の人に自分の心理学を伝えるためにあえて単純化するというかたちで、共同体感覚が不十分か十分か、活動性・行動力があるかという二つの基準を使って、四つの類型に分けて述べています（Ansbacher: The Individual Psychology of Alfred Adler, Basic Books, Inc. 1956, p.166、前掲『アドラー心理学入門』一二七頁）。

最初の三つは、共同体感覚が欠けている場合のタイプです。アドラーは端的に、「いろいろな問題はいつでも社会的問題であり、これら三つのタイプの個人には協力し貢献する能力が欠けているのです。そういう（共同体感覚の欠けた）ライフスタイルと（共同体感覚が必要な）外部の問題との衝突は、ショックになります。そのショックが、その人を失敗、つまりいわゆる神経症、精神病、その他の社会的不適応へ導くのです」と指摘しています。

①は「支配的タイプ」と呼ばれ、自分だけの優越性を追求し証明しようとするタイプの人です。このタイプの人は、人を支配したり、軽視したり、人が自分より優れることを嫌い、引きずり下ろそうとしたりします。行動力はあるのですが、共同体感覚が決定的に欠如しています。「このタイプの行動が盛んな場合、他者を直接的に攻撃します。彼らは、精神錯乱者、暴君、サディストなどになるでしょう」と示唆しています。

②は「獲得的タイプ」と呼ばれ、あらゆるものを他人によりかかって得ようとするタイプの人です。これは、甘やかされた人によく見られるもので、自分の努力や闘いはしようとしません。

③は「回避的タイプ」と呼ばれ、あらゆる決定を避けようとします。決定を避けるので、失敗をすることもないわけですが、本人は自分が状況の主人公だと思っています。

②も③も行動力も共同体感覚も欠けていて、こうした人々が神経症や精神病になるのだと述べています。

④は「社会に有益なタイプ」と呼ばれ、社会によく適応しており、自分だけの優越性を求めて頑張ることはありません。自分のライフタスクを自分にとってはもちろん、他の人にとっても役に立つようなかたちで解決しようとします。「四番目のタイプ（社会的に有益な）は、協力や貢献への準備がよくできています。他の人の利益のために使われる行動力がかなりあることがいつでも観察できます。その行動は他の人々の欲求とうまく一致しています。それは、有

益で、正常で、人類の進歩の流れにぴったりと沿っているのです」とアドラーは述べています。

このタイプ化は、確かに単純ですが、ある意味では事の本質を非常に明快にしていると思われます。つまり、「共同体感覚と性格のいい・悪い」の項でも述べたことですが、個々の人のそれぞれのケースはきわめて独自なものであり、そういう意味でいえば複雑なのですが、人間の健康―不健康、善―悪という問題に関して、この分類は「共同体感覚」というたった一つの、しかし非常に普遍性のある物差しでずばりと分類し明確化しているといっていいでしょう。

とはいってももちろん、個々人のライフスタイルはこうした単純なタイプ論で捉えきれるものではありません。アドラー以後のアドラー心理学者は、ライフスタイルを推測するためのあくまでも手がかりとして、さらに類型化することを試みています。

例えば、モサックによれば、十四種類のライフスタイルの類型が考えられ、特定の個人の場合、どれか一つに当てはまるというより、その類型のいくつかの組み合わせとしてある程度理解できることが多いといいます（前掲『アドラー心理学への招待』六四―六六頁）。詳しく述べるスペースはありませんが、人間洞察として大変興味深いので、簡略に紹介しておきましょう。それぞれ、自分のことや周りの人のことで、思い当たる節があるかもしれません。

まず、①は「ベイビー」と呼ばれ、まさに言葉どおりで、赤ちゃんのように可愛らしさや愛嬌を振りまき、人の援助を誘って、自分の居場所を見つけるようなタイプです。

②は「アヴォイダー（避ける人）」といい、自分の自発性や感情を表現することを避け、人

との交際もできるだけ避け、論理、知性、理屈づけなどができる状況しか居心地がいいと思えないようなタイプです。

③は「ドライバー（人間機関車）」で、自分自身の存在価値に不安を抱いているため、いつも何かしていないと安心できない「仕事中毒」のタイプです。

④は「コントローラー（自己抑制者）」で、コントロールしにくい自発性、感情表現、驚きなどのような人間らしい性質を嫌っていつも冷静に自己コントロールしていたいというタイプです。

⑤は「ゲッター（欲張り）」で、あらゆることがらや人に対して自分には権利があると感じていて、能動的なかたちであれ受動的なかたちであれ、自分が欲しいものを得るのに人を協力させようとするタイプです。

⑥は「オポーザー（反対者）」で、人や人生に要求されることに、能動的なかたちであれ受動的なかたちであれ、すべて反対するというタイプです。行動や考え方について建設的な代案を出そうとはせず、人の足を引っ張ったり、復讐しようとします。

⑦は「ヴィクティム（犠牲者）」で、意識的・無意識的に自分で災害を招くというタイプです。

⑧は「マーター（殉教者）」で、なぜか不当な行為を呼び寄せ、陰に陽に苦難を忍んでいて、正義のために死ぬ準備はできているというタイプです。

⑨は「ダメな人」で、自分のやることなすこと、関わることはすべてダメになると思っていて、責任のあることを与えられても失敗すると思い込んでおり、その結果、他人に代わりにやってもらうというタイプです。

⑪は「エキサイトメント・シーカー（興奮を求める人）」と呼ばれ、決まりきったことが嫌いで、いつも新しいことを求め、独りあるいは仲間と、気ままで無分別な行動をするようなタイプです。

⑫は「正しい人」で、他人はまちがっていて下にあり、いつも自分は正しくて上にあると思っていて、失敗を極端に怖れているため、失敗しても合理化・正当化しようとするようなタイプです。

⑬は「善良な人」で、いつも他人よりも倫理的に優れた水準で生きており、その分、人を許したり、過ちを忘れたりできず、いつも人を非難・批判する傾向のある人です。

⑭は「プリーザー（喜ばせ屋さん）」と呼ばれるもので、いつも人から好かれていなければならず、したがっていつも他人を喜ばせなければならないと感じていて、他人から非難されることに敏感で、他人の評判が価値の物差しになっているといったタイプです。

⑭は、「優れた人」で、いつも自分は優れていなければならないと思っているため、自分がいちばんや中心になれないようなライフタスクには取り組もうとせず、いちばんや最高という意味で優れた人になれないと、ビリつまりいちばん下とか最悪になろうとすることもあるとい

うタイプです。

こうした類型論は、固定的に考えさえしなければ、カウンセラーがクライアントを理解したり、クライアント自身が自己洞察をする有効なヒントにはなるでしょう。

夢

アドラー心理学で個人のライフスタイルを診断していくために使われる方法はさまざまで、本書の範囲では紹介しきれませんが、オーグラーは「個人心理学は、個人を探求するのにさまざまな方法を提供するが、どの方法が最初に選ばれるかは重要でない。なぜならば、すべての方法がその人のライフスタイルを認識させてくれるからである」と述べています（前掲『アドラー心理学入門』四三頁）。

アドラー自身が「精神生活への三つの入り口」と呼んだ代表的なものは、①兄弟姉妹との関係における子どもの位置、つまり先に述べた「出生順位」と、②最初の児童期の記憶つまり「早期回想」と、③夢です（以下については、前掲書、七九―九五頁、参照）。

夢の心理学的な分析を開拓したのはフロイドであることはいうまでもありませんが、アドラーも夢と夢を見る人の感情生活が密接につながっていることを重視しています。しかし、アドラーがフロイドと違うのは、夢を見る人のライフスタイル全体の表われとして解釈するところです。つまり、出生順位や早期回想から推測されるものとまったく別の――フロイド流にいえば「無意識に抑圧されている」――ものが夢に象徴的に表現されているとは考えていないのです。

したがって、フロイド派やユング派と違ってアドラー派では、夢解釈のマニュアルは作られていません。夢を見た人のライフスタイル全体と切り離されたパターンで、こういうパターンの夢ならこういう意味、ああいうパターンの夢ならああいう意味というふうに、すべてを何種類かのパターンに当てはめて簡単に夢の意味を解釈することはできないからです。

ただいくつかの典型的な夢については一般的な解釈ができるものもありますから、紹介しておきましょう。

例えば落ちる夢や空を飛ぶ夢はたいていの人が見たことがあるでしょう。

落ちる夢は「自尊感情が傷つけられることの恐れ」と解釈できるかもしれないといいます。夢を見ている人は、高いところにいる自分を見ながら自分に、「気をつけろ！　失敗するかもしれないぞ」と警告しているわけです。

それに対して飛ぶ夢は「他人に優越できるような仕事の達成を自分に課している野心の表われ」と解釈できるかもしれません。

そして飛ぶ夢の内容はしばしば本人の能力を超えた達成度を目指しているため、「あまり野心的になりすぎるな」と自分に警告するために、落ちる夢と組み合わさることがあります。

夢の主な機能は、感情を呼び起こしてその人のライフスタイルに沿った問題への対処の仕方を強めることにある、とアドラーは考えており、例えば、自信のない小学生が山の頂にいたら、突然バランスを失って深い谷に落ちた夢を見て、その結果ますます怖くなって、翌日の試験を欠席したというケースをあげています。

これは、ライフスタイルの類型と照らして解釈すれば、「回避型」の少年が、試験というライフタスクに対して、恐怖という感情を掻き立てることによって、「やはり避けたほうがいい」という判断と行動を採ることを合理化し強化したということでしょう。

しかし、こういうパターンで解釈できる場合は多くはなく、そういう意味では、アドラー派の夢解釈は学習するのが非常に困難であり、これも専門書でない本書の範囲では残念ながら紹介しきれませんので、ここまでにしたいと思います。

アメリカ移住から早めの死まで

アドラー自身の履歴のことに戻れば、これまで述べたような理論形成をしながら、何よりも共同体感覚をベースにしたライフスタイルを形成する・形成し直すことができれば、人間の心の問題はほとんどどれでも解決してしまうという、一見シンプルな、しかし臨床的には非常に効果のある理論と方法を発展させていきました。

アドラーは、アメリカで大きな支持を得、自分自身もアメリカ人の気風が気に入ったことと、ナチスの台頭への危惧のため、一九二九年にはアメリカ移住を決断していたのですが、妻のライサは社民党の熱心な活動家であり、ウィーンを離れることを望まなかったので、その後六年ほどは夫婦離ればなれで暮らしています。現代では、長期の単身赴任にもかかわらず夫婦関係がちゃんと続くことは必ずしも珍しくありませんが、当時としては常識はずれのことだったようです。

しかし、一九三四年にはオーストリアでファシズム的な政権が誕生し、社会民主党との武力闘争が起こりました。社会民主党は敗北して、何人かの指導者は処刑されました。ライサは、そうした政治状況に加えアドラーの健康状態がよくなかったので、とうとうアメリカ移住に同意しました。

一九三五年、アドラーと妻ライサと子どものカートは、アメリカに移住し、大勢の報道関係者に大歓迎を受けました。しかしアドラーは、家族と合流してからも、講義・講演や診療のハード・スケジュールを続けています。なかでもグラマシー・パーク・ホテルで金曜日の夜、討論会を行ない、後に人間性心理学会の創始者となるエイブラハム・マズローがその常連の一人だったことは特筆しておく必要があるでしょう。

その後も、アメリカ国内や国外で忙しく講演活動を続けていましたが、一九三七年五月二八日、六七歳で、スコットランドのアバディーンでの講演旅行中、散歩していて心臓発作で倒れて亡くなります。

フロイド、ユングは非常に長命でした。それに対してアドラーが早く死んでしまったことは、学派形成のうえではすごく損をしています。思想や学問に関わる人間は、やはりできればできるだけ長生きしたほうがいいようです。スタートで並んでライバル的に仕事をしていて、ある段階で先に死んでしまったら、後二十年も生き延びたほうの人間は、生き延びた分余計に業績を作ることができるわけですから。

特にユングは八六歳、一九六一年まで生きています。戦前の一九三七年に死んでしまうのと、戦後まで生き延びるのとでは、いろいろな条件もできた仕事もまったく違ってきます。ですから、長生きをしてたくさんの弟子を作ることのできたフロイド派やユング派は伸び、早く死んでしまって、弟子をたくさん作れなかったアドラー派は、残念ながら本来持っている臨床的有効性にもかかわらず、学派としてうまく伸びることができませんでした。

少し大げさに聞こえるかもしれませんが、それは人類にとってかなり残念なことだったのではないか、と筆者は考えています。フロイドもユングももちろんそれぞれに優れた面があることはまちがいありません。しかし、やはりアドラー派の勢力がいちばん伸びておいてくれたら、そのほうが世界の臨床心理学・教育学界にとってはよりよかったのではないか、と思っているのです。

ただ不幸中の幸いは、娘のアレクサンドラ、息子のクルト、ウィーン時代からの弟子たち、例えばルドルフ・ドライカース、カール・フルトミュラーなどもアメリカに移住しており、アドラーの死後、アメリカで個人心理学を引き継いで発展させてくれたことです。

特にドライカースの貢献は非常に大きく、現代のアドラー心理学は、「アドラー—ドライカース心理学」と呼んでもいいほどだといわれています。

第四節　しつけの問題

ドライカースの貢献

先にも触れたとおり、ドライカースは、特にアドラー心理学の治療教育学的な側面をよく受け継ぎいっそう発展させています。

現代では、多くの親や教師が従来のような親や教師の権威に基づいてほめる・叱る、あるいはごほうびと罰という方法では、有効な子どものしつけ——別の言葉で言えば「健全な自我またはライフスタイルの育成」——が非常にできにくいことを感じていますが、アドラーの理論を受け継ぎながらドライカース以降の個人心理学では、親や教師と子どもとの民主的で平等な関係を基にしながら、しかも有効にしつけをすることのできる方法論を確立しています。

　これも詳しい解説は本書の範囲を超えますが、以下、ごく要点だけ紹介しておきたいと思います。

所属願望がもっとも基本的

　ドライカースは、子どもの教育・しつけを考えるうえで、アドラーの考えに対して重要な修正を行なっている、と筆者は捉えています。それは、子どもを動機づけている最大のものを「優越性への努力」という用語ではなく、「所属願望」と置き換えていることです。

　「社会的な生き物である子どもにとって、最大の動機は所属願望です。……所属願望は、子どもにとってもっとも基本的な欲求なのです。子どもの行動はすべて、自分の居場所を確保するという目的を持っています。……そしてさまざまなものを観察し、体験することによって一定の結論を導きだします。……『そうか！　こうすれば僕はみんなの仲間として認めてもらえるんだ。こうすればみんなに大事にされるんだ』と。彼は自分の基本的な目標を達成することのできる方法を自分で選び取ります。そして、その方法が当面の目標となり、行動（または動機）の基本を形成するのです。」（ルドルフ・ドライカース／ビッキ・ソルツ『勇気づけて躾ける――子どもを自立させる子育ての原理と方法』早川麻百合訳、一光社、二六頁）

不適切な四つの目標・行動

ところが、すでにアドラーが明らかにしたとおり、幼い子どもはまだ十分な理性が発達しておらず意識的・自覚的でないため、観察したり体験したものを解釈する段階で不適切な結論を出してしまい、自分の居場所を見つけるために不適切な目標・行動を取ることがあるのです。

不適切な目標・行動としてドライカースは、①必要以上の注目願望、②権力に対する反抗・力の誇示、③復讐、④無能・無力さを示すこと、の四つをあげています。

①の「必要以上の注目願望」は、子どもが大人の社会から受け容れられるようなかたち、つまりいいことをしていい子になることで注目を得ようとして、その努力が報いられないと感じると、それでも注目されたい願望は切実なので、受け容れられないかたち、つまり悪いことをして悪い子になってでも注目されようとすることです。

日本的に表現すると、「目をかけてもらえないのなら、目につくことをして、目をつけられてでもいいから、目を向けてほしい。無視されるよりはそのほうがまし」といったところでしょうか。こういう不適切な方法で、注目を得ようとして失敗した子どもは、その集団のなかには自分の居場所がないと感じるようになります。

②の「権力に対する反抗・力の誇示」は、注目を得、居場所があると思うことに失敗した子

どもが、望むような注目はしてくれないくせに子どもを力づくで支配しようとする親・大人に対して、自分のほうが力があることを証明することで自分の居場所を確保しようとするという不適切な目標・行動です。

この段階になると、子どものほうが理性的でないために大人では考えられないようなあらゆる方法を使って抵抗・反抗しますから、大人はある場面では勝てても全体としては手に負えなくなって負けてしまうことになります。そして、権力闘争になると子どもと大人の関係は悪化するばかりで、問題は解決せず、さらに次の復讐の段階になっていく危険があります。

③の「復讐」の段階になると、大人も子どももお互いに傷つけられたという感じを持つようになり、特に子どもは悪いことをすることが大人への復讐になることをよく知っていて、わざとやるようになります。大人が、子どもの隠された不適切な目標とその奥にある「居場所を得たいという欲求」を理解していない場合、大人の側も復讐しかえしたくなって、関係は悪循環にはまってますます悪化し、問題は深刻化します。この段階に到ると、子どもはふつうの社会を自分の居場所だとは感じなくなり、参加することを拒否し、非常に反社会的になってしまうでしょう。

④の「無能・無力さを示すこと」は、大人があまりに強くて闘争に負けたと感じると、子どもはもはや自分からやる勇気・やる気を失って、大人からの要求や期待から逃げるために、自分が無能・無力であることを示し始めることです。

こうした不適切な目標と行動の奥にあるのがいわば「何が何でも居場所を得たいという欲求」であることに、子ども自身はかならずしも気づいていませんし、ましてそのやり方は不適切であって、欲求はもっと適切な方法で満たすことができることを知っていません。本人は「そうするしかない」と思い込んでいて、「もっといい方法がある」ことを知らないのです。

ここでの親、教師、カウンセラーの役目は、カウンセリングのプロセスのところで述べたのと同じで、まず「相手の目で見、相手の耳で聞き、相手の心で感じること」によって共感的に理解し、子どもの行為は否定しても子どもの存在そのものは受容するという共同体感覚的な姿勢を持つことです。

そして、子どもとのいい関係を築き直し、それによって子ども自身が自分の目標に気づき、しかもそれが不適切なものであることに気づくヒントを示します。

さらに、目標・行動が不適切であったとしても、子ども自身の存在は基本的によいものであり、さらに自己改善の能力があることに気づかせて、やり直しをする勇気づけをします。

そして、自分の居場所をいいかたちで得られるような、共同体感覚に沿った、よりよい目標・行動を身につけていくための助言を行なっていくのです。

アドラー心理学では、具体的で効果的な方法が実に多様に工夫されていますが、残念ながら本書ではそこまで紹介するスペースはありませんので、前掲、チュー『アドラー心理学への招待』、ドライカースほか『勇気づけて躾ける』、『アドラー心理学教科書』などを参照してください。

ただ、アドラー派のしつけつまり低年齢の子どもへの教育のアプローチとして、ぜひ紹介しておきたいポイントがもう少しあります。それは、従来の罰を与えるという方法と対照的な「自然の結末」や「論理的結末」を体験させることと「勇気づけ」です。

自然の結末と論理的結末

ドライカースは、伝統的で権威主義的なしつけの方法は、ほうびと罰によるもので、子どもに親や教師への服従を求めるものだが、民主主義的な時代にはふさわしくないと同時に効果的でないことを指摘します。それに対して、子どもが一人の人格として自己選択をしその結果の自己責任を取れるようになるよう信頼し勇気づけるという代案を示しています。

そのためには、権威を振りかざすのではなく、いわば人生の先輩として「こうすれば、こうなる」というものごとの「自然の結末」や「論理的結末」をわかりやすく説明しておき、不適切な行動をした（自己選択）場合、まさにその結末を経験させる（自己責任）ことで、自分で学習できるように環境を整えるのです。

「自然の結末」をもっともわかりやすい例で示すと、熱いヤカンに触ると熱い思いをし、下手をするとヤケドをしますが、その場合、もちろん幼い子にヤケドをさせて懲りさせるというのではなく、ヤケドしない程度に熱いものを使って、「これに触ると熱いよ」と説明しておいて、それでも触ってみたくて触ったら（自己選択）やはり熱かったという思い＝「自然の結末」を経験させ（自己責任）、「ほら見なさい。罰が当たった」と上下関係的に言うのではなく（こう言ってしまうと心理的には実際に罰を与えたのと同じことになり反発を招きがちです）、「そうか、やっぱり熱かったね。いやだったね。これからはもうやめたほうがいいね」と共感的―共同体感覚的に接することで、子どもが大人の忠告を信頼するようになり、それと同様あるいはそれ以上に熱いものには触らないことを学習する、というアプローチをするわけです。

さらに、「論理的結末」は、社会・集団のなかで協調して生きていくために必要なルールに違反すると論理的・必然的結末として受ける処置を経験させるということです。日本語では同じく「罰則」とか「罰」と呼ばれるので混乱しがちですが、これは、社会的である意味で客観的なルールであって、親や教師の主観的意思で与える「罰」とははっきり区別できるものです。この場合も、予め「この集団のなかでは、こうしたらこういう処置がなされることが決まっています」というわかりやすい説明と警告が必要です。そして、説明と警告にもかかわらず違反した（自己選択）場合は、親や教師は感情的にならないで冷静に――つまり客観的な姿勢で――きっぱりと処置を実行して嫌な思いを経験させます（自己責任）。感情的になると、この場合も子どもには大人の主観的な「罰」と感じられ、十分な効果をもたらしません。自然の法則ではなくても、ある種客観的な社会のルールとして「こうすれば、こうなる」ことを経験から学ばせるというアプローチです。

ただ、こうしたアプローチは、徹底的に民主主義的に公正に実行されると大きな効果をもたらすようですが、筆者のような伝統的な権威主義が強く残っている教育環境で育ってきた世代には、根本的な発想とアプローチの転換が必要ですから、安易かつ中途半端に使うのはかえって危険だと感じてきました。

読者にも、より詳しい本で学び、しっかり納得して、自分自身の発想法を転換する覚悟を決め、できればアドラー心理学の機関で訓練を受けてから実践されることをお勧めします。

とはいえ、今後の日本の教育のアプローチとしては、もはや権威主義に後戻りできないことは明らかですから、アドラー——ドライカース派のこうしたアプローチは慎重に検討したうえで採り入れる価値のあるものだ、と筆者は高く評価しています。

第五節　自我確立の援助

勇気づけについて

さて、では、最後にアドラー心理学の最大の特長、やや俗な言い方をすれば「セールス・ポイント」だと筆者が評価している「勇気づけ」について述べたいと思います。

以下は、ほとんどすべて、日本におけるアドラーの代表的な専門家・岩井俊憲氏の名著『勇気づけの心理学』（金子書房）から学んだものであることを明記して、感謝の意を表するとともに、もし誤解した点があれば、その責任はすべて筆者にあることを記しておきます。

まず「勇気づけ」の定義からいくと、人生ではさまざまなチャンスでもありピンチであるもような時期がしばしばあります。これを「リスク」と呼びます。「リスク」は、ふつう「危険」と訳されますが、アドラー派でいうリスクは、ある意味ではピンチだけれどもある意味ではチャンスであるような、とにかく避けることのできない人生の出来事が目の前にあることをいいます。

そうしたリスクを引き受けて他者とも協力してやっていくことができる、そういう気持ちになれるよう援助することを、「勇気づけ・エンカレッジメント（encouragement）」といいます。「courage」を「en」つまり「高める」、「ment」・「こと」、です。カレッジは直訳だと「勇気」ということになるので、「勇気づけ」と訳されていますが、英語の言葉の意味にはもう少し広がりがあって、「やる気」や「元気」、「自信」、それからもちろん「勇気」などの意味合いが含まれています。

「勇気づけ」とは、日常用語でいう「励ます」ことに一見似ていますが、アドラー心理学の「勇気づけ」は「おまえ元気出せよ」というふうなことではありません。「元気出せよ」と言われると、余力があれば元気が出ることもありますが、余力がないときに言われると、「こんなに落ち込んでいるのに、まだがんばれって言うのか」と、かえって元気が出なくなってしまうものです。

ですから、余力のなくなっている人を励ましてはいけないのです。余力のない人に対するエンカレッジは、まず「しんどいよね」、「そういう状況だとしんどいのは当たり前だよね」と共同体感覚的に受け容れてあげることから始まります。ふつうに考えられている「励まし」とアドラー心理学の「エンカレッジメント・勇気づけ」の違いはまずそこにあります。

そして、人生のリスクを引き受け、そして他者と協力できる、そういう能力を自分で発見し伸ばしていく手助けをすること、それからもう一つ、困難を克服する努力のための力を育てること、それが「勇気づけ」です。別の言葉で言えば、「自我確立の援助」といってもいいでしょう。

ですから、単に言葉で励ましたり同情したり慰めたりするのと一見似ていますが、実は考え方が根本的に違っています。この根本的な違いは素人にはなかなかわかりにくいのですが、わかってみると、ふつうの意味で慰められたり励まされたりするよりも、エンカレッジしてもらうほうがずっと元気になることがわかります。

ここでも先取りのコメントを加えておくと、アドラー心理学の「勇気づけ」は大乗仏教の側からすると、基本的な実践項目である「六波羅蜜」のうちの「布施」の一つである「言辞施《ごんじせ》」つまり他者に慰めや励ましの言葉を与えること、あるいは「菩提薩埵四摂法《ぼだいさったししょうぼう》」のうちの「愛語」の現代的で有効な方法と捉えることができるのではないかと思われます。

ともかく、自分自身をエンカレッジするためにも、他者をエンカレッジするためにも、専門家でなくてもかなりの程度この考え方と方法を身につけることができますし、身につけば非常に有効です。どちらに対しても原理は同じですから、まず一般論としての勇気づけから説明していきましょう。

〔私の読者のために補足的に言うと、「勇気づけ」はアドラー派の考え方や実際のやり方が身につくまでは難しいので、コスモス・セラピーでは、まず自分や人をほめてあげようということでやっています。「ほめる」からグレードアップしたのが「勇気づけ」だと思ってもらうといいでしょう。〕

ほめることと勇気づけの違い

では、ほめるのと勇気づけるのと、どこが違うか、七つの項目について述べていきます。

①まず、ほめるのは、自分が期待していることを相手がやった場合になされるもので、つまり条件つきです。「きみ、いい成績とったじゃないか」、「おまえ、こういうことができたじゃない、すごいね」とほめるわけですが、ということは、例えば成績が悪かったときには、もちろんほめません。

それに対して、失敗した場合にも無条件でするのが勇気づけです。大失敗した人にも勇気づけをするのです。

②また、ほめる場合、例えば成績に関心があるのはまずこちらです。そして、その関心にプラスの結果を出したらほめるわけです。

それに対して、勇気づけは、相手がどういう関心を持っているかを中心にします。

③さらに、ほめる場合は、ほめる人とほめられる人はある種の上下関係になっています。ところが勇気づけは、平等の関係で、与えられる側の関心でなされます。与えられる側の気持ちになって語り、アプローチするのが、勇気づけです。

④また、ほめるということは、「おまえはいい子だ」というふうに、行為をした人間に対し

てなされます。
それに対して、勇気づけは行為に対してなされます。
⑤それから、ほめる場合には、ほめられている人と他の人との競争が意識されていて、ほめられた結果、その本人がますます競争を意識し周囲の評価を気にするようなかたちでなされます。
それに対して勇気づけは、勇気づけられることによって自分の成長・進歩に意識が向かい、自立心と責任感が生まれるのです。
⑥ほめることは相手に対してどうなるかというと、「いい子いい子」と言われても、「私のことを心から肯定してくれているのではなくて、口先でほめているだけじゃないか」と思われかねません。
無条件に相手を評価するという勇気づけのアプローチだと、相手に通じるケースが非常に多いのです。もちろん人間ですから通じないケースもありますが、勇気づけのほうが相手に通じることが多いといってまちがいないでしょう。
⑦また、ほめられるというのはその場ではうれしくて満足しますが、それが持続するかというと、必ずしもそうではありません。
一方、勇気づけがなされると、自己肯定感が高まり、明日への意欲、持続性が生まれるという強い傾向があります。

次に具体的な「勇気づけのための言葉」について述べていきましょう。

受け容れていることを示す言葉

まず、親や上の立場の価値判断からほめるのではなくて、子どもとその現状を「そのままを受け容れているよ」というメッセージを送ります。

例えばいろんな勉強やスポーツやお稽古をやっていることに対して、「ああ、それが好きなんだね」、「それやってると、きみ楽しいんだよね」、「ああ、それはすごくいいねえ」、「きみがそれを好きなんだって、見てるとわかるよ。楽しんでるね」と、相手のことをきちんと認めた後で、プラスアルファとして「きみが元気にやっていると、ぼくもうれしいよ」というのは言ってもいい。けれども、まず「うれしいんだよね」、「悲しいんだよね」と相手のありのままの状態を認める言葉を言うことです。

例えば悪い成績を取ってきたとき、その子はもう当然、自分でディスカレッジ・がっかりしてしまっています。それに重ねて、「おまえ、何でこんな成績をとってきたんだ」とさらにムチを加えると、かつてはくやしくなってがんばる子もいたのですが、今はムチによって育つ子はとても少なくなっているようです。ではアメならいいのかというと、それだと甘える子も多い。ではどうするかというと、アメとムチ以外に勇気づけという有効な手があるわけです。

勇気づけは、例えば悪い成績を取ってきたら、その子は落ち込んでいるに決まっているのですから、成績が悪かったことに対するこちらの価値評価で「おまえはダメだ」とか「いい」とか言わないで、まず相手の立場に立って「がっかりしてるんだよね」、「そうか、成績悪くて落ち込んじゃったんだ。それはそうだよね」と共感し受け容れていることを伝えます。

例えば喜んでいる、悲しんでいるという状態に対して、「気持ちを聞かせてくれる?」、あるいは様子を見てわかれば、「がっくりきてるんだね」、「つらそうだね」と。そういう言葉は全部「今、きみがそうだということを認めるよ」という意味です。

「元気でなきゃいけない」とか「いい成績でなきゃいけない」とか、例えば悪い成績をとってきたら、「おまえ、そんな成績とって!」というのは、エンカレッジメントの反対、「ディスカレッジメント(discouragement)・勇気くじき」です。

そして、受け容れているというメッセージを伝えた後で、状況を見てそれだけでとどめるのと、場合によって「残念だね。で、その問題どうやったら解決できるだろうね」と言うのと、どちらがいいか判断します。

この「どうやったら解決できるだろうね」というのは、「解決方法を教えよう」というのよりも勇気づけになります。つまり「きみはきっと自分で解決できるよ。どうやったら解決できると思う?」ということを含んでいるからです。

そして、相手が援助を求めてきたら、「きみならきっと自分で解決できると思うけど、でも今手を思いつかないのかな？　必要なら知っていることは教えるよ。でも、それは自分でできるんだよね」というメッセージを出すのが、勇気づけです。頭から「助けてやるよ」というのは、エンカレッジではありません。

信頼を示す言葉

相手の自立して生きていける潜在能力を信じているという信頼を示すのが、エンカレッジの言葉です。「あなたならきっとうまくやれるわよ。だってお母さん、あなたのことは知ってるもの」、「きみだったらきっとできるよ。だいじょうぶだよ」、「長くつきあってるけど、おまえのことはわかってるよ。確かにピンチだけど、おまえなら乗りきれるよ」。こうした言葉はほんとうにエンカレッジしてくれます。

つらいとき、ただ「もう、どうにもならなそう。かわいそうだね、きみ」と言ってもらうのと、「確かにつらいだろうね。大変だよね」と言った後で、「でもきみならきっと乗りきれるよ」、「きみならきっとやれるよ」と言ってもらうのとでは、どちらが元気になれそうでしょう？　もう言うまでもありません。

また例えば何かを決めたとき、危ういと思っても「お父さんは／お母さんはきみの判断を信じるよ」と言うのです。どう考えても死ぬか大けがという失敗をしそうな場合は、それはやはり親は止めなくてはいけません。けれども、小さな失敗はさせたほうがいい。そして、「判断を信じるよ」と伝えるのです。失敗したら自分で学びます。しかし、失敗したとき、「ほら見なさい！」と言うと、これはディスカレッジになってしまいます。

筆者も経験がありますが、親は大人であり経験がありますから予測が上手なので、「こうすれば失敗するに決まっている」と思ってしまいます。そこで、お説教をします。でも、子どもは言うことを聞かないで、別のやり方をして失敗する。そうすると、「ほら見なさい」と言いたくなります。しかし、「ほら見なさい」と言うのは、「ほら見なさい、きみの判断はまちがってる。きみは正しい判断ができない人間なんだ」というメッセージを送っているのと同じなのです。

失敗も受け容れる

ですから、そこをぐっとこらえて「そうか、失敗したんだ。残念だね」、それから、相手が要求したら、「次に失敗しないためにはどうしたらいいんだろう？」と言ってあげる。そして、相手が「どうしたらいいと思う？」と聞いてきたら、「ぼくだったら、こうするけどね」と答えます。「こうしなさい」ではなくて、「こういう手があると思うよ。ぼくは人生のこういうときにはこうやって乗りきってきたけど、参考になるかな。でも、判断するのはきみだよ」というのが、「自己決定・自己責任能力がきみにはあります」という勇気づけのメッセージです。

短期で見ると「これは失敗しそうだ」とか、大人はいろいろ心配になるものです。しかし、過剰な心配は相手を信じていないことを意味します。上の立場に立つ人間は、下の立場に立つ人間に、しばしばやさしいつもりで過剰に心配して、無意識のうちに実は相手を信頼していないというメッセージを送ってしまいがちです。「きみは一人ではうまくやっていけない存在なのだ」と。

しかし、本人は親切のつもりですから、なかなかやめられません。筆者もなかなかやめられませんでした。心配していることがやさしさだとまちがえていました。しかし、それは甘やかしであって、ほんとうのやさしさは信じることです。失敗しても肯定することです。そして、「失敗から学べるんだよ」というふうに接してあげられるのが、ほんとうのやさしさ・勇気づけの姿勢なのです。

貢献に感謝する言葉

それから、勇気づけの言葉は共同体感覚を誘発します。例えば手伝ってくれたら、「いい子だね」じゃなくて、「ありがとう、きみのおかげですごく助かったよ」と言うのです。二つの違いはおわかりでしょうか。「いい子だね」というのは、評価してほめているのです。「きみのおかげで助かった」というのは、相手の能力を認め、貢献に感謝し、「きみはそうやって人とうまくやっていける、共同体感覚的に生きられる人間ですよ」というメッセージを送っているわけです。

相手の共同体感覚を誘発するのは、「しなさい」ではなくて、例えば「こうしてほしいんだ。きみの助けが必要なんだ。手伝ってほしい」という言葉です。「手伝ってほしい」というのは、相手の手伝いをしない権利も認めることです。しかし、いわば仲間として「手伝いをしてほしいと思っているよ」と伝えます。

しなかったことは非難されず、したら「ありがとう、助かったよ」というふうに言われると、私たちはどう思うでしょう？　自分のことを考えてみればいいのです。「いやあ、きみのおかげですごく助かったよ。ありがとう」と言われるのと、「おお、これやったんだ。なかなかやるじゃないか」と言われるのと、どちらがうれしく、やる気になるでしょう？

根拠抜きの信頼

ふつうの社会的信用は、実績に基づいて信用されるものです。実績のない人は信用されません。しかし、ほんとうの信頼というのは、実績や根拠を抜きにしたその人の存在そのものへの信用・信頼です。そういう意味で、根拠はまったくいりません。「きみならきっとできるよ」、

「なぜ？」、「きみがきみだから」というのが無条件の肯定です。自分に対しては、「私だから、きっとできるんだ。それが私なんだ」と自分に言ってあげることです。そうした根拠抜き、条件抜きの信頼は、人をとても勇気づけるものです。

〔私の読者のためにつけ加えると、根拠抜きでもいいのですが、コスモス・セラピー的には、「一人の人間のなかには宇宙一三八億年の進化の歴史の積み重ねによる驚くべき英知が潜在能力として秘められている」という決定的な信頼の根拠があります。〕

努力や進歩を認める言葉

勇気づけの言葉は、結果・成果に向けてではなくて、プロセス・努力に向けられます。つまり「うまくできたね」はほめ言葉で、うまくできてもできなくても「がんばったね」と言うのが勇気づけです。「〔失敗はしたけど〕努力したんだよね」、「きみが努力しているプロセス、見てたよ。すごくがんばってたよね。失敗して残念だけど、でもきみ努力してたよ」、と言われたら、元気づけ・勇気づけられるのではないでしょうか。

なかなかうまくできなくても、「時間をかけてすごく考えてるんだね」と、うまくいっているときには「うまくいっているみたいだね」と、プロセスに向けて言うのです。

こういうアプローチだと、例えばいちばんにならなくても、少しでも上がったら、「おお、だんだんできるようになってきたじゃない」と言ってあげられます。目標に一歩でも近づいたことは、近づいたことです。だから「努力して一歩近づいたじゃない。がんばってるじゃない」と言うのです。

「目標はここで、前よりはよくなったかもしれないけど、まだこんなにも距離があるぞ」と言うのがディスカレッジ・勇気くじきです。それに対して勇気づけは、一歩でも進んだら、「進んだじゃない」、「進んでるね」と言うのです。

勇気づけと勇気くじきの違いの整理

最後に、勇気づける人／勇気をくじく人、勇気づけ／勇気くじきの違いを整理しておきましょう。

尊敬と信頼で動機づける　対　恐怖で動機づける

勇気づける人は、他者に対して何かをしてほしいと思うときには、尊敬と信頼で動機づけます。具体的な言葉としては、命令ではなく、まず敬意を払って「やってほしい」、「やってもらえるといいんだけど」と言います。そして、そのときに、「きみならきっとできる」、「こういうふうにすると、きみにとってきっといい。そしてきみにはきっとそうできると思う」と信頼することで、ある行動を促すのです。

筆者も、かつては学生たちを恐怖で動機づけしがちでした。例えば、「おまえね、今これをやっておかないと将来困るんだぞ」、「勉強しないと将来こんなに困るぞ」、「学歴がないとこうだぞ」、「卒業しておかないとこうだぞ」、「なるべくAが多くないと入社試験で困るぞ」など。こういうのが恐怖の動機づけです。親や教師は、よくこういうやり方をしがちです。

しかし、そう言われるのと、「これをやっておいたら、将来こんなにいいことがきっとあるよ。そして、きみならきっとできるよ」と言われるのと、どちらがやる気・勇気が出てくるかは、もう言うまでもないでしょう。

楽観的 対 悲観的

それから、人生に基本的に楽観的か悲観的かということですが、勇気づける人は楽観的です。未来はわからないものです。まだ来ていないのですから。未来は「未《ま》だ来ていない」と書きます。ですから、来るまでわかりません。どうなるか予めわからないのだから、将来は暗いだろうと思うか、明るいだろうと思うかは、実は本人の思い方です。

そして、確率としては、楽観的に考えるほうが楽観的な結果が出る確率が高くなり、悲観的に考えるほうが悲観的な結果を招く確率が高いことは、非常に明らかです。もちろん、楽観的に考えたらかならずそういう結果になるとはかぎりませんし、悲観的に考えたらかならずそうなるともかぎりませんが、傾向性が高いことは確実です。そうして、楽観的に考えたほうがやる気・勇気が出てくることはまちがいありません。

聴き上手　対　聴き下手

他者に対して勇気づけをする場合には、聴き上手である必要があります。つまり、それは相手の立場に立つためです。相手が今どうであるかということを聴いて受け容れることのできる人を「聴き上手」といいます。聴き下手の人は、まず相手の気持ちに共感しない、それから説教を始める、話を自分のほうに取る、というふうないくつかの特徴があります。相手がいろいろ言っていたら、「おれだっていろいろあってさ！　こんなに苦労してるんだよ」と、相手が愚痴を言いたいのに自分の愚痴を言い始めたり、相手の話題を取ったり、「おまえね、そういうことだからいけないんだよ」とお説教を始めたりする。聴き上手というのは、そうではなくて、まず相手の立場に立って、「きみの状況ならそうだろうな。わかるよ」と共感するのです。〔ただ私個人のスタイルとしてはかなり論理療法を使っていますので〔前掲拙著『唯識と論理療法』、同『いやな気分の整理学――論理療法のすすめ』NHK生活人新書、参照〕、ただただ聴いているだけではなく、一定程度聴いた後で、「それはつらいですね……つらいのは好きですか？　そのままつらい状態でいたいですか？」と、ちょっと意地悪に聞こえるかもしれない質問をしながら、そこを抜けだすための援助をしていきます。しかし、セラピーの初期段階ではしっかりと聴き上手を心がける必要があることは確かだと考えています。」

目的志向　対　過去志向

勇気づけは目的（未来）志向です。「おまえ、何でこんなことをやったんだ」というのは勇気くじきです。人間は過去に失敗をしたとしても、未来に向かって改善できるものです。だから「おまえ、何でこんなことをやったんだ」ではなく、「次からどうしたらいいと思う？」、「これは失敗だけど、次に失敗しないためにはどうしたらいいと思う？　一緒に考えよう」と言う。これが勇気づけです。

もし自分が大失敗をしたとして、「でも次に失敗しないためにどうしたらいいか、きみには考えられると思うから、まず自分一人で考えたかったらそうして。でも、必要なら手伝うよ。とにかく、次にどうやったら失敗しないか、考えようよ」というふうに言ってほしいものです。こう言われると、叱責されるよりもはるかに自己改善意欲が湧いてきます。ですから、自分や人を改善させたかったら、叱責するよりも共感して、そして未来志向・目的志向のアプローチをすることです。

大局を見る　対　細部にこだわる

それから、大局を見るということです。大局を見るということは、大きな目で見て、人生において一歩でも二歩でも歩んでいると見たら、「進歩してるじゃない。きみの努力を買うよ」と言ってあげることです。細部にこだわると「努力はしてるようだけど、でもここがだめだね。あそこもだめだね」と言うことになりますが、これではぜんぜん元気になれません。

ユーモアのセンス　対　皮肉

もちろん、勇気づけをする人は、基本的にユーモアのセンスが要ります。ある状況のなかにどっぷりとつかり込んでしまわないのがユーモアです。いつも状況に距離を保てるところから、ユーモアのセンスというのは生まれてきます。ところが、勇気をくじく人は基本的に皮肉っぽいのです。「何だ、そんなことしかできないの？」、「がんばったじゃない。でもその程度ね。次にはもっとがんばれよ」と。これでは、がんばれません。

まとめ：アドラー心理学と仏教の接合点

前半の最後に、すでに本文中に先取りのコメントとしていくつか述べてきたアドラー心理学と仏教（特に唯識）の接合点について、改めてまとめておきたいと思います。

まず、人間にはきわめて強い自我確立への衝動があることを、アドラー心理学では「優越性への努力」ほかの言葉で表現しており、唯識では「マナ識」とその「根本煩悩」といった言葉で表現しており、両者の洞察は重なる部分が大きいといっていいでしょう。しかも、それが基本的には善悪中性であり、善の方向にも悪の方向にも向かいうるものであるという洞察は一致しています。

さらに、人間がきわめて主体的・主観的存在であるという点について、両者の洞察は非常によく一致しています（仮想と唯識）。

そして、主観的であるために、しばしば誤った人生観・世界観を持ってしまうが、にもかかわらず、しばしば自分の誤りに気づいていない（私的論理と無明）、そのために自分をも他者をも幸福にしない不毛な生き方に陥ってしまう（不適切なライフスタイルと煩悩）という洞察も一致しています。

しかし、自己と他者、自己と世界のつながりという普遍的な事実・真理に気づいた人に教え導かれることによって、誤りを訂正することが可能であり（共通感覚と覚り）、そして気づくことによって、自他ともに調和した生き方ができるようになる（共同体感覚と自利利他・慈悲）という点も相似形《パラレル》です。

とはいっても、テーマとなっているレベルや発達段階、そしてアプローチの方法論が異なっていることは言うまでもありません。

ということは、クライアントのニーズに応えるために存在しているという臨床家としての柔軟な姿勢さえあれば、アドラー心理学者にとっても仏教者にとっても、相互にないものを補いあう、あるいはむしろ統合しあうという生産的な関係になる基礎はすでに十分ある、ということだと思われます。

以上のポイントは、後半の仏教について述べるところからも、いっそう明快・確実なものにすることができると思います。

第二部　仏教とアドラー心理学

第一章　釈尊の説いた真理

第一節　縁起と四諦八正道

縁起の理法とは何か

まず出発点として、ゴータマ・ブッダの覚りと教えに関する筆者の理解を述べていきたいと思います（筆者の理解は、ブッダ研究の専門家である友人の青森公立大学教授羽矢辰夫氏〈例えば『ゴータマ・ブッダ』『ゴータマ・ブッダの宗教』春秋社〉とほぼ合意しているものです。また、故玉城康四郎先生からも大きな影響を受けています〈例えば『仏教の根底にあるもの』講談社学術文庫、『仏教の思想1　原始仏教』法蔵館、参照〉）。

さて、仏教の出発点は言うまでもなくゴータマ・ブッダが覚りを開いたことにあるわけですが、何を覚ったかというと「縁起の理法」を覚った、といわれます。原始経典の『ウダーナ』には、覚った後、ブッダが語った次のような三つの詩が記されています。

「実にもろもろの存在の理法（パーリ語ではダンマ、サンスクリット語ではダルマ、真理）が、熱心に瞑想しつつある修行者に顕わになるとき、そのとき、彼の一切の疑惑は消滅する。それは、彼が縁起の理法を知っているからである。／実にもろもろの存在の理法が、熱心に瞑想しつある修行者に顕わになるとき、そのとき、彼の一切の疑惑は消滅する。それは、彼がもろもろの縁の消滅を知ったからである。／実にもろもろの存在の理法が、熱心に瞑想しつつある修行者に顕わになるとき、彼は悪魔の軍隊を粉砕して、安立している。あたかも太陽が虚空を照らすごとくである。」

では、「縁起の理法」とは何かということになりますが、「縁起」には大きくいうと二つの意味があると考えられます。

まず第一は、「もろもろの存在・あらゆるものは縁・つながりによって生起している（したがってもとをただせば結局は一つだ）」という意味です。「相依相関」という言葉で表現されることもあります。長い禅定の末、暁の明星を見たとき、ブッダは「あの星（そして宇宙）と私はつながっていて一つだ」と覚ったのだ、と禅ではいいます。

また、『サンユッタ・ニカーヤ』という原始経典には、「わたし（ブッダ）によって体得されたこのダンマは、はなはだ深くて、理解しがたく、覚りがたく、寂静であり、分別を超えて微妙であり、賢者によって知られるべきものである」とあります。

ブッダは、深い瞑想を通じて、分別つまりすべての存在をばらばらに分離したものと見るものの見方を超えたとき、すべてがつながりによって生起していること・縁起の理法を覚ったのだ、と理解してまちがいないでしょう。これは迷いのものの見方・無明を克服して、すべてが一体であるという宇宙のありのままの姿、つまり「如（タタター）」あるいは「真如」・「一如」

を覚った、と言い換えることもできます。

学界では議論がありますが、筆者はこの第一の意味が決定的に重要だと考えています。「縁起」の第二は、「十二縁起・十二因縁」と呼ばれます。

ある伝承では、ゴータマ・ブッダは、菩提樹の下で、「すべて結果があるものには原因があるはずで、その原因をたどっていくと、最初の原因にたどり着くはずだ」(「因果の法」) と考え、「なぜ、老いや死という苦しみがあるのだろうか…それはそもそも生があるからだ…」と思索・瞑想をしていったといいます。

そして、結果から原因へと遡って、「老死（の苦しみ）があるのは、生があるからだ。生があるのは、有《う》があるからだ……取《しゅ》↓愛《あい》↓受《じゅ》↓触《そく》↓六入《ろくにゅう》↓名色《みょうしき》↓識《しき》↓行《ぎょう》↓無明《むみょう》」と瞑想・洞察していったのです。

これを「逆観」といい、後で無明という原因から老死という結果という順に整理したものを「順観」といい、ブッダは、逆観と順観を繰り返して洞察を深めました。

「無明」とは、心の表面にはびこり、さらにその根っこは心の奥底に潜《ひそ》み澱《よど》んでいる根源的な無智（無知ではなく）のことです。すべてのもの（者・物）を分けてばらばらに見ることだと理解していいでしょう。無明とは別の言葉でいえば「分別知」なのです。

さらに、①他とのつながり・縁なしにそれ自体で存在できる、②それ自体の変わることのない本性を持っている、③永遠に存在できる、という性質があるものを「実体＝我＝アートマン」といいますが、無明とはものそれぞれを他と分離した独立の実体と見るようなものの見方ということもできます。

そして特に自分と自分でないものを分けておいて自分を実体視し、実体としての自分にこだわり、いのちといのちでないものを分けておいていのちを実体視し、実体としてのいのちにこだわります。そういう心は、ほとんどすべての人（凡夫）のなかでしっかりと働いており、悩みの源になっています。

無明があると、実体としての自分があるという妄想・構想を起こす力が働きます。「行」といいます。続いて、無明に基づいた構想力によって、「識」・「心」の働きが起こります。「実体としての自分があると思う潜在的な心」といっていいでしょう（これは後に唯識のマナ識・アーラヤ識説に発展します）。

そして実体としての自分があると思う心が生じると、当然のように外側に自分とは別の分離した実体としての「外界」があるように思えてきます。それが「名色」です。つまり個別の「名前」に対応した分離した個別――個々別々、ばらばら――のものが「色や形」を持って実体的に存在しているように見えてくるわけです。

続いて、自分と外界は分離しているという思い込みを基にして、五つの感覚器官と意識＝「六入」が働きます。さらに、外界の対象と感覚器官と意識との「接触」＝「触」が起こります。それが「感受」されることを「受」といいます。

実体としての自分が存在するという錯覚に基づいて心と外界の接触や感受が行なわれると、外にある対象は自分ではなくて、しかもそれなしには生きられませんから、いつも自分に足りない何かが外にあり、たえずそれを獲得―所有しないと生きていけないという、激しい喉の乾きのような欠乏感が生まれます。それを「愛」あるいは「渇愛《かつあい》」といい、欠乏感・渇愛の気持で人や物に接して、少しでもいい思いをすると、いつまでも自分のものにしておきたいという執着が生まれます。それが「取」です。

そういう無明から取までの心の働きを基に、宇宙と一体でなく、他の人や物とつながっておらず、流れでもない、実体としての生命＝「有」が妄想・構想されます。

そして、それを基にして誕生があり人生が営まれていきます。「生」です。

そういう無明・妄想と執着に基づいた生き方をしているかぎり、「老い」と「死」は、いのちの自然なプロセスとして受け容れられず、絶対に受け容れられない苦痛、人生の根本的な不条理と感じられることになります。

ブッダにとって、生理的な意味での「老死」そのものではなく、老死の苦しみつまり心理的な老死への不安や恐れや不条理感こそが問題だったと思われます。

その苦しみを超える体験をあえて言葉にしたのが第一の意味での「縁起」であり、そうした「老死」の苦しみの原因論が第二の意味での「縁起（または因縁・因果）」である、と筆者は捉えています。

ブッダの思想は「つながりコスモロジー」

ここで、「縁起」の解釈に関してコメントを補足しておくと、原始仏典では回数としては「十二縁起」のほうが明らかに多く出てきます。そのため、「ブッダは十二縁起の洞察によって覚った」と解釈される方も少なくないようです。

しかし、仏教学・原始仏教の権威である故中村元先生は、「……十二因縁の説は、さとりのときに釈尊の説いたものではないということがはっきりと断定できる。原始仏教聖典をみると、十二因縁の説よりも以前にもっと簡単なかたちの縁起説がいくつも成立していて、それに基づいて種々の縁起説が成立し、最後に十二因縁の節が成立したことが立証されているから、右の説は歴史的事実であるとは考えられない。」（『ゴータマ・ブッダⅠ』［決定版］中村元選集第十一巻、春秋社、四〇一頁）と言っておられます。

すなわち、十二縁起がブッダ以後に整理されたものだとすれば、当然、それによってブッダが覚ったと考えることもできません。

また、瞑想の実践という臨床的な視点からいえば、老死（の苦しみ）の原因が「無明」だと言葉で知的に理解しても、それが心の奥底までの「明＝覚り」に自動的になることはありません。「老死」の原因が知的にわかっても、「老死（への不安や恐れや不条理感）」はなくなりませんから、知的洞察に一定の意味はあるにしても、「老死（への不安や恐れや不条理感）」がなくならないものを「覚り」と呼ぶことはできません。

そうではなく、心の奥底からの言葉と分別を超えた「明＝覚り＝無分別智」を体験して初めて、「無明＝分別知」がまさに「無明」だったとわかるのです。「明＝覚り」の体験をした後で、ブッダが他の人に指し示し伝えるために分別を超えたその体験をあえて言葉で表現したのが、「すべては分離していない。つながって一つである」という意味での「縁起」という概念だ、と筆者は理解しています。だからこそ、釈尊は、それが時代も国も民族も超えた普遍的な宇宙の「理法」であると主張できたのです。

このように、「縁起」に関する議論は、仏教文献学に加えて臨床的視点を導入することによって、はっきりと決着がつきます。「老死（への不安や恐れや不条理感）」の「滅」とまでいかなくても、少なくともそうとう軽減されたと感じるくらいの坐禅・瞑想体験を経ることなしに、坐禅・瞑想から生みだされたブッダの思想を論じることは、あえて言えば、一度も海を見たことのない人や、行く道の途中にいてまだ海を見ていない人が、海のすばらしさについて知的情報だけで語るのに似ています。「八正道」とりわけ「正定」の実践なしの「縁起」の解釈や議論は、学問としての一定の意義は認めますが、根本的にはまったく不十分だ、と筆者は考えています。

それはともかく、以上のような縁起に関する理解が正しいとすれば、ゴータマ・ブッダの思想は世界観《コスモロジー》としては「つながりコスモロジー」だといえます。そして、つながりコスモロジーという点で、「縁起」の理法と「共同体感覚」は同じ事実を指し示す概念だといってまちがいありません。縁起こそ仏教とアドラー心理学を結ぶ結合点・接合点なのです。

もちろんアドラー心理学では個人と他者や社会とのつながりに焦点が当たっており、仏教では存在すべてのつながりについての洞察に焦点が当たっているというニュアンスの違いはあります。前者はいうまでもなく臨床心理学的であり、後者は存在論的・哲学的です。しかし、両者は人間論というところで統合可能でしょう。

また、アドラー心理学の「私的論理」という洞察は、「無明」という洞察のところまでは掘り下げられていません。「私的論理」は、他者とのつながりを前提にした「共通感覚」に対するものですが、仏教の「無明」への洞察は、人間のみならず存在すべてのつながりへの無自覚、さらに無我性・非実体性への無自覚というところまで掘り下げられています。

しかし、仏教側が深浅という物差しで量ってアドラー心理学また西欧の心理学一般は浅いから必要ないと判断することはまったく不毛であることは、すでに述べてきたとおりです。

発達段階の問題として、人間はどうしてもいったん分別を身につけ自我を形成するほかないのであり、そのため発達の途中で「私的論理」に陥る危険を抱えており、また例外なく分別知という意味での「無明」は身につけるほかありません。

仏教からいえば、たとえどんなに「共通感覚」「共同体感覚」豊かなライフスタイルの形成ができたとしても、それだけで分別知という意味での無明から解放されるわけではありません。しかしそうではあっても、つながりコスモロジーという意味で、「共通感覚」「共同体感覚」のほうが「私的論理」よりもはるかに「縁起の理法の自覚・覚り」に近いことはまちがいありませんし、「共同体感覚」は、深められればほとんど「宇宙意識」に到ることは前半でアドラー自身の言葉を引用して述べたとおりです。そして、後でもう一度述べるつもりですが、「宇宙意識」のところまでいけば「覚り」とほぼ同じあるいは紙一重です。

そう捉えられるとすれば、アドラー心理学の側からは「共同体感覚」のさらに深められたものとして「縁起の理法への目覚め・覚り」を学び統合することができるでしょうし、仏教の側からは人間の正常で適切な発達としていったん「共同体感覚」豊かな人格を形成することが必須であり、その後・その次の発達課題として「覚り」へ導くというスムーズで適切な指導の方針が可能になるでしょう。

理念的・理想的にいえば、両者の統合によって、まず教師、セラピスト、師が、自らの共同体感覚さらには縁起の理法への目覚めから生まれる慈悲の姿勢で接することによって、子ども、クライアント、弟子の共同体感覚を育み深め、さらにより高い発達課題としての覚りを共に目指す「善友」（人生の善き友すなわち修行仲間や師）となりあうというかたちが想定できるのではないでしょうか。

四諦八正道をどう理解するか

「縁起の理法」を覚ったブッダは、その体験に基づいて教えを展開しましたが、もっとも中心的なものは、「四諦八正道」だといわれます。

まず「四諦」「四聖諦」、「四つの真理」「四つの聖なる真理」です。

第一は「苦しみという真理（苦諦・くたい）」、第二は「苦しみの原因という真理（苦集諦・くじゅうたい、または集諦・じったい・じゅうたい）」、第三は「苦しみの止滅という真理（苦滅諦・くめったい、または滅諦・めったい）」、第四は「苦しみの止滅に到る道という真理（苦滅道諦・くめつどうたい、または道諦・どうたい）」、まとめて「苦・集・滅・道（くじゅうめつどう、くじゅめつどう）」といいます。

苦諦

ブッダは、無明・分別知に基づいて営まれる人生は基本的に苦であり、それには無明・分別知という原因があり、原因がある以上、原因をなくせばなくすことができるのであり、そのための道・方法はあるのだ、ということを説かれたのです。

一般的に、ブッダは、生まれることは苦しみであり、老いることは苦しみであり、病むことは苦しみであり、死ぬことは苦しみである、と人生は基本的に「苦」だと教えたといわれます。まとめて「四苦《しく》」といいます。

さらに、人生には、愛する人と別れる苦しみ（愛別離苦）があり、憎い人に会う苦しみ（怨憎会苦）があり、求めるものが得られない苦しみ（求不得苦）があり、存在の五要素そのものの盛んな働きが執着のもとになるという苦しみ（五蘊盛苦）があり、前の四苦と足して「八苦《はっく》」といわれます。

しかし、筆者の理解では、これはあくまでも「無明に基づいて営まれているかぎり」という条件つきです。もし、「この世は条件に関係なくひたすら苦である」といっているのならば、仏教は暗くて悲観的で現代人にとって有効・適合性があまりないと評価せざるをえませんが、「苦諦」はあくまでも出発点です。

しかも、ブッダのいう「苦」とは、これまで誤解されがちだったようにいわゆる単に苦しみや苦痛というのではなく、むしろこの世はもともと自分の思いどおりになるようにはできていないにもかかわらず、自分の思いにこだわってこの世のことがらを見ると「すべてが不条理に感じられる」という意味のほうが大きい、と筆者は捉えています。

集諦

四諦・四つの聖なる真理の第二段階は「集諦《じったい》」です。

譬えると、病気を治すには、診断を受けて自分が病気だと自覚しなければなりません。そして原因がわかれば、治療の対策もでき、原因をなくする根本的な治療をすれば、病気は治ります。

医者が、診断をして病気だということを知らせるのは、病人を絶望させ暗い気分におとしいれるためではなく、治療すれば病気が治るという希望を与えるためであるように、ブッダが「苦諦」を説いたのは、いわば治療に先立つ診断です。

原因を明らかにするのが、「十二縁起」の逆観で、遡って原因を探ると、特に「執着（取）」→「渇愛（愛）」→「無明」が「苦」の原因だとブッダは解明したのです。

ここからはっきりするのは、先にもいったように「苦」は一般的な意味での「苦痛・苦しみ」とは違うことです。執着・愛着しているものを失ったときに感じるのは、単に生理的な苦しみではなく、それがあってはならない「不条理」だと感じるという心理的・精神的苦悩です。

実際上もはっきりしていますが、覚りをひらいた人でも怪我をすれば痛みを感じ、毒を飲めば苦しいのです。覚ることによってなくなるのは、生理的苦しみではなく、生まれてきたことへの不条理感、せっかく生まれてきたのに老いたり病んだりし、結局は死ななければならないことへの不条理感といった精神的な苦しみなのです。

「苦」をそう解釈するならば、ブッダの教えはきわめて合理的・説得的・普遍的な実存的心理学ということもでき、現代人にも適合性があり有効です。

そしてそう解釈できるとすれば、本書の範囲を超えてしまいますが、一時期アドラーの弟子でありながら思想をより実存的に深めて「実存分析」とその精神療法への応用としての「ロゴセラピー」を創り上げたフランクルと仏教の統合も視野に入ってくるでしょう。

滅諦

四諦・四つの聖なる真理の第三段階は「滅諦《めったい》」です。
第三段階の話の最後は、「無明がなければ」ということです。人生の根本的な苦しみである不条理感の主な原因が「無明」→「渇愛（愛）」→「執着（取）」だとすれば、それらがなくなれば不条理感もなくなるはずです。「無明がなければ、行はなく、行がなければ…渇愛がなければ…執着がなければ…老死（の苦しみ）はない」という順観の洞察です。つづめていえば、不条理感に苦しむのは無明があるからで、無明がなくなれば不条理感の苦しみは無くなるというのです。

私たちが、望んだわけでもないのに生まれたこと、望んでいないのに老いたり病んだりすること、そしていちばん望まないことなのに死ななければならないことを、自分の「望み（という名の愛着・執着）」を離れて、ごく自然なことと受け容れることができたら、不条理感という精神的苦痛はすっきりとなくなってしまうはずです。

「そんなことできるのか？」という疑問が出てきそうですが、答えは「適切な方法を実行すればできる」ということです。否定的に言い換えれば、「適切な方法を実行しなければ無明はなくせない」→「渇愛はなくせない」→「執着はなくせない」のです。

ですから、私たちが愛着・執着から離れ不条理感から解放されて、爽やかに生き生きと生き死にできるかどうかは、適切な方法を実行して無明をなくすことができるかどうかという臨床的実践にかかっているわけです。

道諦

四諦・四つの聖なる真理の第四段階は「道諦《どうたい》」で、「それでは、どうすれば無明をなくすことができるか？」という問いに対する答え、つまり「こうすればなくすことができる」という方法＝道についての教えです。

具体的には八種類あって、「八正道《はっしょうどう》」といいます。内容としては、大乗仏教の「六波羅蜜」と重なっていますから、くわしい説明はそこでします。

八正道のポイント

ただ大事なポイントを述べておくと、ここでいう「正しい」とは一般的な意味の正しさ、単に「倫理・道徳的に正しい」とか「論理的に正確」という意味ではない、と思われます。ブッダの説く「正」とは、「縁起の理法（および後で述べる「無常」、「無我」という法）にかなっている」という意味でなければなりません。

最初の「正見《しょうけん》」とは、あらゆるものを縁起・つながったものとして見るということです。私たちはふつう、自分と他の人や世界とを別々に分かれたものと見てしまっていますが、これは正しいものの見方ではないのです。

次の「正思惟《しょうしゆい》」とは、同じくあらゆるものごとを考えるときにすべてをつながった縁起的存在として考えることです。ものごとを「私には関係のないことだ」と、人を「私にはかかわりのない人だ」とするのはまちがった考え方なのです。

ですから、ものを言うときも、いい関係を守り育むような言い方をするのが、「正語《しょうご》」であり、すべてのつながりをよりよいものに育てていく行動が「正業」で、特定の行動だけでなく生活全体になるのを「正命《しょうみょう》」といいます。

あらゆることにおいて、いい関係を守り育てていくように努力することが「正精進《しょうしょうじん》」です。人間、努力をすればいいというものではなく、努力をして悪事を働くこともあれば、無駄な努力をすることもあるわけですから。そして、いつも縁起を忘れない気づきの心を保ち続けるのが「正念《しょうねん》」です。

ここまでは、アドラーの「共同体感覚に基づいたライフスタイル」と非常によく重なっています（もちろん深さのレベルは違いますが）。「正見」はほぼ「共同体感覚」に、「正思惟」は

「共同体感覚をもとにした共通感覚」に重なり、共同体感覚に基づいた行動・ライフスタイルが「正語」「正業」「正命」「正精進」に当たり、共通感覚を忘れないことが「正念」に重なっていると見ることができます。

そして、仏教にあってアドラーにないのは、次の「正定《しょうじょう》」です。「正定」とは、縁起の理法にかなった、縁起の理法を覚ることができるような瞑想のことです。瞑想にも、縁起の理法にかなわない、超能力を開発するだけの瞑想や、恍惚状態に入って自己陶酔・自己満足するだけの瞑想もあり、「瞑想」という名がついていれば何でもいいというわけではないのです。「正定」は、ふつうの人間が毎日当たり前のように行なっている言葉を使った分別をいったん徹底的に停止することによって、無分別すなわち分離していない、すべてがつながっている世界のありのままの姿すなわち「縁起」「如」を自覚するためのものでなければなりません。

こうした縁起の理法にかなった八つの実践方法を行なえば――時間や努力は必要ですが――無明をなくし、覚りを得ることができ、すると過剰な愛着・執着を離れることができ、そうすると老いや死に関する不条理感から解放される、というのです。

しかし、四苦八苦という人生のもっとも基本的な出来事に対する不条理感から完全に解放されるためには修行して覚らなければならないので、ふつうの人がそこまでの境地に達することは困難ですが、もしそこまでいければ、脳生理的な原因によるものを除いた心理的原因による心の病のほとんどが癒されるだろうということは、容易にシミュレーションできます。

とはいえ、やはりふつうの人すべてが完全に覚ることはきわめて困難ですから、そこまでいけない人にとっての現代的な救いあるいは心理的成長のための方便として、アドラー心理学が有効だ、と筆者は考えているわけです。

四諦とインフォームド・コンセント

すでにさまざまな方が指摘してこられたことですが、右のような「四諦」の順序は、医療におけるインフォームド・コンセントとかたちが相似形《パラレル》です。

まず、病気の診断・告知が「苦諦」に当たります。続いて病気の原因の説明が「集諦」に当たり、病気の回復の可能性についての説明が「滅諦」に当たり、治療の手続きや方法に当たるのが「道諦」です。

この相似性はもちろん心理療法についてもいえることで、この点にも心理学・心理療法と仏教の統合の大きなヒントがあると考えられます。

第二節　仏教の三つの特徴

三法印

先に述べたように、ブッダは、生前、自分の教えを体系的にまとめて書き残そうという意図は持っておらず、そのときそのとき、聞いている相手にふさわしい、相手の慰めや救いになるような説き方をしています。それを「応病予薬《おうびょうよやく》」、「対機《たいき》説法《せっぽう》」、「方便《ほうべん》の教え」などといいます。

そのため、ある人に説いたことと別の人に説いたことが、単純な論理でいえばくい違っていることがしばしばありました。弟子たちはブッダの生前なら、真意がどこにあるかわからない場合、直接確かめればよかったのですが、亡くなった後、どう解釈すればいいかいろいろ問題が起こり、解釈の違いなどによりいろいろな派ができました。

そこで後に、最小限三つないし四つの特徴があることが「仏教」である条件だとされるようになりました。「三法印《さんぼういん》」、「四法印《しほういん》」、三つないし四つの真理の印という意味で、三法印は、①諸行無常《しょぎょうむじょう》＝すべての形成された存在は変化する、②諸法無我《しょほうむが》＝あらゆる存在は実体ではない、③涅槃寂静《ねはんじゃくじょう》＝煩悩が鎮まると絶対の安らぎに到る、の三つで、四法印は、②と③の間に④一《いっ》切皆苦《さいかいく》を入れます。

派によって違いがありますが、本書では簡略のために、筆者の解釈を述べていきます。

諸行無常

三法印の第一は、「諸行無常」です。諸行の「行」とは、「形成された存在」という意味です。仏教では、存在を「有為・形成された存在」と「無為・形成されない存在」に分類します。そして、「形成された存在」は、変化していくものであって、そういう意味で永遠性はない、「常」ではないことを、非常にはっきりと捉えているのです。

これは、世界の姿をよく見れば誰でもわかるはずですが、しかしふつうの人間は、ふだんあまりよく世界のほんとうの姿を見ていないものです。あるいは、見たくないので見ようとしない、といってもいいかもしれません。

自分にとって大切なもの、自分が愛着しているものなどは、変わってほしくないので、ふだんは何となく変わらないかのように思っています。あるいは、欲張って、いいものにはもっといいように変わって欲しいと思ったりもします。もちろん嫌なものには、いいほうに変わるとか、なくなるというふうに変わってほしいと思うわけですが。

しかし私たちが大切にしていようがいまいが、愛着していようがいまいが、嫌っていようがいまいが、すべてのものは変化していきます。ただし、ここで「すべてのもの」とは、「形成されたもの」のことです。すべての形成されたものは、否応なしに変化していく、それがありのままに観察された世界の姿です。

ここでのポイントは、自分の欲求や愛着や感情とかかわりなく「ありのままに観察された世界の姿」というところです。ブッダの教えには、いつも冷静なありのままの世界の姿への洞察という姿勢があり、そういう意味できわめて理性的・哲学的です。

しかし日本では、代表的には『平家物語』の冒頭の有名な言葉、「祇園精舎の鐘の声、諸行無常の響きあり」に表われているように、「諸行無常」という言葉をとても悲しい感情的な意味あいにとっています。そもそも仏教全体が、とても悲しい情緒的な宗教であると取られています。それには、日本文化としてのそれなりの意味も味わいもありますが、ブッダの教えの本来の意味とは違っているといわざるをえません。

諸法無我

三法印の第二は、「諸法無我《しょほうむが》」です。

諸法の「法」とは、「存在・もの」という意味です。原語（のカタカナ表記）は「ダルマ」ですが、いろいろな意味があって、慣れていないと混同しがちです。まず「真理」、それから

「規範」、そして「存在」などが主なところで、ここでは「存在」という意味です。ですから、「あらゆる存在は無我である」ということになります。

ところで、「無我」という言葉は、これまであまりにもしばしば誤解されてきたと筆者は考えており、誤解を正すために本を一冊書き（『自我と無我』PHP新書）、また前著『唯識と論理療法』（佼成出版社、一四六―一五五頁）でも比較的詳しく述べています。詳しいことはそちらにゆずって、本書では簡略にポイントだけ述べておきます。

「無我」の原語は「アナートマン」あるいは「アナッタン」で、接頭辞「ア＝非・無」＋「アートマン＝我」または「アッタン」です。問題は、「アートマン＝我」という言葉で、もちろん一部「自我」という意味もあるのですが、むしろ「実体」という意味のほうが主で、そちらの場合、「アートマン＝我＝実体」と考えていいでしょう。「実体」というのはまた、英語のsubstanceの訳語でもあり、これらの四つの言葉はほぼ同じ意味です。ですから、この句の全体を現代語訳すれば、「すべての存在は非実体である」ということになります。

さて、実はこの「非実体＝無我」こそ、ブッダの教えの核であり、後の大乗仏教まで一貫したもっとも仏教的だといってもいいほど重要なコンセプトです。

「非実体＝アナートマン」として否定された対象の「実体＝アートマン」は、先にも述べたとおり、①それ自体で存在できる、②それ自体の変わらない本性・本質がある、③いつまでも・永遠に存在できる、という三つの性質があるものをいいます。

ブッダは、この世のすべてのものは「縁起」・つながりによって存在するのであって、それ自体で存在している、存在できるようなものは何もない、と洞察しました。

仏教では重点は世界一般の話よりも人間にありますから、まず人間についていえば、親なしに自分だけで生まれてきて、空気も水も食べ物もなしに生きられるような人間は一人もいません。他の物についても、同じことが当てはまるでしょう。だとすると、この世界には「実体」の第一の条件を満たすものはないといってよさそうです。

そして、この世のすべてのものは変化していく「無常」な存在ですし、他との関わりで性質も変わりますから、変わることのない本性がある、とはいえません。

例えば筆者は、両親には「子ども」であり、妻には「夫」であり、子どもには「父親」であり、学生には「教師」であり、というふうに他との関わりで属性が変わります。

例えば水は、魚には棲みかであり、ヤゴには棲みかですがトンボには落ちると死ぬところであり、人間には泳いだり飲んだりすることはできても、ずっとそこにいると溺れて、窒息死する場所であり、というふうに、他との関わりで違った性質になります。つまり、この世界には、「実体」の第二の条件を満たすようなものはなさそうです。

そして、いつまでも・永遠に存在している、できるものは、この宇宙にはないようですから、「実体」の第三の条件を満たすものも何もないのではないでしょうか。

つまり、「諸法無我」とは、そういう「実体」の三つの定義が当てはまるようなものはこの世界にはないという意味で、人間の自我だけではなく、「すべての存在が実体ではない」という意味なのです。そしてそれは、さまざまなもの（者・物）が、いろいろなつながりのなかで一定期間、ある性質を持って存在し、やがて消えていくけれども、そのときそのときにはありありと現われることを否定しているわけではありません。

実際にありありと現われる形・象、つまり「現象」としての「現実」は認めますが、それは先に述べたような三つの定義・条件を満たす「実体」ではない、というのです。

ブッダは、自我もふくむすべてのものが無我すなわち実体ではないといったのであって、現象としての自我、特に修行の主体としての自我ははっきり認めています。それは、ブッダが最後に弟子たちに遺したといわれる「この世で自らを島とし、自らをたよりとして、他人をたよりとせず、法を島とし、法をよりどころとして、他のものをよりどころとせずにあれ」という句の「自ら」という言葉からもはっきりと確認できます。つまりブッダは「自我を否定して無我になるべきだ」と説いたのではなく、「そもそも自我はもともと無我である＝実体ではないことに目覚めるように」と説いたのだ、と筆者は理解しています。

もしそうだとすれば、「仏教は自我を否定して無我を求めるものであり、自我の確立を目的とする心理学とは対立する」という主張は、ブッダの真意を誤解したものだということになるでしょう。このポイントがしっかりと押さえられるかどうかに、仏教と心理学、本書のテーマとしては仏教とアドラー心理学を統合的に捉えられるかどうかがかかっています。そして、このポイントが押さえられ、さらに臨床的・実践的視点が踏まえられれば、繰り返しいってきたように、仏教とアドラー心理学の統合的理解は可能であるのみならず、むしろ必要・必然になる、と筆者は考えています。

一切皆苦

仏教には、「苦」だとか「滅」だとか「無」だとか、印象の暗い言葉がたくさん使われています。そのために、仏教は暗い宗教だという印象があります。それは誤解なのですが、筆者も、かなり長い間そういう誤解をしていました。

「四法印」の場合の「一切皆苦《いっさいかいく》」という言葉もそういう印象で理解というか、誤解されてきたようです。しかし、ブッダの「苦」は、前述のとおり、無条件で「あらゆるものが苦しみである」といっているのではないと考えられます。無明、渇愛、執着があるかぎり不条理感があるという意味で、条件つきです。

「無明」に始まる十一の諸条件がなくなれば十二番目の「老死」に関わる苦・不条理感はなくなるというところにこそ、ブッダの教えの真髄があります。しかも、それには方法もあるというのです。「滅諦」と「道諦」です。

涅槃寂静

三法印の第三は、「涅槃寂静《ねはんじやくじょう》」で、四聖諦の「滅諦」に当たります。この言葉も通俗的には、「釈尊が涅槃に入られた」という言い方から「死」を意味するようになり、そのうえに「寂」という漢字が「寂しい」と読めるので、まったく暗く寂しく陰気な意味合いに取られがちでした。

しかし、「涅槃」の原語は「ニルヴァーナ」で、「ニル・消える」＋「ヴァーナ・炎」つまり「炎の消えた状態」を意味し、炎のように人間の心を焼く煩悩が浄化されてまったく消え、実にすがすがしく爽やかになった心境のことです。「涅槃」自体にそういう意味があるのですが、煩悩の鎮まった状態をよりはっきり表現したのが「寂静」で、煩悩の炎が消えてしまえば、静かな心境になるのは当然といえば当然です。

仏教のメッセージが「苦」で始まるために、暗い話だと誤解されてきたのですが、それは先述のように、医者が「あなたはこういう病気です」と宣告するのは、「こういう治療すれば治ります」という結論の前置きであるのに似ています。

八正道の実践によって、無明・煩悩の炎に焼かれて苦しんでいた人間が静かですがすがしく爽やかな心で生きられるようになるというのですから、これはどう考えても明るい知らせです。

そのことを示す言葉を『ダンマパダ』から引用しておきます。

「さとれる者（＝仏）と真理のことわり（＝法）と聖者の集い（＝僧）とに帰依する人は、正しい知慧をもって、四つの尊い真理を見る。――すなわち苦しみと、苦しみの成り立ちと、苦しみの超克と、苦しみの終滅《おわり》におもむく八つの尊い道（八聖道）とを（見る）。／これは安らかなよりどころである。これは最上のよりどころである。このよりどころにたよってあらゆる苦悩から免《まぬが》れる。（一九一～一九二）／悩める人々のあいだにあって、悩み無く、大いに楽しく生きよう。悩める人々のあいだにあって、悩み無く暮らそう。（一九八）」（『ブッダの真理のことば　感興のことば』岩波文庫、より）

最後の句から明らかなように、ブッダは「楽しく生きよう」というメッセージを語っており、生きることや生きることの楽しさを否定していません。それどころか、ふつうの人々が悩んでいても、四諦・八正道をよりどころとしてあらゆる苦悩から解放された人は、「悩み無く、大いに楽しく生き」ることが可能だ、といっています。

原点としてのブッダにおいても、仏教は「楽しく生きるための理論と方法」という面があります（もちろん、心安らかに死を受容できるようになるための理論と方法でもありますが、それだけではなかったのです）。そうした人生への肯定的な面は、大乗仏教においてさらにはっきりしてきます。そういう意味では、人生へのきわめて楽天的で肯定的な姿勢をベースにしたアドラー心理学との適合性いわば相性は、特に大乗仏教がいいといえるでしょう、ともかく、以上のように見てくると、仏教は、非常に理性的・哲学的であり、さらにそれにとどまらず「覚り」という霊性を目指すものであり、仏教の核心は、古臭い迷信（呪術的・神話的宗教）ではなく、哲学的・霊性的宗教にあることが明らかになるでしょう。そして、合理的・科学的な心理学と仏教の呪術的・神話的側面とは適合性はありませんが、理性的・霊性的側面とはきわめて高い適合性があることが次第に明らかになりつつあるのではないでしょうか。

以下、さらに大乗仏教について見ていきたいと思います。

第三節　仏教の発展

ブッダ以後の分裂と部派仏教

釈尊が亡くなった後、大まかにいって百年後くらいに、規律や教義の解釈の違いによって、仏教の教団がまず上座部《じょうざぶ》と大衆部《だいしゅぶ》と呼ばれる二つの部派に分かれます。仏教史上は「根本分裂」といっています。

上座部（テーラーヴァーダ）とは、仏教教団の長老たちが上座にいたことからつけられた名前で、現代まで東南アジアに伝わっている仏教はこの流れを汲んでいます。大衆部（マハーサンギーカ）とは、参加した人数が多かったためにこう呼ばれたものです。大まかにいえば、よかれ悪しかれ保守的な上座部と革新的な大衆部といえるようです。

仏教教団が分かれる前後に、有名なアショーカ王が、ほぼインド全土に当たる広い地域を統一します。統一するには戦争をせざるをえなかったわけですが、アショーカ王は、やがて戦争つまり人を殺すことの問題に非常に深く悩み反省して、仏教に帰依します。

それが一つの大きなきっかけになって、インド全体に仏教が広まっていくのですが、広まるにしたがって、教義の解釈の違いによってさらにいくつにも分裂をします。

先にも述べたとおり、ブッダは、まとまった体系的な説き方はせず、本も書いていません。ところが、インドの知的なエリートたちは古代から現代に到るまで、非常に理論好きで、後の人たちがブッダの語ったことをもとに自分たちの洞察もつけ加えながら、だんだんに組織的な仏教の教学を作っていきます。解釈の違いによって紀元前一〇〇年頃までに二〇の部派に分かれたので、「部派仏教《ぶはぶっきょう》」と呼ばれます。

また、その理論を「アビダルマ」というので、「アビダルマ仏教」と呼ばれることもあります。「アビ」とはサンスクリット語で「何々に対して」という意味です。「ダルマ」（ダルマさんのダルマはここからきています）は、もともとは保持するものという意味で、そこから真理、法、ものごとなどの意味が出てきたのですが、ここでは「ものごと・存在」という意味です。

とにかく仏教的な「存在の分析」といえるような非常に詳細で哲学的な学説が形成されたわけです。

その代表的な文献としては、『阿毘達磨倶舎論《あびだつまくしゃろん》』（略して『倶舎論《くしゃろん》』）があり、日本でも奈良時代から唯識と並んで仏教の基礎的な学問とされてきました。こうした学説は、もちろん一面では発展ともいえますが、厳密で詳細であるだけに、専門家にしかこなせないものになってきます。

ブッダの時代から、仏教のなかには出家・僧の流れと在家・一般人の流れがありますが、アビダルマのような複雑な仏教教学は、やはり出家のいわばエリートのお坊さんにしかこなせないことになってきます。それから、ふつうの仕事をせず、一日のうちのそうとう長い時間を瞑想と学問に使うこともプロのお坊さんにしかできません。そうなると、在家、お坊さんでない人間は、信仰や功徳を積むことで救われないことはないけれども、やはり本流は出家であり、極端になると出家しなければ覚れないという感じになっていく傾向があったようです。

大乗仏教の興隆

そうした部派仏教に対し、「出家したエリートしか覚れない・救われないというのはまちがっている。それは、迷いのこちらの岸から覚りの向こう岸へ渡るのに、ごく少数の人間しか乗せられない小さな乗り物＝小乗だ。我々はみんなが乗れる大きな乗り物＝大乗なのだ」と主張する勢力が興ってきます。「大乗仏教」です。

こうして、「小乗仏教」と「大乗仏教」という違いができたのですが、「小乗仏教」という呼び名は、大乗の側から見たやや偏った批判といえないこともありません。かつて「小乗」と呼ばれた上座部の流れが今日まで東南アジアに伝えられていて、大乗仏教とは異なっていますが、戒律や瞑想法などに非常にすぐれたものがあるようです。とりわけヴィパッサナーと呼ばれる瞑想法は、アメリカではすでに心理学の技法としても採り入れられ高い臨床効果を示しているようです。

紀元一世紀前後から、大乗を主張する新しい経典として、さまざまな『般若経典《はんにやきようてん》』が生まれてきます。最初は、八千の詩句からなる『八千頌般若経《はつせんじゆはんにやきよう》』で、だんだん広げられ『十万頌』まで作られます。やがて長くなりすぎた『般若経』のエッセンスを最小限にまとめたのが、日本人なら誰でも知っている『般若心経《はんにやしんぎよう》』です。これらは、真言宗、天台宗、禅宗（臨済宗、曹洞宗、黄檗宗）など、広く用いられています。

それから『維摩経《ゆいまぎよう》』も作られます。これを依りどころとする宗派はありませんが、特に禅宗では重視されてきました。さらに『法華経《ほけきよう》』で、これは日本の仏教では、天台宗と日蓮宗および法華系と呼ばれる新宗教が依りどころとしている経典です。それから『華厳経』は、東大寺華厳宗が依りどころとする経典です。『無量寿経《むりようじゆきよう》』『観無量寿経《かんむりようじゆきよう》』『阿弥陀経《あみだきよう》』（まとめて「浄土《じようど》三部経《さんぶきょう》」といいます）は、浄土宗、浄土真宗、時宗など浄土系の宗派の経典です。

これらは、学問的には「初期大乗仏典」と呼ばれています。

大乗仏教は、一般の人間にはついていけなくなってしまった部派仏教の専門的な理論に対する批判として出てきた面があり、最初はあまり体系的に述べられたものではありませんでした。ところが、いったん分かれ対立関係が起こってくると、大乗の側も理論を整備しなければならなくなります。そこで大乗の主張を徹底的に理論的・体系的にまとめたのが、龍樹《りゅうじゅ》（ナーガールジュナ、一五〇年から二五〇年頃？）です。

二、三世紀頃になると、「中期大乗仏典（第一期）」と分類されるお経ができてきます。例えば『勝鬘経《しょうまんぎょう》』、『如来蔵経《にょらいぞうきょう》』、『大般涅槃経《だいはつねはんぎょう》』などで、これらは特定の宗派の経典にはなっていません。

それから本書でいちばん重点をおいてお話ししていく「唯識《ゆいしき》」という学派のいちばん古い経典である『解深密経《げじんみつきょう》』などが作られていきます。日本では、法相宗の興福寺や薬師寺、北法相宗の清水寺などが依りどころとする経典です。それから今日ではサンスクリットも漢訳もチベット訳も残っていない唯識の経典、『大乗阿毘達磨経《だいじょうあびだつまきょう》』もこの時代に書かれたようです。

続いて、五世紀頃、「中期大乗仏典（第二期）」として、『薬師如来本願経《やくしにょらいほんがんきょう》』、『地蔵菩薩本願経』など、特定の宗派にかぎらず日本人全体に広がった薬師信仰や地蔵信仰のもとになったお経が作られます。

そして七世紀頃、大乗仏典としては後期に当たる密教の経典ができます。『大日経《だいにちきょう》』、『金剛頂経《こんごうちょうきょう》』などで、真言宗の依りどころとされ、天台宗でも密教の分野で重んじられる経典です。日本の伝統的な仏教はすべてこうした大乗経典を依りどころにしています。六世紀から八世紀にかけて日本に伝わり、やがて定着して日本人のものになっていった仏教は、朝鮮半島、中国を経て大きく変化・発展――見方によっては歪曲も――したかたちのものですが、大まかな分類でいうと「大乗仏教」に属しているのです。

第四節　空の思想

空とは何か

さて、大乗仏教のもっとも中核的な教えは「空（くう）」だといわれます。しかし、大乗仏教が日本に入ってきてから一四五〇年以上経っていますが、残念なことに「空」の思想は必ずしも日本人全体のものになっていません。文字の印象もあって、しばしば、「空しい」、「空っぽ」、「意味がない」、「何もない」というふうに誤解されてきました。そこから派生して、「空を覚る」とは、人生はすべて空しい、意味がないということを自覚して、すべてを諦めてしまうことだという誤解も生まれました。諦めて何事にも執着しないのが「悟り」だと考えられがちだったのです。

空の定義

しかし、筆者の理解では、「空」とはそういう意味ではなく、哲学の用語でいえば、「実体ではない・非実体」ということです。無我のところでも述べましたが、これは仏教をしっかり理解するうえで決定的に重要なので、繰り返します。

①他のものの力を借りることなくそれ自体で存在する。
②変わることのないそれ自体の本性を持っている。
③いつまでも・永遠に存在することができる。

この三つの条件を備えたものが「実体」と定義されています。

「空」とは、そういう哲学的にはっきり定義された意味での「実体」といえるようなものは「何もない」という意味で、「何もない」といっても、無条件に何もないのではなく、「実体といえるような条件を備えたものは何もない」ということなのです。

仏教では、いろいろな感覚で感じたり、意識で認識できるような「現象」があることは、

「色《しき》」あるいは「色法《しきほう》」と呼んで、当然ながら認めています。しかし私たちが、それ自体で存在し、それ自体の本性を持っており、いつまでも存在する実体のように感じているものは、みなよく観察していくと、「現象」としてありありと現われていても、「実体」ではない、というのです。

縁起と空

①について、具体的な例で説明しましょう。「何もない」のですから、何でもいいのですが、もっとも身近な「私」あるいは「人間」を例に取ります。

私・人間は、自分自身で生まれてきたでしょうか？　自分で生まれてきた人は一人もいません。さらに私たちは日常的には、自分で生きているつもりですが、果たして自分だけで生きているでしょうか？　生きていくことができるでしょうか？　もちろん、できません。水や空気や食べ物や、大地や太陽や、数えきれないさまざまなもののおかげで、私たちは生きることができます。他の人や他の物とのつながりのおかげで、私たちが生まれてきたし、生きていることができます。誰一人として自分だけで生きている人間は一人もいない――そういう意味で、私・人間は「実体」的な存在ではありません。実体ではなく「現象」、まさに現われた象（かたち）というべきでしょう。

こうした点について、「縁起だから空である」という定型句があります。私・人間は、他のさまざまなものとのつながりのおかげ・縁によって存在していますから、実体ではない＝空である、ということになります。

すでに何度も指摘してきたとおり、この縁起についての洞察はアドラー心理学の「共同体感覚」と大きく重なるところです。しかも、「共同体感覚」が宇宙との一体感・「宇宙意識」にまで深められれば、「空」と紙一重です。しかし、当然ながら以下のような「空」についての本格的洞察は、アドラー心理学にはほぼまったくないといってまちがいないでしょう。

無自性と空

②について、すべては空なので例は何でもいいのですが、葉の話をしましょう。春には芽吹きで、やがて初々しくやわらかな若葉になり、さらに青葉になります。秋には、紅葉や黄葉になり、それから落ち葉になり、やがて朽ち葉になり、最後は腐葉土になって土に帰っていきます。「葉っぱ」と呼ばれるものに、変わることのない「新芽」とか「若葉」とか「紅葉」とか「落ち葉」とか「朽ち葉」という「本性」があるとはいえません。腐葉土になってしまえば、もう「葉」という性質さえなくなっていくのです。葉は「変わることのないそれ自身の本性を持ったもの」ではありません。

また例えば、同じ風景が、人によって美しく見えたり、懐かしかったり、何てことなかったり、つまらなかったりします。その人との関係によって、性質は変わって感じられるのです。そういう意味でも、変わることのない「本性」はないのです。これは、「縁起だから無自性である」と表現されます。変わらない本性を持ったものは何もない、「無自性だから空である」といわれています。

無常と空

③そして、すべてのものの性質は関係だけでなく、時間によっても変わります。

例えば、日本人にとって典型的な「無常」の象徴、桜の花を考えて見ましょう。冬の寒さのなかでも、枝先を見るともう固い小さな「蕾」がしっかりとついていて、春を待っています。やがて春が来ると、「蕾」ではなくなって、三分咲き、五分咲き、八分咲き、満開の「花」となるでしょう。そして春が深まると、はらはらと散り始め、「花」から「花びら」へと変わっていきます。地面に落ちた当初は「花びら」ですが、次第に黄ばみ、茶色に変色し、やがて「ごみ」になります。それから、掃き集められて捨てられるものもありますが、その場に残っていれば、やがて腐食して、土に帰ります。

時間のなかで、「花」でなかったものが「花」になり、そして「花」でなくなるというふうに、変化していきます。桜も、「無常だから無自性である」と。そして、ただ変化するだけではなく、「花」としては存在しなくなるのです。あらゆる性質のうちでもっとも基本的な「存在する」という性質が、「存在しない」に変わっていくのですから、「実体」の第三番目の定義に反しています。花もまた、時間のなかで変化していくものであり、実体ではない、「無常だから空である」というほかありません。

好むと好まざるとにかかわらず＝私たちの都合や願いと関係なく、すべては変わることのない「実体」ではなくて、さまざまに変化していく「現象」なのです。

こういうふうに、「縁起」と「無自性」と「無常」という三つの概念は、相互に結びついて、実体を否定しています。というよりは、大乗仏教の人々が同じ一つの世界の姿（如）をこういう三つの確度から分析──認識したということなのです。

無我と空

さて、ここで、「空と無我とは同じなのか？」という疑問を持たれるかもしれません。確かにほぼ同じことをいっているのですが、ちょっとだけニュアンスが違います。そこに、ブッダから部派仏教へ、さらに大乗仏教へという発展があるのです。

もう一つ、「無我だから空である」という、一見、同義語の反復のように思える定型句があります。筆者も、「なぜ、わざわざ同義語反復のようなことをいうのだろう?」と疑問に思い、いろいろな文献を読みましたが、ぴんとくる説明がありませんでした。そこで、自分でいろいろ考えた結果、以下のように解釈しています。

「無我＝非実体」というのは、原始仏教から部派仏教まで一貫した考え方であり用語ですから、それをそのまま使うだけでは、大乗仏教の独自性を印象づけることはできません。一つには、大乗仏教はそれ以前の仏教を「含んで超える」ものなのだという主張が、「空」というコンセプトを選んだことの背景にあるように思えます。

「空」というコンセプトには、「縁起」、「無自性」、「無常」、そしてこの「無我」(さらに「苦」)というコンセプトがすべて一言に込められている、といっていいようです。

縁に依らないで存在するもの、変わらない本性を持っているもの、永遠に存在するもの、実体だといえるようなもの、そういうものは「何もない」という強烈な全否定の思想が、「空＝ゼロ」という言葉に託して表現されたのでしょう。そこで、あえて同義語反復にも聞こえかねない、「無我だから空である」、つまり「実体でないのだからすべては空だ!」という言い方もしたのでしょう。

そこには、前のものを徹底的に超えようとする、非常にラディカルな(「根源的・徹底的」と「烈しい・過激」という意味があります)否定の精神が現われています。善し悪し、功罪、好き嫌いは別にして、そのラディカルさが、大乗仏教の魅力であり、そのラディカルさが、私たちに損得、幸不幸を超えて、大自然に許されているかぎり精一杯生きて、死ぬべきときには死ぬという、まっすぐな生き方の道、それこそが気休めでない救いになる道を示してくれている、と感じるのです。

「無明」と「執着」を徹底的に全否定したとき、かえってほんとうに生きて死ぬ道が見えてくる、生と死をひっくるめた全肯定が可能になるというのが、「空」というコンセプトで大乗の菩薩たちが私たちに伝えようとしたことだったのではないでしょうか（大乗仏教の全否定から全肯定へという筋道について、より深くは拙著『道元のコスモロジー』『空海の『十住心論』を読む』大法輪閣、参照）。

アドラー心理学や人間性心理学における人間肯定は、大乗仏教の空を媒介した徹底否定の先に見えてくる肯定によって、いっそう本格的・本質的なものになる、と筆者は考えています。

苦と空

「空」に関する定型句に、「苦だから空である」＝「〔最終的な意味で〕自分の思いどおりにできるものは何もない」というのがあります。

『平家物語』の冒頭に、「奢《おご》れる者久しからず、ただ春の夜の夢の如し。猛《たけ》き人もついには滅びぬ。偏《ひとえ》に風の前の塵に同じ」という言葉があります。昨今の政界や財界の状況を見ていると、中世から現代まで人間はあまり賢くなっていないなという気がします。「力ずく無理やりに、ごり押しをしたり、隠れてこそこそとうまくやれば、ものごとは自分の思いどおりにできる・なる」と思い込んで、実行し、それが成り立っているように思っている、人からもそう見えるという人がかなりたくさんいるようです。

確かに短期間だけでいえば、うまくやれば思いどおりにできるように見えることがたくさんあります。しかし中長期を考えると、残念ながら人生はいちばん根本のところで自分の思いどおりにはならないようにできているのです。

何よりもそもそも思いどおりするためには、当の思う「自分」が生きていなければなりませんが、自分という存在そのものが、どんなにいつまでも生きていたいと思っても、生きていることはできない、つまり思いどおりにならないようにできています。

所有する本人・所有者が永遠には存在しないのですから、金銭も名誉も権力も永遠に所有することはできません。つまり、思いどおりにできないのです。快楽を感じる本人がやがて消えていくのですから、永遠に続く快楽もありえません。いつも、いつまでも、楽しくしていたいと思っても、思いどおりにはいかないのです。

これは、最終的な意味で自分の思いどおりにできるものは「何もない」ので、自分の思いにこだわっているかぎり、世界は不条理に思えます。自分の思い＝念にこだわっているかぎり、この世はどうにもこうにも「残念（＝思いが残る）」、「無念（＝思いどおりで無い）」なことばかりというところのようです。

変わることのない実体としてつかんだり、握りしめたり、持ち続けたりできるものはこの世には存在しないのですから、いったん「断念（＝思いきる）」するしかない、したほうがいいのです。自分の勝手な思いをいったん断念して、世界のありのままの姿・如に自分の思いを合わせるようにすると、不条理感がなくなり、思いがけない爽やかな思いと生き方が可能になる、というのが仏教の基本的メッセージです。

私たちが、もう少し賢くなって、人生や世の中を自分の思いに合わせよう・思いどおりにしようとせず、世界のありのままの姿に自分の思いを合わせようとすれば、かえって自分の人生も世の中ももう少しよくなると思うのですが、なかなかです。

如と空

繰り返すと、「縁起」、「無自性」、「無常」、「無我」、そして「苦」という言葉に共通している「何もない」というニュアンスを一言でまとめかつ深めたのが、「空」というコンセプトです。そして「如」「真如」「法」という言葉で表現されたのと同じ、世界のありのまま・真実の姿を表現するための言葉の一つだ、と考えています。

「空」は、「如（タタター）」や「法（ダルマ）」と同じ事実を指し示した言葉です。世界には分離した実体は一つもありませんが（無我）、すべては果てしなくつながっていて（縁起）、一つであり（一如）、ダイナミックに動いています（無常）。それが世界のあるがままの姿（如）であり、真理（法・ダルマ）なのです。

般若経典でも「諸法空相」という言葉と「諸法実相」という言葉はまったくの同義語として使われているように、「空」とはすべてが空しいという意味ではないどころか、すべてがつながってダイナミックに働きあっている一体の宇宙であるという、きわめて肯定的であり空虚どころかむしろ充実した世界把握だといっていいでしょう。

空と慈悲

すべてが一体・一如であるとはいっても、あの現象とこの現象という区別はありありとあります。そのなかでも、この生き物とあの生き物、さまざまな生き物が、それぞれ区別できる姿を持ってしかし根本的には一つのものとして、相互に関係を持ちながら生きています。

そういうすべてのものの根本的な一体性を自覚しているのが仏であり、深さの程度はいろいろあるにしても、それを深く自覚しようと修行しているのが菩薩です。大乗の菩薩は、すべてが空であることを多かれ少なかれ覚っているわけですが、それはすべてのものとの縁起性・一体性を覚っているということでもあります。一体性を覚っていながらそれぞれの区別も認識しているという菩薩の心が、必然的に、自然に、自分とはいちおう区別された他の生きとし生けるものへの「慈悲」となるのです。

他は区別できるという意味では自分ではありませんが、空という世界の中では自分と一体であり深い意味では自分だともいえます。ですから、人の苦しみは私の苦しみになり、私は私の苦しみを放っておくことはできない、ということになるのです。

しかし、苦しんでいる他者も救おうとしている自分も、本来は空・非実体ですから、ふつうの人間の過剰な欲望（渇愛）や執着（取）からはまったく解放されています。

こういうわけで菩薩は、まったく自発的に、まったく自由に、執着やこだわりから離れて実に爽やかに、自分と一体である他者のためになることをしていくのです。

大乗仏教の「空」と「慈悲」の関係をあえて理屈でいえば、こうなるでしょう。

『維摩経』（長尾雅人訳、中公文庫）に菩薩の慈悲の心をみごとに表現した個所があります。釈尊に命令されて維摩居士（ヴィマラキールティという在家の覚った人・菩薩）を智慧の象徴である文殊菩薩（マンジュシュリー）が見舞うというエピソードのところで、「病気の原因は何か」という文殊の問いに、維摩はこう答えています。

「……あらゆる衆生に病があるかぎり、それだけわたくしの病も続きます。もしすべての人が病を離れたなら、そのとき、わたくしの病もしずまるでしょう。……もしあらゆる衆生に病気がなくなったなら、そのときは菩薩にも病気はなくなるでしょう。例えば、金持ちの一人っ子が病気になったとき、その病気のせいで両親もまた病気になるようなものです。その一人っ子に病気がなくならないかぎり、両親もなやみ続けます。マンジュシュリーよ、それと同じく菩薩はあらゆる衆生を一人っ子のように愛するので、衆生がすべて病気であるかぎり彼も病気であり、衆生に病気がなくなったとき、彼も無病となります。マンジュシュリーよ、この病気は何から生じたかとお尋ねですが、菩薩の病気は大慈悲から生じるのです。」

すべての生き物・衆生の病気を自分の病気として、一緒に苦しみ続け、苦しみを救い続けるのが、菩薩の大慈悲だ、というのです。ただ思想・観念としてだけ学ぶと、「空」はとてもクールな哲学的な認識のように感じられますが、大乗の空は、こうした情熱的なまでの「慈悲」と一つの心なのです。そこから必然的に慈悲が生まれてこないような「空」の覚りは、大乗の覚りとはいえません。私が、空・智慧と慈悲という大乗の思想、というより生き方に感動するのは、そういうところです。

こうした空と慈悲は、ある意味で徹底的に深められた「共同体感覚」「宇宙意識」であると解釈しても差し支えない、と筆者は理解しています。そう解釈すると、アドラー心理学の理論と技法は現代の菩薩にとって慈悲行・布施行を行なううえでのきわめて有効な方便の一つと位置づけることができるでしょう。また、アドラー心理学のセラピストが大乗仏教の実践を行なって空と慈悲の境地に近づけば近づくほど、クライアントとの一体感が深められより深い共同体感覚が育まれ（自他不二）、その結果としてさまざまな驚くべき心の治癒が起こる可能性が高まることは、容易に予想できるのではないでしょうか。というか、おそらくまちがいなく、大乗仏教のさまざまな実践のなかでそうした治癒は起こってきたと思われますが（例えば筆者の身近では徹底的な坐禅の実践によるうつや神経症の完治の報告があります）、まだそれに対するシステマティックで臨床心理学的な調査や確認が行なわれてきていないだけなのではないか、と筆者は推測しています。

〔やや私事にわたって恐縮ですが、そうした調査や確認を行なっていくことが、私の関わっている日本仏教心理学会のこれからの課題だと考えています。〕

第二章　大乗仏教の深層心理学としての唯識心理学

第一節　唯識心理学

唯識学派の登場

「唯識《ゆいしき》」は、『解深密経《げじんみつきょう》』や『大乗阿毘《だいじょうあび》達磨経《だつまきょう》』などをもとに、さらに体系化された大乗仏教の理論です。「識＝心」へのくわしい洞察があり、しかも無意識の領域・深層心理のみごとな解明がなされているので、筆者は「大乗仏教の深層心理学」と評しています。専門的学問としての唯識は、膨大な文献があり難解ですが、心の癒しや成長のヒントになるポイントはそれほど難しくはありません。

本書では、できるだけ平易かつ臨床心理学的に適用したかたちの唯識を「唯識心理学」と呼ぶことにして、以下、そのポイントを紹介しながら、西洋における三大深層心理学の一つアドラー心理学との統合について述べていきたいと思います。

まず必要最小限の歴史的知識だけ述べておきましょう。

唯識の理論を体系化したのは、マイトレーヤ（弥勒、みろく、三五〇〜四三〇）、アサンガ（無着・無著、むちゃく・むじゃく、三九五〜四三〇）、ヴァスバンドゥ（世親、せしん・せじん、四〇〇〜四八〇）という三人の仏教哲学者（論師《ろんじ》）です。

マイトレーヤは、伝統的には弥勒菩薩と同一視されてきましたが、現代では同名の論師がいたのであろう、ともいわれています。

歴史的実在が確実なのは、次のアサンガ・無着からです。代表的な著作として『摂大乗論マハヤーナ・サングラハ）』があります（岡野守也・羽矢辰夫訳『摂大乗論　現代語訳』コスモス・ライブラリー、絶版、概説として拙著『大乗仏教の深層心理学——摂大乗論を読む』青土社、品切）。

次のヴァスバンドゥ・世親は、アサンガ・無着の肉親の弟で、インド唯識学の大成者といわれます。たくさんの著書があるのですが、もっとも代表的なものが『唯識三十頌』です（拙著『唯識の心理学』青土社、参照）。

後に、唐代の有名な訳経家・玄奘三蔵（?〜六六四）とその弟子基（窺基《きき》、六三二〜六八二）が、インドでできた『唯識三十頌』に対する十種類の注釈書を編集して一冊にまとめた『成唯識論《じょうゆいしきろん》』が、中国と日本の唯識を学ぶ学派である「法相宗《ほっそうしゅう》」の基本的な聖典になっています。

より詳しくは、拙著『唯識のすすめ——仏教の深層心理学入門』（NHKライブラリー）の第一章「唯識の来た道」、さらに詳しくは、横山紘一『唯識思想入門』（第三文明社レグルス文庫）の第一章「唯識思想の展開」などをお読みください。

「唯識」の原語（のカタカナ表記）は、「ヴィジュニャプティ（認識する心）―マートラター（ただ～のみ）」で、「ただ心だけ」という意味で、これが学派のモットーです。学派としては、「ヴィジュニャーナ・ヴァーディン」といい、瞑想・禅定（ヨーガ）を深く探求したので、「瑜伽行派・ヨーガチャーラ・ヴァーディン」とも呼ばれます。

そこからわかるとおり、「唯識学」とは、禅定といういわば臨床体験をもとにして迷いから覚りへという心の変容の体験をきわめて明快に理論化したものです。

唯識の二つの側面

内容に入る前に一言述べておかなければならないのは、本書では伝統的な唯識の二つの側面のうち一つについてのみ取り上げるということです。

「唯識」には「すべてのものがどう見えるかはただ心のあり方次第」という意味と、「すべての存在はただ心が作りだしたもの」という意味の二つが含まれています。

第一は、現代的にいえば心理学的な側面あるいは哲学的には認識論的な側面といってもいいでしょう。この面は、現代の私たちにとってもきわめて説得的で、どんな心で生きればいいのかということについてすばらしい道しるべ・ヒントになります。

もう一つは、「すべての存在は心が作りだしたものである」という唯心論的な存在論の側面です。これは、哲学的には興味深いのですが、現代人の常識とはあまりにかけはなれていてなかなか理解・納得ができません。そこで疑問を感じてしまうと、せっかくのすばらしい道しるべの面を活かせなくなってしまうので、筆者は臨床的・実用的な有効性という視点から、この面については触れないことにしています。

「すべての存在はただ心が作りだしたもの」とは納得できなくても、「ものがどう見えるかはただ心のあり方次第」ということなら、考えていくとすぐにわかってきます。そして、悩んだり、苦しんだり、迷ったりしている人間が、「ただ心のあり方次第」で爽やかで、楽しく、まっすぐな人生を送れるように変われることをきわめて体系的・説得的に教えてくれるところが唯識の現代的なポイントだ、と思うからです。

唯識の主要学説とそのシステム

唯識は、非常にシステマティックな理論なので、最初に全体のシステムを大まかに見ておくほうが理解しやすいでしょう。

全体は大きく分けると「理論編」、「実践編」、「目的論・結論」の三部になっています。

理論編としては、まず、心の働き方を三つのパターンで捉える「心理機能論」ともいうべき「三性説《さんしょうせつ》」があり、次に、迷いの心を八つの領域に分け、覚りの心を四つの領域に分けて明らかにする「心理構造論」ともいうべき「八識《はっしき》—四智説《しちせつ》」という学説があり、続いて、心が迷いから覚りへと発達・変容していく五つの段階を述べた「心理発達論」ともいうべき「五位説《ごいせつ》」があります。

さらに実践編としては、迷いから覚りへと心を発達・変容させるための方法を述べた「心理臨床論」ともいうべき「六波羅蜜説」があります。

最後に「目的論・結論」として、「理論編」と「実践編」が結局何を目指しているかを述べた「無住処涅槃説《むじゅうしょねはんせつ》」があります。

以下、順を追ってそれぞれ述べていきます。

第二節　迷いと覚りの分析

ものの見方の基本パターン——三性説

たいていの人は、毎日、自分が誰であるか、何をすべきか、社会というものがどういうものか等々、ちゃんとわかっているつもりで生きています。しかし、そういう「わかっているつもり」が、深い意味では「無明」であるとブッダは教えていました。

そもそも「わかる」とは「分かる」ということで、ものごとを分けて他のものと違うと「別ける」ことです。例えば、向こうから歩いてくる人を見て、誰だかわかるということは、その人が男ではなく女であったり、少女ではなく大人の女性であったり、他人ではなく友達だというふうに分けて違いがわかることです。そういう私たちがふだんやっているものごとを別々のものとして分けて「わかる」という心の働きを「分別」といいます。

しかし「縁起」の解説でも述べたように、実はすべてのものはつながって起こっているのであって、分かれて別々に存在しているのではありません。例えば女性は、女性としてのみ分離独立して存在しているわけではなく、男性と同じ人間という関わりがあったうえで、男性と区別できる異なった性として存在しているわけです。区別はありますが、分離はしていません。よく考えるとすべてはつながり・関わりによって存在している、つまり縁起的に存在しているのでした。そういう意味で、私たちがふつうにしている「分別」は、深い見方からすると「無明」なのです。

唯識ではそういう「分別」を、一つのものの見方のパターンとして「分別性《ふんべつしょう》」あるいは「遍《へん》計所執性《げしょしゅうしょう》」と呼んでいます。

それに対して、つながり・関わり・縁起を見るものの見る見方を「依他性《えたしょう》」あるいは「依他《えた》起性《きしょう》」といいます。

そしてさらに、すべてのものがつながり―繋がり―果てしなくつながっていて、結局は一つであるというほかない事実を見る見方を「真実性《しんじつしょう》」あるいは「円成実性《えんじょうじつしょう》」といいます。

（前のセットは真諦三蔵の訳語、後のセットは玄奘三蔵の訳語です。前のセットのほうがわかりやすいので、以後本書では、そちらを使うことにします。）

以上のような、分別性、依他性、真実性というものの見方の基本的な三つのパターンを取りだして、迷いのものの見方と覚りのものの見方の違いを明らかにする唯識独特の理論を「三性《さんしょう》説《せつ》」といいます。もう少し詳しく見ていきましょう。

言葉と分別性

私たち人間は、一日起きている時間のほとんど言葉を使って生活しています。実際に話したり聞いたりしていないときも、心の中で言葉がめぐっています。ある程度「イメージ思考」もありますが、考えるのは主に言葉をめぐらせることで考えるわけです。そういう意味で、人間は言葉漬け状態になっているといってもいいくらいです。そのために、言葉を使って認識した世界の姿がそのまま世界のほんとうの姿だという錯覚があっても、なかなかその錯覚に気づくことができません。

世界中の言語のほとんどが、主語＋述語、特に名詞・代名詞と動詞という仕組みでものごとを捉えるようにできているそうです。進化のある段階から言葉を使い始めた人間は、つながりあって一つである宇宙の特定の部分に特定の「名前」をつけて認識するようになりました。一体であるとはいっても、全体としての宇宙はもちろん特定の部分と他の部分とを区別することはできるような姿をしています。ところが、名詞というものがそれぞれ分離独立しているために、名前をつけて認識すると、区別できる特定の部分が他の部分から分離独立して存在しているかのように思えてくるのです。

これまで見てきたように、例えば「私」は、私だけで生きていられるわけではなく、私ではないさまざまなものによって生きていることができます。水や空気や食べ物や太陽エネルギーなどなどは、常識的には「私」ではないように思えますが、実は私を私として生かしてくれているものであり、私のなかに取り込まれたときには、私そのものの構成要素の一部になります。「私は私でないものによって私であることができる」というのが、常識からすると不思議なようですが、事実です。ところが「私」という代名詞を使って自分を認識すると、まるで「私は私だけで生きている」というふうな気になりがちです。

他のもの（者・物）に依らずそれ自体で分離独立しているものがあると思うものの見方を、唯識では「分別性《ふんべつしょう》」といい、この「分別性」こそ「無明」の正体なのです。そして分別性＝無明は、言葉を使うという人間の本性に関わっているので、人間は無明から解放されるのがきわめて難しいわけです。

古典論理学と分別

補足的に少し面倒なことをお話ししておくと、古典的な論理学では思考・言葉の法則として三つの原理をあげます。①まず、「ＡはＡである」という「自同律」または「同一律」と呼ばれるものです。これを私に当てはめると、「私は私である」ということになります。②次は、「Ａは非Ａではない」という「矛盾律」です。これを私に当てはめると、「私はあなた（など私以外の人間）ではない」ということになります。③さらに、「Ａでも非Ａでもないものは存在しない」という「排中律」です。これを私に当てはめると、「私でも私でもないものは存在しない」ということになります。

こういう言葉の法則によって私と私でない人を認識すると、下手をするとすぐに「私は私であって、あなたではない。私の利益は私の利益であって、あなたの利益ではない。私の利益でもあなたの利益でもないものは存在しない。利益は私のものかあなたのものかどちらかであって、一つになることはない」といった考えに陥りがちです。

言葉の論理や秩序をもとにした人間の認識は、基本的に分別知であり、ともすれば分裂や対立に陥る強い傾向をもともと持っているのです。こうしたことを見ていくと、しみじみ言葉を使う動物・人間というものの厄介さを感じずにはいられません（詳しくは、八木誠一『自我の虚構と宗教』春秋社、参照)。

分別性から依他性へ

分別的なものの見方にどっぷりとつかった私たちふつうの人間も、縁起の世界をまるで見ないわけではありません。いくら、「私は私だ」と思っていても、他のもの（者・物）との関係なしに生きていると思っている人は、心の病気の人を除けば、いません。

しかし他のものとの関係を考えるとき、私たちは自分との関係で考えることがほとんどです。「私にとっていい人」とか「私が嫌いな人」とか「私に関係のない人」、「私の好きなもの」とか「私の嫌いなもの」とか「私の関心のないもの」というかたちです。他と分離して存在していると錯覚された「私」を中心にして、そこから他の人や物を見るのです。唯識の言葉で整理すると、「分別性から依他性」ということになります。

先に、「分別性こそ無明の正体なのです」といいましたが、より正確にいうと、「分別性の見方でしか依他性の世界を見ることができないことが無明の正体だ」ということができるでしょう。やさしく言い換えると、ばらばらのものの見方からつながり・かかわりの世界を見るのがすべてのまちがいの始まりだ、ということです。

依他性

ふつうの人は大人になると、「私は私だ」と思うようになります。さらに、「私は私で生きている」、「私の人生は私のものだ」、もっと進んで「私は誰の世話にもなっていない」とか「どうしようと私の勝手だろう」という考えを持ったりします。こういう考え方はあまりにもありふれているのでおかしいとは思われないことが多いのですが、よく考えてみるとてもおかしい考え方です。

そもそも私は、私でない人たちつまり親によって産んでもらわなければ私になることができませんでした。私は、私でない人によって私にしてもらったのです。ですから、「私は私だ」としか思えないのは、生の出発点・原点を忘れたおかしな考え方だというほかありません。赤ちゃんのときは全面的に人の世話になって生きていたわけで、「誰の世話にもなっていない」といえる人は、世界に一人もいないでしょう。

そして、人間はごく初期からいろいろに役割分担・分業をすることで複雑で高度な社会生活を営んでいます。すべてのことを自分でやっている・できるという人はいないでしょう。そういう意味で、実にたくさんの人の世話になっているのです。

人間だけではなく、食べ物になってくれる植物や動物、それらを育む大地、育むために不可欠な水や空気、生命エネルギーを供給している太陽、太陽を含んだ銀河、無数の銀河を含んだ全宇宙すべてのおかげで、私が私であることができるのです。

さて、私と親とどちらが先にいたでしょう？　あまりにも当たり前ですが、私よりも親たちのほうが先にいました。親たちとその親たちのどちらが先にいたでしょう？　もちろん、親たちの親たちです。私よりも先に親やその親やご先祖さまがいました。私と私の食べる植物や動物のどちらが先に存在していたでしょう。植物や動物です。

繰り返してきたことですから、細部は省略しましょう。ともかく、それらの無数のつながりのなかで＝おかげで、私が生まれてくることができた、私が私になることができたわけです。つまり、私が生まれてくる前に、私が生まれる条件になっているさまざまなもののつながりが先にあったのです。個々のもの（者・物）が存在する前に、つながりが存在しています。これは、ふだん私たちが思ったり、議論したりしないこと、つまり不思議なことで、でも気づいてみると確実な事実です。

依他性の世界が先立つ事実である以上、そちらを先に見るものの見方のほうが正しいといわざるをえません。ばらばらを見る前につながりを見るのがより正しいものの見方だ、というのが仏教の基本的な主張の一つだ、と筆者は考えています。ブッダの用語でいえば「縁起」というのは、全宇宙を貫く法則・真理なのです。唯識は、縁起・つながりを見るものの見方を「依《え》他性《たしょう》」と呼んでいます。

依他性に重点を置いた見方と共同体感覚

ここからは、伝統的な唯識学ではっきりいわれてはいないのですが、「分別性から依他性」はすべて無明だといっても、分別性と依他性のどちらに重点が置かれているかによって覚りの世界に近いか遠いかの違いははっきりある、と筆者は考えています。

たとえ覚っていなくても、いつも自分を中心にしてしか人や物との関係を考えられない人よりも、まず他の人や物とのかかわり・つながりを考えることのできる人のほうが、人間としてよりよいといえるでしょう。アドラー心理学でいわれる「共同体感覚豊かなライフスタイル」を身につけた人は、仏教的な意味での究極の覚り、唯識心理学でいう「究竟位」（後述）には達してはいないとしても、すべてのものの関係性・縁起の理法の自覚という意味で覚りにある程度近づいていると評価することができます。

ということはまた、宗教的天才でないふつうの人間は、まったくの分別知の状態から突然覚りへ飛躍するというあまりにも困難なことを目指すよりも、まずできるだけつながりを自覚した・共同体感覚豊かなパーソナリティを確立または再確立するという手順を踏むほうが容易であり、また心の発達段階として妥当であるということだ、と筆者は考えています。

しかし、前述のように言葉を使って生きる動物であるため、人間はかなり共同体感覚あるいは依他性への気づきに基づいたライフスタイルを形成できたとしても、それでも自我を実体視する無明とそこから生まれるさまざまな煩悩への傾向を完全に脱することはできないわけです。人間の心の悩みは、覚り、唯識でいえば次に述べる「真実性」に達して始めて根本的に解決されるのです。

そこに、アドラー心理学を十分に含んだうえでさらにそれを超えたかたちでの仏教心理学――唯識心理学が必要になってくる理由があります。そして、唯識には無明に囚われたふつうの人間すなわち凡夫から究極の覚りに到る発達段階論（五位説、後述）があって、段階的発達の道を歩むヒントになります。

真実性

さて、私たちは、事実としてつながりの世界に生きています。ですから、誰ともつながり・かかわりのない一人ぽっちの人は、気分としてはたくさんいても、事実としては一人もいません。無数の私ではないしかし私の依りどころとなってくれているもの（者・物）が存在しています。それどころか、私でないものと私はさまざまな意味でつながっていて、結局は一体です。私の存在の前に、すべてがつながって一体である全宇宙があったのです。すべては一体であるというのが真実の世界のすがたです。唯識では「真実性《しんじつしょう》」といいます。一つの世界、一つの世界を見る見方です。

唯識に先立つ中観の思想では、真実の世界を「空」と表現しました。先に述べたとおり、そこには深い意味が含まれているのですが、「空」という言葉の印象のせいで、聞く人に誤解を与えがちでした。そこで唯識学派の人々は、空を見る見方のことを「真実性」、玄奘訳では「円成実性《えんじょうじつしょう》」と表現し直したわけです。

一切の分離のない一体の世界を見ること、一つを見る見方が「覚り」ということです。あるいは、より詳しくいえば、一体でありつつつながりあいながらそれぞれの姿を現わしている世界を心底から自覚することが「覚り」といってまちがいありません。

仏教では、ふつうの人間（凡夫）の心の状態を無明―分別知―分別性に囚われたものとして徹底的に否定します。しかし、それは人間そのものを否定しているのではありません。むしろ人間には本来覚りの潜在可能性があると考えています。それどころか、たとえ無明と煩悩に囚われていても存在そのものが空であり仏・宇宙と一体ですから、そのまま覚っているとさえいわれます。いわゆる「仏性《ぶっしょう》」という言葉には、そういう二重の意味が含まれています。そういう意味で、凡夫の無明性を徹底的に否定しながら、人間そのものを徹底的に肯定するのが仏教の根本的人間観だといっていいでしょう。

迷いと覚りは見る方向の違い

さて、一見難解に見える唯識も、ポイントはシンプルです。三性説でいえば、ばらばらからつながりを見るのがまちがい、一つからつながりを見るのが正しい、ということです。分別性から依他性の世界を見るのは無明・迷い、真実性から依他性の世界を見れば覚りです。同じつながりの世界をどちらから見るかで、結果はまるで違ってくるのです。

見る方向で、見えるものがまるで違う。考えてみるとそれは当たり前です。同じ絵でも、前からと後ろからでは見えるものがまったく違います。前から見れば美しい名画だが、後ろから見たら味気ない額の裏側ということになります。究極的には一つのものがつながりあってそれぞれのすがたを現わしていると世界を見ると、「なんてすばらしい世界なのだろう」と感じますが、ばらばらの面を見ると、ときに「なんて醜い世界だろう」とうんざりしたり、絶望的な気分になってしまうのです。

理論のポイントはこんなにもシンプルですから、頭でわかるだけならそれほど難しくありませんが、自分のこととして心の奥底から実感し実践するのは、とても難しいのです。「ヘッド（頭）でわかることと、ハートで感じることと、ガット（胆）に収まることとは、かなり、そうとう、すごく、全然、違うことです」と筆者は表現しています。

自分と宇宙の一体性を頭でわかってもなかなか実感できないのはなぜか、心底からあるいは身心全体で実感するとはどういうことかを明らかにするのが、次の八識—四智説です。

第三節　潜在意識と煩悩

マナ識の発見

「人の好き嫌いをしてはいけない」とか、「人を分け隔てしてはいけない」とかいうのは、たいていの人が教わって知っています。しかし知っていても、なかなか実行できません。いけないと思いつつ、会ったとたんにその人のことを「いい感じ」とか「嫌な感じ」とか感じてしまいます。つまり、好き嫌いをしているのです。身なりや見かけや肩書や地位などで相手への態度を変えるのはあまりいいことではないと思いつつ、ついつい態度が変わってしまいます。分け隔てをしてしまうのです。

こういうふうな、なぜか、つい、どうしても、思わず、思わず知らず、わけもなく、わけもわからず……「してはいけないのに、してしまう」とか「しなければならないのに、できない」という体験は誰にでもあるでしょう。このことは、人間の心に、いけないとかならないと思い、なぜなのかわけがわかる部分と、思わずしてしまう、なぜかできない部分があることを示しています。

フロイド以降の深層心理学では、自分でわかっている心の部分を「意識」と呼び、自分でもわからない心の部分を「無意識」と呼びます。「わかる」とか「思う」という言葉が示すように、意識は理性や思考や意思にかかわる部分です。それに対して、どうしてもやりたかったり、なぜかできなかったり、わけもなくそういう気分になったり、つい感じてしまったりというふうに、無意識は欲望や気分や感情にかかわる部分です。

私たちは、熟睡しているとき、気絶しているとき、ひどく泥酔しているときを除くと、自分で自分のことがわかっているという心の状態にあります。「意識」です。意識は、五感を通じて入ってくる外界からの刺激を認識します。目で見、耳で聞き、鼻で嗅ぎ、舌で味わい、体でさまざまな身体感覚を感じます。意識がぼんやりとしていると、目で見ていたり、耳で聞いていたりしても、見聞きしているものが何だかわからないということがあります。意識は、五感を通じて入ってくる感覚を取りまとめて、それが「何」なのかをはっきり判断するという役割をしています。

つまり、「わかる」というのは、まさに「分かる」で、分別知なのです。意識は、自分が誰・何だか分かっており、外側のものが誰・何だかを分かるという働きをしています。意識は、いつも分別しているといっていいでしょう。

仏教では、五感＋意識を「六識」と呼び、原始仏教から大乗仏教も空の思想までは、人間の心を「眼耳鼻舌身意《げんにびぜつしんい》」という「六識」で捉えていました。

しかし、修行中に、「無我」や「空」をいくら意識で「分かる」ことができても、それはほんとうに「覚る」こととは違うという体験をした修行者のなかから、六識で捉えきれない人間の心のもっと深く暗い部分を想定するほかないという自覚が出てきたのです。

唯識学派の修行者たちは、修行のプロセスで、「すべては一つでありつながっているのが世界のほんとうの姿だ」、「他と分離した実体としての自分があると思うのは無明だ」と師から教えられ、学んで知って、納得しても、なぜかどうしても実感は湧かない、日々そういうことに基づいて実行することはできない、分別知は無明だと分かっても、分別知をやめることができないという深刻な体験をすることによって、分別知を働かせる力が意識とは別の心の奥深いところにあることに気づいたのです。

一切は空である以上、執着してもしきれませんし、する必要もありません。ところが、そう学んでも、自分の心の奥から自分や自分の大事なものに執着する気持ちが、なぜか、どうしても、湧いてきます。執着する自分も執着されるもの（者・物）もみなもともと空なのだ、といわれても実感は湧かないのです。

心の奥にあって、自分と自分でないものを分けておいて、自分や自分にとっていいものにこだわる思いを湧き起こさせる領域のことを、唯識は「マナ識」と呼んでいます。サンスクリット語の「マナ」は「思い量る」という意味ですが、「マナ識」は特に実体としての自分があると思い量って、それに執着する心です。意識で簡単にコントロールすることのできない、煩悩を湧き上がらせる心の奥深い領域について、唯識は驚くべき洞察を加えています。私の知るかぎり、世界の宗教や思想のなかでこんなにも的確に人間のエゴイズムの深い源泉を探り当てたものは、ほかには見当たらないようです。

四つの根本煩悩

さらに驚くべきことは、その働きをさらに詳しく正確に分析していることです。それは、すべての現象的な煩悩の根なので、「根本煩悩《こんぽんぼんのう》」と名づけられています。その根本煩悩の働きは四つに分類されています。

我癡

ふつうの人は、まず何よりもすべてのものが非実体＝無我であることについてまったく無知です。それを〔無〕我についての愚かさという意味で「我癡《がち》」といいます。「我癡」というコンセプトは、それまでの仏教用語でいうと「無明」に当たりますが、自己洞察がいっそう深められています。つまり、人間の無明や煩悩といったものが、意識の世界で片づくようななまやさしいものではなく、無意識の世界に深く根を下ろしたきわめて厄介なものであることが、はっきりと洞察されているのです。

これは、修行者たちが、意識で「無我」だと学ぶ前はもちろん、学んでわかっても、どうしてもそれを実感しているとは思えない反応が心の奥から湧いてくる、という自分たちの姿を実に厳しく反省したところから生まれた概念だといっていいでしょう。

私は、マナ識、特に「我癡」というコンセプトに出会ったとき、なぜ、人間はほとんどエゴイズムから自由になれないのかという、長年の疑問がすっきりと解かれたような気がしました。人間のエゴイズムの源泉は、心の奥深くに根を下ろした、自我の非実体性への徹底的な無知＝我癡なのだ、そうか、そうなのだ、と。

「無明」、「我癡」、「根本煩悩」といった言葉を聞くと、難解で抽象的で日常生活とは関係のない話と感じるかもしれません。しかし、よく考えていくと、日常的に起こる大小さまざまなトラブルから犯罪、戦争や環境破壊に到るまで、ほとんどすべてがエゴイズムに関わっています。日常的ないろいろなトラブルは、結局のところエゴとエゴとの衝突です。犯罪は、いうまでもなく「社会の法律がどうだろうと、オレはオレの好き勝手にやりたい」という犯罪者のエゴイズムから生まれます。戦争は、「自分たちの利益や名誉や理念こそ絶対に重要だ」という集団エゴの対立から生まれます。環境破壊は、人間のエゴイズムが人間以外の自然を破壊しているということです。

それらの言葉は、そういう現実の原因になっている、「諸悪の根源」であるエゴイズムの根を明らかにしているという意味で、実は人間社会で毎日起こっている現実をはっきりと理解するためのカギ、「キー・コンセプト」だといってもいいでしょう。

「我癡」とそれに続く「我見《がけん》」、「我慢《がまん》」、「我愛《があい》」というコンセプトの意味がわかってくると、現実（の特に醜い面）の訳がわかってきますし、人間の心の悩みや病の深い原因もわかってきます。

我見

唯識は、ふつうの人間つまり「凡夫」がただ無知であるというだけでなく、さらに厄介なことに、実体（我）がある、特に実体としての自我があるという強固な見解・思い込みを持っていることを洞察しました。「我見」といいます。真理を知らないだけではなく、まちがったことを信じ込んでいるのです。

これでは、現実生活が、自分に関してても社会全体に関してもうまくいかないのは、ある意味では当たり前でしょう。人間の現実は、人間を超えている大きな宇宙の現実に反した勝手な思い込みで営まれているのですから。「何のおかげもこうむらない、私そのものというものが、いつまでもいる」ような思い込みが、どんなにおかしなものか、繰り返しお話ししてきました。

しかし、そういう話を聞く以前はもちろんですが、聞いた後でも、なかなか心の底からつながりと一体性を感じられません。

けれども、四諦の場合、苦諦や集諦で話が終わりでないのと同じく、ここで話は終わりではありません。心の深い病の原因の説明はもうしばらく続きますが、やがて、「でも、ちゃんと手順を踏んで治療すれば治ります」という話になっていきます。

我慢

ふつうの人間は、自己を実体視し（我見）、それを拠りどころ、頼り、誇りにするようになりがちです。実体視された自己を拠りどころにし、頼り、他者と比較して自分のほうが上だと誇りたくなる心のことを、「我慢」といいます。これは、日常語の「我慢」の語源ですが、意味は逆です。我慢はいいことですが、「我慢」は根本的な煩悩です（日常用語と区別するために、唯識用語としての「我慢」は「ま」のところを高く発音するアクセントで読まれます）。

これも、日常の現実を理解するのにとても役立つコンセプトです。競争社会におかれている私たちは、マナ識を過剰に刺激されがちで、やめよう、やめたほうがいいと思っても、ついつい人と自分を比較して、上だ・下だ、優れている・劣っていると心安らかでなくなっています。「我慢」の働きによって心を悩まされる、つまり煩悩です。

我愛

私たちの無意識にしつこいしこりのように存在しているのが、四つの根本煩悩です。宇宙と私のつながり――一体性にまったく無知であり（我癡）、それどころか他と分離した実体としての自分がいると思い込み（我見）、そういう自分を頼り・誇りにし（我慢）、そういう錯視された自分に徹底的にこだわり、愛着・執着する（我愛）、という心の働きです。意味が初めてわかったとき、私は、何と深く正確な洞察だろうと感嘆しました。

ふつう「欲望」といった言葉で表現されるやっかいな心の働きは、非常に感情的・情念的なもので、理屈や意思でどうにかなるものではない、と考えられがちです。

確かに愛着・執着したり頼り・誇りにする心の働きは、分類でいうと「感情・情念」です。しかし、そういう感情・情念は実は思い込みや無知という深いところにしこっている思考・認識に基づいています。あまりにも深いところにあるために、確かに表面的な意識の思考や認識によって直接に変えることはできません。しかし、そういう感情は深いところにある思考・認識の歪みから生まれており、その歪みは心のさらに深い底から変えることができる、というのが唯識の洞察です。

人間は、実にさまざまなものに愛着し、それはしばしば過剰な執着になり、病的なこだわりになって、自分をも人をも悩ませます。しかし、自他を悩ませる煩悩だとわかっていても、どうしようもなくそういう感情が湧いてきてコントロールできないという体験は誰でもしたことがあるでしょう。

そういう煩悩について、しばしば「煩悩があるからこそ人間らしいんだ。煩悩がなくなったら、人生が退屈になる」という方がいます。しかし、筆者は、「大切にする」ことと「こだわる」ことは違う、「愛する」ことと「執着する」ことは違うと考えます。

「我愛」が浄化されてなくなっても、愛することはなくならない、どころかもっと純粋に美しく、感動的になる、と大乗仏教は主張していると思います。

心の奥・マナ識よりもっと深い底の底・アーラヤ識から無明・我癡と我見をただし、それによって我慢と我愛も浄化する方法がある、というのが唯識のメッセージです。

自我の確立の必要性

ここでコメントをしておくと、「私は他の誰でもなく私だ」という心の奥の思いは、自分と他者との「区別」ができるという範囲では正常かつ必要なものです。自分と他者との区別がつかない心の状態は、乳幼児なら正常でありかつ可愛いものですが、大人になってもそのままだと病気です。仏教は、発達心理学のない時代にできたものですから、そのあたりが理論的に整理されていません。仏教―唯識の洞察を現代に活かしたいのなら、その点をはっきりさせておく必要がある、と筆者は考えています。

自己と他者の区別がちゃんとできるようになり、「自分は自分だ」、「自分とはこういう存在だ」という思いが心の奥にしっかり確立することを、西洋心理学のコンセプトでいうと、「自我の確立」とか「セルフ・アイデンティティの確立」といい、アドラー心理学でいう「ライフスタイル」とも重なっています。人間は、自我・アイデンティティ・ライフスタイルの確立なしに生きることはできません。

そういう意味で、自我の確立は正常な発達です。それに対して、自己を他者と分離した実体であると思うのが、無明・根本煩悩なのです。

こうした問題を考えるうえで、「区別」と「分離」という言葉の使い分けはとても重要です。しかし、言葉を使う動物である人間は、ともすると区別を分離と取り違えてしまうという強い傾向を持っていることは確かです。多くの人のケースで、区別というよりは分離のほうに傾いてしまっている、といってもいいほどです。

前半で述べたことの繰り返しになりますが、アドラーと唯識を統合的に捉えるうえできわめて重要なので再度指摘しておくと、アドラーが「優越性への努力」、「完全・完成への努力」や「意味（存在意義）への努力」という用語で表現し、一般的な心理学では「自我確立への衝動」として呼ばれる心の基本的な働きは、それ自体は善でも悪でもないとされています。また、唯識でも、マナ識の性質を「有覆無記《うぶくむき》」すなわち煩悩に覆われてはいるが善でも悪でもないと捉えています。

それ自体は善でも悪でもない衝動が行動や心の問題を生みだすのは、アドラー心理学では、共通感覚・共同体感覚に欠けた私的論理によって不適切なライフスタイルを形成してしまうためだとされています。そして、共同体感覚を育むことによってライフスタイルを改善すれば、行動や心の問題はほとんど解決されると考えています。

それに対して、後に述べるように唯識では、凡夫であっても善なる心の働きを起こすことはできるけれども、根本的には我癡・我見・我慢・我愛という根本煩悩に覆われているため、どうしても怒りや憎しみや嫉みなどなどのネガティヴな心の働きが湧いてきてしまうという、人間の根本的な問題への深くて正確な洞察をしています。根本煩悩は、心の構造そのものが迷いから覚りへと根本的に変換することによってのみ、解決できるとされます。

もし、このポイントを平板に並べて見てしまうと、アドラーと唯識は根本的人間観において矛盾・対立すると思えてしまいますが、発達の段階という視点で見ることによって、それぞれの段階について有効なものとして位置づけ統合することができるでしょう。

第四節　心の深層領域

アーラヤ識

熟睡したり、泥酔したり、気絶したり、昏睡状態になったりすると、意識がなくなります。五感もほとんど働かなくなります。思わず知らず自分にこだわってしまうマナ識でさえ働きません（眠りが浅いと、マナ識的欲望から生まれたらしい変な夢を見ることはありますが）。八識のうちの七つまでは休止してしまいます。しかし、目が覚めたり、酔いが醒めたりすると、意識が戻り、意識が戻ると、マナ識の働きも戻ります。

では、熟睡、泥酔、気絶、昏睡状態のとき、意識やマナ識はどこに行っていたのでしょう？戻ってくる以上、完全に無くなっていたのではなく、どこかに行って休んでいたと考えるほかありません。唯識学派の人々は、一つにはそういう日常的な事実に基づいて、そこから意識が出てきたりそこにこもったりする、マナ識よりも深い心の底を想定するほかないと考えたのです（歴史的にはアーラヤ識の概念が先ですが）。

譬えれば、朝、車を出し、夜、仕事が終わったらまた入れておく車庫のような心の倉庫・蔵があるというのです。誰でも知っている山脈の「ヒマラヤ」は「ヒマ＝雪」「アーラヤ＝蔵」という意味ですが、それと同じ言葉で、心の奥の蔵は「アーラヤ」識と呼ばれています。それは、意識やマナ識ではありませんが、そのもとになっているのですから、より根源的な心・識という意味で、アーラヤ「識」といわれるわけです。

こういうふうに説明されると、「アーラヤ識」が唯識学派とか仏教にだけ通用する特殊なコンセプトではなく、人間誰にでもある心の深層領域を指し示す普遍的な言葉であることが理解できるでしょう。

記憶の貯蔵庫

私たち（大人）はふだん、例えば小学校一年生のときのことなど意識にはありません。ところが、思い出そうとすれば、かなり思い出すことができます。意識にはなかったのが意識にのぼるのは、どこからのぼってくるのでしょう。現代の深層心理学でいえば、無意識あるいは心の深層から、ということになるでしょう。

唯識では、アーラヤ識つまり蔵の識は、記憶の貯蔵庫でもあるといわれます。しかも、生まれてからの記憶だけでなく、過去世の記憶も蓄えられているというのです。

過去世というものが個人の単位であるかどうか、つまり輪廻があるかどうか、まだ科学的に実証も反証もされていないと私は思いますが、フロイド（後期）やユングは臨床的知見をもとに個人の心の深層領域には家系や民族や人類全体といった集団の過去の記憶が潜んでいると考え、ユングはそれを「集合的無意識」と呼んでいます。

伝統的な唯識では、個人単位での輪廻があることになっており、過去世から現世へ、そして来世へと輪廻する主体がアーラヤ識であるとされます。個人単位での輪廻があるかどうか実証は困難だとしても、「集合的無意識」に関しては臨床経験的にあると想定できるくらい多数のケース・スタディがあるようです。

いずれにせよ、心の底にふだん思い出すこともないような記憶まで膨大に蓄えた部分があることはまちがいありません。フロイドやユングもいうように、人間の意識的な心など無意識の領域に比べたら、氷山の一角ほどの小さな部分であるようです。

確かにアドラーの指摘しているとおり、グラデーション的な気づきの程度の違いにすぎない無意識の領域もあり、アドラー心理学的な臨床実践では、それ以上に深く、意識化することの困難な特定の領域としての「無意識」は問題にしなくても済むでしょうが、しかしやはり以下に見ていくとおり無意識の領域を想定しなければ理解できないような人間の心の現象はある、と筆者は考えています。

唯識でいえば、人間は意識で自分をコントロールしているつもりでも、実は圧倒的にマナ識とアーラヤ識にコントロールされており、マナ識とアーラヤ識は自分と自分でないものを分別しいのちといのちでないものを分別するという分別知＝無明でとことん病んでいる（でも、やりようで治せる）、というのが唯識の診断です。

いのちへの執着・維持

アーラヤ識は、別名「アーダーナ識」ともいわれます。「アーダーナ」は、漢訳では「執持《しゅうじ》」と訳され、執着し維持するという意味です。

私たちは、眠っていても気絶しても、心臓は働き、呼吸をし、体温は維持され、免疫反応もします。つまり、生命維持のための情報が働いているわけです。唯識では、生命維持の「情報」もある種の心・識と捉え、生命情報が蓄えられ働く領域を「維持する識」と捉えたのです。現代的な医学や生理学、脳科学などがまったくない時代に、内省的な洞察だけでここまで正確で深い理論を作り上げたのは、驚くべきことです。

「生命を維持する」ことは、「生命」と「非生命」が少なくとも区別されているということです。生命が非生命にならないように維持されているわけです。これは、仏教的にいうともっとも深いレベルでの「分別知」ということもできます。

「アーラヤ識は、生命と生命でないものを分別して生命にこだわる心です」と私は説明することがあります。しかしより正確にいうと、アーラヤ識での生命と非生命の分別は自然な生命維持といってもいいので、マナ識の働きと組み合わさったとき初めて、「こだわる」という煩悩的な働きになるといったほうがいいかもしれません。

生命を維持する力の源泉という意味でアーラヤ識は、現代の精神身体医学やホリスティック医学でいう「自己治癒力」の源泉でもあるといっていいでしょう。そういう意味でアーラヤ識そのものは、煩悩の源泉ではないともいえます。

唯識学では、アーラヤ識は煩悩に覆われておらず善悪中性どの性質にも記別できない「無覆《むぷく》無記《むき》」であるとされています。つまり、人間の心の奥の部分は煩悩で凝り固まっているが、もっと深い底の部分は善でも悪でもないというのです。

この、心のもっとも深い底であるアーラヤ識が無覆無記であるという洞察は人間が煩悩・悪から解放されうる決定的根拠を示している、と筆者は考えており、しばしばそのことを商品倉庫と在庫品に譬えます。

ここに不良在庫でいっぱいで出庫する品物はすべて不良品という倉庫を想像してみましょう。その場合、不良なのは倉庫でしょうか、それとも在庫でしょうか？　いうまでもありません、不良なのは在庫であって倉庫ではありません。

では、いつも不良品ばかり出庫しているこの倉庫から優良品が出庫できるようにするにはどうしたらいいのでしょう？　倉庫を壊して建て直さなければならないのでしょうか、それとも不良在庫を一掃して、優良在庫と入れ替えればいいのでしょうか？　これもいうまでもありません、倉庫はそのままで在庫さえ入れ替えれば、倉庫から優良品が出庫されるようになります。

今のところふつうの人（凡夫）のアーラヤ識＝蔵識は、煩悩という不良在庫でいっぱいで、そのため出庫されるのも煩悩ばかりです。しかし、倉庫があるから在庫ができるように、アーラヤ識があるから煩悩も善も智慧も貯蔵することができるのです。アーラヤ識があるままで、煩悩を廃棄処分にして善や智慧に在庫総入れ替えを行なえば、人間は人間であるままで仏になれるのです。

心の底にアーラヤ識という領域があるからこそ、人間は迷っているが、だからこそ覚ることもできる、と唯識の代表的古典『摂大乗論』ははっきりいっています（岡野守也・羽矢辰夫『摂大乗論　現代語訳』コスモス・ライブラリー、拙著『大乗仏教の深層心理学』青土社、参照）。これは、いわゆる性悪説と性善説のそれぞれ妥当な洞察を全部含んで超えるような、深くて正確で、希望のある人間洞察だ、と私はきわめて高く評価しています。

カルマの貯蔵庫

インド思想に「カルマ」という独特な概念があり、仏教にも引き継がれています。漢訳では「業《ごう》」です。この「業」という言葉はとても暗い響きを持っている、というか持たされてきました。「因縁《いんねん》」や「因果《いんが》」も同様です。しかし、カルマ＝業というコンセプトはもともと暗くも明るくもない、中立的で公平なコンセプトだったのです。

行ない・行為はそれだけにとどまらず、必ず後に影響を残していきます。「カルマ・業」とは、ふつう行為とその影響力を分離して捉えがちなのに対して、行為とその残存影響力を一つのものとして捉えた独特かつ妥当なコンセプトだと思います。

よいカルマ・善業はよい影響を、悪いカルマ・悪業は悪い影響を、中性的なカルマ・無記業《むきごう》は中性的な影響を後に残します。そして、残された影響は植物の種のように季節になると芽を吹くのです。それを「因果」といいます。原因があれば当然結果があり、悪因があれば悪果ですが、善因があれば善果がもたらされるのです。

これは、考えてみると当たり前のことで、暗くも明るくもありません。悪因悪果《あくいんあっか》という面を見れば暗く、善因善果《ぜんいんぜんか》という面を見れば明るい話だといってもいいでしょう。

過去の日本仏教は、悪因悪果の面をより強く語ってきたようです。「親の因果が子に報い」ということわざや、「今不幸なのは前世で悪いことをしたからだ」といった言い方があり、まだ残っているとおりです。それがいい意味での脅しとして効いて、かつて日本の庶民を真面目にしたという効用も確かにあったのですが、因習的な偏見を生みだしたというマイナス面も大きかったと思います。

仏教本来の趣旨からすると、善因善果の面、さらにはもっと人間は覚りのカルマを積むと覚りに到ることができるというプラス面、つまり明るい面を強調すべきだったのではないか、と私は考えています（昔話には「花咲か爺さん」や「舌切り雀」のように、善因善果と悪因悪果をバランスよく説いているものもありますが）。

さて、カルマはアーラヤ識に蓄えられて残り、カルマにふさわしい芽を吹く、結果をもたらすのです。カルマは後に芽を吹くので、植物の種になぞらえて「種子《しゅうじ》」とも呼ばれます。アーラヤ識は、迷いの種子を蓄えている貯蔵庫ですが、覚りの種子を蓄えることもできる場所です。

要するにポイントは、私たちが今生で、どのくらい迷いの種子の廃棄処分をし、どのくらい覚りの種子を入庫し、総入れ替えとまではいかなくても、不良在庫と優良在庫のバランスを変えていけるかというところにある、と筆者は考えています。

アーラヤ識―マナ識の悪循環構造と死の不安

乳幼児を見ていると、「生まれつき」ということはあるなあと感じます。もちろん「環境」や「教育」によるものもあります。すでに見てきたように、アドラーはそれに加えて本人自身の主観的解釈がもっとも重要だと指摘していました。ともかく、どれかだけということはなさそうです。

唯識では、アーラヤ識には生まれつきマナ識を生みだす種子があると同時に、他から言葉によって教えられた分別知が種子としてアーラヤ識に溜まることでマナ識ができてくるという面もあることを正確に捉えています。

ともかく、人間は平均的なふつうに生まれ育つと、いつの間にか心の底のアーラヤ識から心の奥にマナ識が発生し、したがって我癡・我見・我慢・我愛という根本煩悩を抱えることになります。そして、他と分離した自分がいると思いこだわるマナ識ができると、そのマナ識がアーラヤ識を見て、いのちでないものと分離した、しかも他と分離した「自分のいのち」だと思い始めるのだ、といいます。

自分というものの実体視とそれへの執着、そして自分のいのちというものの実体視とそれへの執着が、そういういわば悪循環構造になっているというのです。

いのちを、「私のいのち」として実体視しそれに執着することから、「死の恐怖・不安」が生まれます。自分のいのちを実体視し執着すると、それが生滅流転するプロセスであり無常であることを自然なこととして受け容れることができなくなるのです。それどころか、死にたくないのに死ななければならないという「死」が絶対的な不条理であるように思えてくるのです。

筆者は、幼児期からかなりひどく死の不安に悩まされていましたから、この唯識の洞察に出会ったとき、心から「何とみごとに当たっているのだろう。確かにそうだ。自分の死の不安の根っこはここにあったのだ」と思ったものです。心の奥深いところのメカニズムを、よくもこんなに正確に洞察したものだ、と感心してしまいます。

原因がわかれば、解決の目途もついてきます。心の奥底でのアーラヤ識とマナ識の悪循環が死の不安・死への不条理感を生みだすのなら、その悪循環を断つことができれば、不安・不条理感は解決することができるわけです。四苦八苦についてもまったく同様で、唯識を学ぶことで、死の不安も含む四苦八苦その他の病・煩悩の原因がわかり、それを癒す方法もわかってきます。そして、その方法を徹底的に実践すれば、四苦八苦は克服されるのです。

こうした心の表層と深層あるいは意識と無意識という層構造についての洞察は、フロイドやユングにはありますが、すでに述べたとおり、アドラーでは、ない、というよりむしろ否定的です。アドラーは、意識か無意識かというのはいわばグラデーション的な程度問題であって、分離した層構造になっているとは考えませんでした。したがって、アドラーの言ったことはすべて修正不可でありそのまま踏襲しなければならないと考えるという意味での「アドラー原理主義者」にとっては、当然、唯識の意識―マナ識―アーラヤ識という層構造の理論も受け容れられないでしょう。

しかし、心の病・悩みにできるだけ総合的に対応したいという姿勢のあるアドラー派の臨床心理学者の場合、唯識の八識構造論にある深くて妥当な人間洞察を学び採り入れることにはまったく抵抗はないようです。

そして、もともとアドラー派でもなければ唯識派でもない筆者にとっては、両者の洞察は一部修正しつつ統合的に解釈し臨床に生かすことができると思えるわけです。

さて、人間の心の奥底で、アーラヤ識―マナ識の悪循環構造ができあがると、それにコントロールされたかたちで意識と五感が働き始めます。ここからいよいよ、ほんとうにさまざまな煩悩が実際に表面に現われてきます。病気に譬えれば発症です。

善と煩悩

しかし唯識が公正・妥当に捉えているのは、意識には煩悩の働きが現われるだけでなく、善の働きも現われることです。先に述べたとおりマナ識は確かに四つの根本煩悩に覆われてはいるがそれ自体は善悪どちらでもない、「有覆無記《うぶくむき》」だとされています。心の奥には自我の実体視と執着はあるのですが、にもかかわらずそのことそれ自体が善であるわけでも悪であるわけでもない、というのです。

したがって意識はマナ識にコントロールされていても、いつも悪いことばかりするわけではなく、その気になれば善を行なうこともできるのです。それどころか人間は、いい人である自分にこだわって熱心に善を行なうことさえあります。

アドラー心理学でいえば、共同体感覚豊かで他者と協力しながら幸福になることができるという、きわめて社会適応的なライフスタイルを形成することさえできます。

しかしさらに意識の可能性はそれにとどまらず、真理の教え・ダルマに出会えれば、それを理解することもできますし、また意識は、真理の教えを理解するだけではなく、その理解に基づいて覚りに到るカルマつまり修行をすることもできます。縁起の理法や空の教えに出会うことのないまま大人になったふつうの人の意識は、煩悩だらけになってしまいがちですが、幸運にも出会うことができると、理解することも修行することもできるのです。

理解するのも修行するのもカルマ・業であり、それは種子となってアーラヤ識に蓄えられます。覚りの種子は意識からアーラヤ識に蓄えられるプロセスでもマナ識を浄化し、やがて芽を吹いて意識にのぼるプロセスでもマナ識を浄化します。そのことによってアーラヤ識—マナ識の悪循環が徐々に断ち切られていくのです。

意識は覚りのカルマを行なうことができ、アーラヤ識は覚りの種子を蓄えることができる。そこに人間の覚り—救いの確実な基盤があるといってまちがいありません。

第五節　善なる心の働き

善の心

マナ識の四つの根本煩悩から、後で述べるように意識には六つの根本煩悩が生まれ、そこからさらに二〇もの随煩悩《ずいぼんのう》が派生します。煩悩の話は、そこだけで終わりならまちがいなく絶望しそうなほど、深刻で正確な人間のネガティヴな面への洞察がなされています。

しかし、人間の意識には善なる心の働きもあるのです。唯識は、人間の心のポジティヴな面も公平に見ており、一一種類をあげています。まごころ（信《しん》）、内的反省（慚《ざん》）、対他的反省（愧《き》）、貪らない（無貪《むとん》）、憤らない（無瞋《むしん》）、愚かでないこと（無癡《むち》）、努力（精進《しょうじん》）、爽やかさ（軽安《きょうあん》）、怠けないこと（不放逸《ふほういつ》）、平静さ（行捨《ぎょうしゃ》）、傷つけないこと（不害《ふがい》）、です。覚っていなくても、人間は善の心を起こすことができるのです。

この善なる心の中でも特にまごころと訳した「信」と愚かでないことと訳した「無癡」は、アドラーの「共同体感覚」とよく重なっていると思われます。

信——まごころ

善の心の第一にあげられているのは、「信《しん》」です。これは、従来、誤解されてきたような、「イワシの頭も信心から」ということわざのようなたとえウソでも「信じ込む」という意味ではありません。「信」とは、自分の都合や偏見を離れて、真実なことは真実、偽りは偽りとして、素直に認める、真実であると認めたらそれを信頼する、さらに真実なことを誠実に実行していく、といったことを意味しています。

そこで、私は現代語訳としてはいちおう「まごころ」と訳していますが、それでも不十分です。理性、心情、意思のすべての面で、誠実に真実なものに直面するということですから、「真面目さ」と訳すこともできるかもしれません。

不真面目がかっこいいかのように誤解され、「関係ない」「知っちゃいねえ」「マジになるなよ」と、ここのところもっとも流行らなかった「真面目さ」こそ、善なる心のもっとも最初にあげられているものです。ここで、確信を持って予告しておくと、日本が滅びるのでなければ、これから真面目が流行するでしょう。

人間は、共同体感覚豊かになり、さらに世界のすべてが縁起の理法・つながりによって成り立っているという事実を自覚すると、真面目になり、まごころを持って、自他のために誠実に生きるほかなくなるからです。斜めにかまえて、「関係ない」などとうそぶいているのがカッコよさそうに見えたのは、ただの時代的な雰囲気による錯覚であり、もう古いのです。もちろん、やみくもに信じ込むのはそれよりもっと古いわけですが、ほんとうの意味での「信」は、これからもっとも古くて新しい、美しい心のスタイルとして認められるようになるでしょう。

慚・愧——内的反省・対他的反省

信の次には、慚《ざん》・内的反省、つまり自分の考え、生き方、行動が自ら省みて良心に反するところはないかと反省する心があげられています。残念なことに、こういう心を持つこともここのところ流行っていませんでした。しかし、「誰も見ていなければ、バレないからかまわない」という考え方は、決定的に人間というものが自意識的・自己反省的な存在であることを見落としています。

悪いことをしたら、たとえ他の誰が見ていなくても自分自身が見ている、知っています。悪いことをしておきながら、ほんとうは「自分は立派な人間だ」という誇りを持つことができません。もちろん、自分で自分をだます、ごまかすこともできるのが人間です。しかし心の深いところでは、自分をごまかしていることを知っているのも人間です。ごまかして誇りを持つ、というよりは傲慢になることはできますが、心の奥底から自分に自信（自己信頼）を持つことはできません。自分で自分をだましておいて、他者に「オレを信頼してくれ」といっても、それは無理な相談というものでしょう。

さらに、そういう考え方は、あらゆる行為はカルマであり、いやおうなしにアーラヤ識に影響力・潜在的な記憶を残していくことに気づいていません。悪業はアーラヤ識に溜まり、溜まった悪の種子は心の奥底を腐敗させていきます。心の奥底が腐敗してしまうと、爽やかないい気持ちが湧いてこなくなります。心の奥底が腐ると、くさくさした気分が湧いてきて、意識的な心も腐ってしまうからです。

そういう意味で、ただ法律的や倫理的に正しい・いい行動をするためだけではなく、ほんとうに自分をいいと思う＝肯定するためにも、心の底からいい気持ちで生きるためにも、内的反省（慚）は不可欠です。

一昔前は、政・官・財界で不祥事を起こした人間がよく「慚愧《ざんき》の念に堪えません」といったものです。あまり心からそう思っているようには見えませんでしたが。最近は、言い訳をする人が多くなり、セリフとしてさえもあまり聞かれないようです。

この「慚愧」は、慙（＝慚）と愧《き》から成っていて、慚は内的反省、愧は対他的反省つまり他・社会に対して恥を知る心のことです。自ら省み、他に照らして、どう考えてもよくないことをしてしまった、どうして予め考えなかったのだろう、どうしてやってしまったのだろう、という気づきで、居ても立ってもいられないほどの気持ち・念です、というのが「慚愧の念」です。

人間は、他とのつながり・関係なしには存在できません。自分であることも不可能です。ですから、他とのいい関係なしにはいい自分になれないのです。幼い頃は、そういういい関係を作ることは親任せ、大人任せでいいのですが、次第に自分からいい関係を作る努力をする必要があります。それが、大人になるということです。

ですから、大人になるということは、自分がいい関係を作っているか、むしろ悪い関係にしてしまう行為をしているか、反省する心が育っていくことでもあります。他からしてもらったことへの感謝、他への思いやりを忘れてはいないか、他から見られて恥ずかしいことをしてしまった、それどころか他に迷惑をかけてしまったのではないかという反省、そうした他に照らして自らを省みる心は、人間が成長するための必須条件です。自分自身がいい人生を送るためにも、「愧」・恥を知る心はぜひ必要な善の心だといってまちがいないでしょう。

しかし、慚は自己非難の心ではありません。成長のために、自ら省み、他に照らして、「私はまだまだだな、もっと成長したい、もっと修行しよう」と反省する心なのです。今私たちがどんなに未熟でも、宇宙は私たちに驚くほどの成長可能性・潜在力を預けてくれています。自己非難に陥ることなく、慚と愧の心を忘れることなく、成長を続けていきたいものです。

無貪、無瞋、無癡と三毒

仏教では、貪り（貪《とん》）、怒り（瞋《しん》）、愚かさ（癡《ち》）を「三毒《さんどく》」と呼び、煩悩の代表的なものとしています。そういうものが無い状態、無《む》貪《とん》、無《む》瞋《しん》、無《む》癡《ち》が善の心です。貪らない、憤らない、愚かでないことが善だというのは、誰でも納得できそうなことです。

しかし、それが、欲望は何もないとか、何をされても腹を立てないとか、知らないことは何もないという意味だとしたら、きわめて立派だけれども実際にはほとんど誰にもできそうにない話です。筆者の考えでは、無貪、無瞋、無癡というコンセプトは、そういう実行できそうもない理想を述べているのではないと思います。仏教を現代の私たちにとって活きた意味のあるものにするには、ここは決定的に重要なポイントだと思うので、一つ一つ見ていきます。

無貪——貪らないこと

まず貪と無貪について考えていきましょう。貪りというのは、過剰で異常な欲望のことであって、自然で適度な欲求とは区別する必要があります。

例えばいちばんわかりやすいのは「食欲」です。確かに、食べすぎは病気のもとで体によくありませんし、過食症となるとそれはもう病気です。しかし、いくら「無欲」がいいといっても、食欲がまったく無くなったら、人間は死んでしまいます。自然で適度な食欲は、健康に生きていくためには不可欠なのです。

言葉にこだわると、「無欲」というのはむしろ「少欲」というか、それでも不正確だと思うので、より正確な新しい言葉を造って「適欲」つまり適度な欲求とでも言い換えたほうがいいのではないか、と筆者は思っています。

もう一つ、例えば性欲はもっとも誤解されてきたものだと思います。多くの宗教で、まるで性的な禁欲そのものが善であるかのように考えられてきました。確かにマナ識に汚染されがちな性欲は、他者の人格を無視した自己中心的な過剰で異常な快楽追求に走りがちです。そういう現象があまりにも多いので、性そのものの否定・禁欲がいいこと・清らかなことだと誤解されがちだったのは、理解できないことはありません。

しかし、よく考えると、すべての人がそういう意味で清らかになって性的に禁欲しさらには無欲になってしまったら、男女が性的に交わり、子孫をもうけ、いのちをつないでいくという営みの動機がなくなってしまい、人類は絶滅するでしょう。

適度で正常な性欲は、男と女が愛しあうというすばらしい体験のベースになるエネルギーです。しかも、いのちをつないでいく原動力です。性は自然の創りだしたすばらしい営みの一つです。それを否定するのは、いのちを生みだしつないでいくという自然の営みを人間の倫理で否定するという大変な傲慢だ、と私は考えています。

その他、悪いことの典型のように考えられがちな、財産欲、名誉欲、地位欲なども、適度で正常な範囲であれば、健全で活力ある社会生活には必要なものです。

そういうわけで私は、人間性心理学のマズローにならって過度で異常な「欲望＝神経症的欲求」と適度で正常な「自然な欲求」というふうに言葉を区別して使うことにしています。無貪とは、まさに貪り＝過度で異常な欲望がないことで、自然な欲求もなくなることではない、と理解するといいのではないでしょうか。

貪りから解放され、適度で正常で自然な欲求を原動力として、自他の幸福を追求しながら生き生きと生きていくというのは、アドラー的にいえば「共同体感覚豊かなライフスタイル」であり、覚りではないにしてももちろん善です。

無瞋——憤らないこと

瞋はいちおう「怒り」、無瞋は「怒らないこと」と訳すことができます。しかし怒らないことが善だというと、「まちがったことを見ても怒らないでいいのか」とか、「正当な自己防衛のための怒りもいけないのか」といった疑問が出てきます。

そこがはっきりしなかったために、無瞋・憤らないことなど修行のできた偉いお坊さんや人格者か、さもなければバカみたいにいい人にしかできないことのように思われてきました。確かにそういう面もありますが、それだけではありません。

瞋・憤りが煩悩とされるのは、心の奥の根本煩悩から発生するものだからです。私たちは、腹を立てる場合たいてい、自分は絶対に正しい、相手が絶対にまちがっていると思っています。その場合、さらに私と相手は完全に分離した別の存在だと思い込んだうえで、対立していると思い込んでいます。実体的な自分に対して実体的な他人が実体的な悪いことをしたと思い込んでいるからこそ、腹を立てるのです。

参考としてあげておくと、アドラーは怒りについて、「この情動は、共同体感覚のほとんど完全な破棄をしめしています」と言っています（『人間知の心理学』高尾利数訳、春秋社、三一一頁）。

ここで、「そんなこといわれたって……誰だってそうでしょう」と反発したくなるかもしれませんし、その気持ちは私もよくわかります。実感としては、そうです。しかし、ここが大きな分かれ目です。素人の自分の実感を信じるか、唯識という心の専門家の診断を信じるか。「誰だってそうでしょう」、そのとおりです、凡夫なら誰だってそんなものです。しかし、ほんとうはすべての存在はつながって一つ、なのでした。私に悪いことをした相手は、実は私とつながった、広い意味での私でもあります。といっても、相手と自分の区別ははっきりあります。しかも、相手も自分もダイナミックに変化していく無常の存在です。そしてどういうふうに変化していくかは、どんなカルマ・業・行為をするか、その残存影響力によって決まってきます。

そのことがわかると、相手と自分とを実体視し、絶対に分離し対立しているという思い込みのうえで憤る・激怒するのとは違う心が生まれてくるのではないでしょうか。もちろん、「絶対に許せない。殺してやる！」といった過剰な怒りはなくなるでしょう。

自己絶対視した正義感から生まれる怒りほど、危険なものはありません。しかし、悪いカルマは周りに悪影響を及ぼすだけでなく、当人にもやがて必ず悪い影響をもたらします（因果の理法）。仏教を学び、修行しても、悪いカルマは悪いと判断し、それをやめようとする気持ちという意味での「義憤」はなくなりません。むしろ強くなるといってもいいでしょう。そのことを表現しているのが、密教における不動明王など怒りの形相をした仏の存在です。

「無瞋」とは、「何があっても、何をされても、腹を立てない」という意味ではなく、マナ識的な自己絶対視から発生する、必要以上、過剰、異常な怒りがないことという意味だ、と私は解釈しています。

無癡――愚かでないこと

唯識によれば、心は、まずアーラヤ識に前世からも今生でも蓄えられた分別の種子から実体としての自分がいると思い込むマナ識が発生し、それらにコントロールされて意識と五感が働くというメカニズムになっています。そういう意味で、アーラヤ識からマナ識、意識、五感に到るまですべて分別知・無明の働きをしてしまうのです。

ところが、きわめて幸いなことに、人間の意識は、運よくよい師に出会うことができて教えられれば（声聞）、あるいは自分で世界のあるがままの真実を洞察すれば（独覚）、宇宙の理法・ダルマを理解することができるようにできています。別の言葉でいえば、それが人間の理性の可能性なのです。

縁起―空について、分別知で理解しても、それはほんとうの覚りとはいえませんが、それにしてももう理屈のうえではすべてが実体であるという錯覚はなくなります。ですから、「智慧」ではなく「愚かでないこと」と呼ばれるわけです。

先にお話ししたように、人間の心の底・アーラヤ識に善や覚りの種子を蓄えることができることが、人間の覚り・救いの根拠なのですが、それに加えて意識が学び次第では愚かでなくなることができることも、もう一つの決定的な希望の根拠です。

読者も、今、分別知だけ・無明の状態から、意識のうえでの無癡に到達しつつあるのかもしれません。医療の譬えでいうと、インフォームド・コンセントのインフォーム（情報提供）のところで、「そうか、私はやっぱり病気なんだ。でも、治るんだ。治したい」と思い始めた段階でしょうか。

ところで、この「無癡」は順序として十一の善なる心の働きのちょうど真ん中にあります。これは、単なる偶然なのでしょうか、それとも「無癡」が善なる心の中軸・要《かなめ》になるものだという意味も含まれているのでしょうか。私は、後者だと解釈しています。理性・理論でしっかりと理解することが、善からさらに覚りへと心の成長を進めていくうえできわめて重要なポイントなのです。

ここでも補足的にコメントしておくと、無癡はアドラーのいう「共通感覚」がさらに深められたものと捉えることができるでしょう。

精進――努力

生きることは誰にとっても一大事、大変なことです。天地自然から預けられた人生の時間は、嫌でも好きでも有限・無常です。そのことをしっかり自覚すると、精一杯できることをして生きようと思わざるをえないでしょう。

しかも、幸いにして自分と他者との幸福を追求することは矛盾することではない、どころか、賢く振る舞えば調和できることだという縁起の理法を学ぶと、誰に頼まれたわけでも強制されたわけでもなく、好きで努力することができるようになります。そして、自利利他のために努力・精進《しょうじん》するといい人生を送れるというのも、宇宙の法則・理法であるようです。

人間は、どうでもいいことやつまらないこと、さらにはろくでもないこと・悪いことのために努力するということもあります。仏教では、特に後のものは「悪精進」と呼んで「精進」とはっきり区別しています。

軽安――爽やかさ

重く荒れた不安な心は煩悩で、軽やかで安らかな心（軽安《きょうあん》）が善だというのは実感的にわかりやすい話です。しかし、それが日々の自分の心の実情かというと、なかなかそうはいかないのが凡夫である私たちです。

自分で自分に自信が持てない、つまり自分自身との関係がよくないと軽やかで安らかな気持ちになれません。また、他者との関係がよくなくても、社会全体や自然全体との関係がよくなくても、そうでしょう。自覚していてもいなくても、私たちが軽やかで安らかな気持ちになっているのは、いろいろなもの（者・物）との関わり方がうまくいっている、縁起の理法にかなっているときなのではないでしょうか。

逆に言うと、軽やかで安らかな気持ちになるには、すべてのものとの関係・つながりの改善が必要です。そして関係の改善のベースは、すべてのものは関わりあっている・関係があるという縁起の理法です。縁起の理法を自覚し、自分と他のものとの関係が縁起の理法に沿うように精進すると、心は軽やかで安らかになります。そういう意味で、「軽安」が善であるというのは、単なる主観や趣味の問題ではありません。

不放逸——怠けないこと

善の心の九番目は、「不放逸《ふほういつ》」です。一語でもとの意味を表現できる適当な訳語が思い当たらないのでとりあえず「怠らない心」としています。「放逸」とは勝手気ままに遊びふけり怠けてやるべきことをやらないといった意味で、「不放逸」はそういうことをしないということです。

　私たちのマナ識にはしっかりと我慢と我愛があるため、自分が楽なこと、自分が楽しいこと、自分が気持ちいいこと……を自分の思いどおり、好き勝手、自分勝手にするのが人生の意味だと思い込んでしまう強い傾向があります。

　しかもその楽さ、楽しさ、気持ちのよさも、ごく目先でしか考えられない人が多いのが問題です。目先の楽、楽しみ、快楽の追求という原因は、しばしばやがてとても苦痛な結果を生みだしたりするものです。長い目で見て、ほんとうに楽で、楽しくて、気持ちのいい人生を送りたいのなら、必要なときに必要なことをすることから逃げないほうが身の為・ほんとうの意味での自分の得なのです。

　そして縁起の理法・つながりという法則性から成り立っているこの世界では、自分の利益と他者の利益は究極のところはつながって一つなのですから、長い目で見れば、自分のためも人のためもありません。長い目で見て自分と人に利益をもたらすことのために、今やるべきことをさぼらないでやること、つまり不放逸ということは、こうして考えてみれば自他にとって善であることはまちがいありません。

行捨――平静さ

過剰に興奮するのでもなく、ひどく落ち込んでしまうのでもない、平静な心・行捨《ぎょうしゃ》は善です。心の静けさには独特の快さがあります。過剰な興奮のように刺激的で中毒性のある快感ではありませんが。

唯識仏教では、心の病を癒すためには、ダルマ・世界のありのままの真理を覚ることが必須だと考えていますから、ありのままが見えなくなるような心の状態は煩悩に分類され、ありのままが見えやすくなる心が善であるとされるのは当然です。

私たちは興奮状態や落ち込み状態にあると、ものごとを自分のそのときの気分で曲げて見てしまいがちです。つまり主観的になってしまうのです。世界をありのままにではなく、自分の主観、そのときの気分で見てしまうと、事実に合わないすばらしいところに思えたり（躁状態）、同じく事実に合わないひどいところに思えたりします（鬱状態）。

それに対して、自分の都合や気分をいったん脇に置いて平静な心で見ると、世界のありのままの姿が見えやすくなります。ありのままの世界はつながり（縁起）、一体（一如）の世界です。つながって一つである世界は、善悪、幸不幸、損得、創造―破壊といった二項対立を超えていて、けれどもやはりすばらしい美しい世界です。

そういう美しい世界が見えてきたとき、私たちの心には静かで深い喜びと感動が湧いてきます。過剰な興奮に慣らされた現代人が誤解するのと違って、平静な心・行捨は退屈なものではなく、静かな喜びに満ちた心なのです。

不害――傷つけないこと

信に始まった善の心のリストは、不害《ふがい》で終わります。「不害」と訳されたサンスクリット語の原語は「アヒムサー」です。これは、マハトマ（偉大な魂）と呼ばれたインド独立の父ガンディーのモットーでもありました。「非暴力」と訳されたので、残念ながら仏教用語との対応があまり知られていません。

ガンディーにおける「非暴力」が、悪に対するひ弱で無力な無抵抗ではなく、イギリスの植民地政策という悪に対する燃えるような「非暴力・積極的抵抗」であったのと同様、本来の仏教における不害も表現は控えめに「傷つけないこと」となっていますが、きわめて積極的・能動的なものであるはずであり、筆者は、「傷つけさせないこと」という訳も加えたいと思っています。

「何にもしなければ、傷つけない―傷つかない」というひ弱な自己防衛の姿勢は、実は社会全体のなかでたくさんの人が傷ついている・傷ついていくことを放置・黙認することであり、広い視野から見ればむしろ「傷つけること」に手を貸していることになります。「傷つけないこと」という控えめな表現がされてはいても、本来の精神は「積極的・能動的に癒しや和らぎをもたらすこと」という意味を含んでいます。それはまさに「善」というほかありません。

しかし、マナ識のために自分にこだわりがちな私たち人間は、ともすると「癒しや和らぎ、いいこと」——だと自分が思うこと——を押しつけてかえって傷つけてしまうことがあります。人の役に立ちたいと思ったときも、まず一歩引いて自分のマナ識をよく洞察し（道元禅師のいう「退歩の工夫」）、ほんとうに相手にとって癒しや和らぎ、援助になるのかどうかを考え、いいことをしてあげられないまでも、せめて傷つけることはないように心がけて行動したほうがいいでしょう。私たちはしばしば表情、言葉、態度、行動で人を傷つけてしまうものだからです。

そういうことがなくなっているというだけでも、人間としてはかなりすばらしいところに達しているといえるのではないでしょうか。他の信から行捨までの善の心が十分に身について始めて、日々人を傷つけない言動ができるようになり、さらには人のお役に立つことができるようになるのだと思います。善の心が信に始まり不害に終わるのは、ただの羅列ではなく、順序にも意味もあるのではないか、と筆者は解釈しています。

一一種類の善の心を意識的に起こし、それに基づいて行動する（カルマ）ように心がけている（意識）と、それらが徐々にマナ識を浄化しながら種子としてアーラヤ識に溜まっていき、また芽生えるときにもマナ識を浄化しながら意識にのぼってきます。

そういう善なる心のカルマの好循環が持続されていくと、私たちはほんとうの意味での善人・いい人に少しずつなっていくことができるのです。

第三章　意識上の根本煩悩と随煩悩

第一節　意識上の根本煩悩

六つの根本煩悩

意識には、残念ながら善の心だけではなく煩悩の心も働いています。ふつうの人間の心はどちらかというと煩悩のほうが多い、煩悩だらけと言ってもいいくらいです。私たちは、マナ識の四つの根本煩悩から生まれる意識上の六つの根本煩悩も抱えており、さらにそこから生まれる二〇種類もの随煩悩がある、と唯識は洞察しています。

以下の部分は学んでいると、すっかり自分がいやになってくるかもしれません。しかし、ここがインフォームド・コンセントの頑張りどころです。「こういう症状がありませんか。あるとしたら、あなたは病気です」というショックな診断が下されますが、その後で「でも、ちゃんと治療すれば治ります」という話になっていきます。

ここで、きわめて重要なので、すでに「依他性に重点を置いた見方と共同体感覚」のところで述べたことを、若干角度を変えて繰り返しておきたいと思います。

以下、かなり頁数を費やして述べる意識上の根本煩悩もそこから生まれる随煩悩も、唯識的に言えば、マナ識とアーラヤ識が智慧――後述の「平等性智《びょうどうしょうち》」と「大円鏡智《だいえんきょうち》」――に大転換しないかぎり完全にはなくすることはできません。

しかしアドラー派の臨床心理学の実践からすれば、他の人や物とのかかわり・つながりを考えることのできる「共同体感覚豊かなライフスタイル」を獲得・再獲得すれば、行動と心の問題は相当程度軽減または緩和できると考えられます。場合によっては、日常的な意味ではもう何も問題がないというくらい自他の調和の取れた優れたライフスタイル＝パーソナリティ形成さえできるでしょう。

しかしそれでもなお、唯識の目からすれば、自我を実体視する無明とそこから生まれるさまざまな煩悩への傾向を完全に脱したことにはならないのです。人間の心の悩み・煩悩は、第四章第一節「四つの智慧への転換」で述べるような八識が四智に転換したときにのみ根源的に解決されるわけです。

こうしたアドラー心理学と唯識の違いは、対立的ではなく相補的な違いである、と筆者は捉えており、アドラー心理学で対処できる範囲の問題はアドラー心理学で対処し、それでも対処しきれない問題は唯識で対処するという臨床的戦略を採用しています。

さて、唯識では意識上にも根本煩悩があるとしていて、貪《とん》、瞋《しん》、癡《ち》、慢《まん》、疑《ぎ》、悪見《あっけん》の六つを数えています。人間の心が抱えている深刻な問題を、よくもこんなにも正確に、徹底的に厳しく洞察したものだと感心してしまいます。こうした煩悩が共同体感覚だけで完治するとは、筆者にはやはり思えません。もしこの話だけだったら人間というものに絶望してしまいそうなほど徹底的で正確です。しかし、それはきわめて正確な診断であると思えるので、したがってその次にくる治療法も信頼できるし、必須だと思えるのです（貧については既述無貧の項参照）。

瞋――過剰な怒り

マナ識は、自己を実体視し、それにこだわっていますから、自己防衛はしばしば過剰になりがちです。過剰な自己防衛は、自分の思いどおりにすること、自分の利益、自分の面子などを脅かすものに対して、過剰で不健全な怒りを生みだしがちです。

さらには、自分を脅かすものには過剰に反応する潜在的な可能性をいつも抱えることになります。世界でいちばん大切な〔実体としての〕自分（とその物質的・精神的所有物）を絶対に守らなければならない、それは自分の〔実体としての〕権利だ、と思い込んでいるわけですから、当然でしょう。

根本煩悩としての「瞋」とは、そういう過剰な怒り、さらにはいつでも怒る潜在性があることをいう、と筆者は解釈しています。そういう過剰で不健全な怒りは、自分にとっても他者にとってもきわめて有害で厄介なものだと思うのですが、なかなかやめられません。しつこくかつ深刻な慢性病のようなものです。

しかし、それは、実体ではなくても現象としてはありありと存在していて、絶対ではなくても相対的にはある権利を守るための、適度で正当な自己防衛とは違うと思います。また実体ではなくても現象としてはとても大切な、社会正義を実現するための「義憤」というのはあっていいものです。

そういう健全で正当な怒りと不健全で過剰な怒りの区別をちゃんとしたうえで、しかしやはり、根本煩悩としての「瞋・憤り」はぜひ治療—克服したいものです。それなくしては、世界から家庭そして個人の心に平和が訪れることはないでしょう。平和を望むのなら、瞋という心の病は治療しなければなりません。

癡——宇宙の理への無知・無理解

「癡」とは、縁起・空の理法についての無知、無理解、愚かさのことです。現代的に言い換えると、宇宙の理への無知・無理解といってもいいでしょう。自分が縁起・空の世界、宇宙の真っ只中に生きていながら、そのことを知らない、理解していないのです。自分が自分だけで自分としていつまでも生きていられるかのような錯覚です。これは、「無明」とほぼ同義語です。

しかし、すでにおわかりのとおり、唯識の特長は、無明をマナ識における四つの根本煩悩とりわけ「我癡」と意識における「癡」の二つに分けて捉えているところです。

幸いにして、意識上の愚かさは本気で学べば比較的容易に克服することができます。しかし無意識に潜み強固なシステムになってしまっている「我癡」は、簡単には克服できません。さらにしかし、「簡単ではないが克服は可能である」というのが仏教の基本的メッセージです。これは、「克服は可能であるが簡単ではない」と前後を入れ替えることもできます。そして自分の言葉としてどちらの順序で言うかは選択の問題です。

慢――過剰な優越感

私と他の人とにははっきりと区別があります。私は私であってあなたではないし、あなたはあなたであって私ではない、という面は確実にあります。しかし深いところではつながって一つなのでした。

ところが、マナ識は他と分離した実体としての自分があると錯覚しています（我見）。そしてそういう自分を依りどころ、頼り、誇りとしており（我慢）、さらにそういう自分に過剰に愛着します（我愛）。そのために、意識でも他と分離した実体的な自分がいると思っていますし、そういう自分を依りどころとしそれに愛着して生きています。

するど、なぜかどうしても――つまり意識による倫理的なコントロールが効かず――自分と他人を比較したくなり、人よりも自分が勝り、優れ、上にいたいという強い気持ちが生まれてきます。そういう、自他を比較し他より優越したいという心の働きを「慢」と言います。分離して比較する心の働きがまずあり、そのうえで優越したいと思うわけです。

ところが、比較した結果、どうしても優越していない、劣等だと思わざるをえないケースもしばしばあります。そうすると卑下する、落ち込む、劣等感に苦しむ……といったことになってしまいます。もちろん、優越していると思うと、たいてい傲慢になり、横柄になり、人に嫌な思いをさせ、実際いろいろ迷惑をかけたりします。

他者と自己とを分離したうえで比較する心・慢は、自分をも人をも煩わせ悩ませる、まさに「煩悩」です。優越感と劣等感のアップダウンは、とても不毛な、しかしあまりにもありふれたふつうの私たちの根本的な悩みです。

この煩悩は、必死になって人と競争し、足を引っ張り合いながら、優越性を追求するというやり方ではなく、人と自分とはほんとうは一つなのだから、上も下もない、比較できない、する必要はないということに、深く気づくことによってのみ根本的に解決される、と仏教は教えています。

なおここでも、アドラーの劣等感と劣等コンプレックス、優越感と優越コンプレックスへの洞察は、唯識の「慢」および後出の随煩悩「憍《きょう》（おごり）」の洞察と大きく重なっており、さらに心の微妙なメカニズムへの臨床的な理解とそれの対処法が完備しているという意味で、唯識を大幅に増補するものと捉えることができる、と筆者は考えています。

疑——我見による自己防衛

私たちふつうの人間は、自分が実体的な存在であると深く信じ込んでいます。復習的に言うと、「実体」には①他と関わりなくそれ自体で存在している、存在できる、②変わることのないそれ自体の性質がある、③いつまでも存在する、できる、という意味がありました。人間は自分が実体的な存在であると思い込むことでアイデンティティ（自己同一性、自分が自分であるという深層の信念・安定感）を確立—維持しているといってもいいほどです。

そういう実体としての自己を信じ込んでいる状態を「我見」といいます。我見があると当然、他の影響を受けて自分が変えられることを極度に嫌う傾向が生まれます。他の影響を受けて変わることは、①②③のどの意味でも実体的な自分を失うことになるからです。「私は私だ。人の意見は関係ない」、「私には私の信念がある」、「私の信念は変わらないのだ」、「私の信念を変えてなるものか」というわけです。

「疑」とは、そういうふうに実体としての自己（とその信念）を防衛するために、仏教の伝えようとすることに反発し、疑い、否定する心の姿勢のことです。

それはまず自分（の考え）を変えられたくないというのが基本的な動機ですから、伝えられていることが正しいかどうかはどうでもいいのです。硬直した我見のある人間にとって、これまで自分が考え・信じてきたことがまちがっていて、伝えられたことが真理であるなど、ありえない、あってはならないことなのです。

しかしここで、もう一度考えてみましょう。これまでお話ししてきたような、縁起、無常、無我、一如、空といった概念で指し示されているのは、特定の思想というより、ありのままの宇宙の理で、誰にとっても当てはまることだと思われます。それとも、「それは仏教の教えであって、それも一つの考えにすぎない」のでしょうか？

すでに述べてきたとおり、仏教の中核にあるものは特定宗教というより普遍妥当性のある哲学と霊性だ、と私は理解しています。さて、だからこそ、仏教（のエッセンス）は、疑えない真理に到るために疑えるものはすべて疑うというデカルト的・哲学的な方法としての懐疑は否定していないと思います。徹底的に疑ったうえでも認めざるをえないありのままの真実でなければ、ダルマ・法とはいえないからです。

仏教の伝えているものがダルマ・宇宙の理法だとすれば、それが自分の今までの考えに合わないからと反発し、疑い、否定することによって、自分の生き方がダルマから外れることになります。宇宙の理法から外れれば、人生で迷い悩んだり、失敗して痛い目に遭うのは当然です。そういう意味で、「疑」も確かに根本煩悩です。

といっても、臨床的に言えば、我見の硬直度は人によってさまざまで、この「疑」という煩悩についても、さほど強くない、かなり柔軟な人もいます。必要に応じて自分を変えられる柔軟な心を持っていて、「疑」の心はあまりない人のほうが、どうも爽やかにまっすぐ生きられるようです。

悪見――我の実体視への執着

人間は、他の動物と違って先天的にもともと具わった能力（本能）によって生きることができません。ほとんど後天的に作られた文化によって生きています。文化の基礎になっているのは、言葉と言葉によって体系化された価値観・世界観すなわちコスモロジーであり、人間は、特定のコスモロジーに基づいたものの見方なしには生きていけないのです。そのため、無意識でも意識でも、つながりコスモロジーに無知（我癡→癡）であるだけではなくばらばらコスモロジーを信じ込んでいる（我見→悪見）わけです。

唯識では「悪見」もさらに詳しく分類します。身見《しんけん》、辺見《へんけん》、邪見《じゃけん》、見取見《けんしゅけん》、戒禁取見《かいごんしゅけん》の五つです。

身見

まず「身見《しんけん》」とは、外界や他者と分離独立したこの身体が実体としての「私」だと思い込み、それに執着していることです。「この体が私だというのは当然ではないか、どこが違うんだ？」

いるようです。

と思われる方が多いでしょう。こういうものの見方は、現代人には当然のことだと信じられて

しかしよく考えてみると、身体＝私ではないのではないでしょうか。体つまり生命体は細胞から成っていますが、その細胞も、外界と区切りはあってもつながっていて新陳代謝というかたちで外界と交流していなければ生きていけませんし、やがて細胞分裂してもとのままの細胞ではなくなります。細胞は実体ではないのです。実体でない細胞の集まりであり、しかもその細胞も絶えず死んで新たな細胞に入れ替わっているのですから、身体は実体ではありえません。それどころか、体も心もすべて「私は私でないものによって私であることができる」ということについては、繰り返しお話ししてきたとおりです。

よく考えてみると、「実体としての体が実体としての私である」というのは、明らかにまちがった思い込み＝悪見です。しかし物質科学主義の教育を受けてきたため現代の日本人の多くが、この「身見」を強く抱いているようです。

辺見

そこから生まれるのが、次の「辺見《へんけん》」です。この体が私だと思っている（身見）と、それに伴って偏ったものの見方（辺見）が生まれます。偏ったものの見方は、さらに二つあり、「断《だん》見《けん》」と「常見《じょうけん》」です。

この体が私だとしたら、体はどうしても結局は死にますから、私は無くなります。「無」になるわけです。「〔体が〕死んだらすべては終わり、無になってしまう」という考え方のことを「断見」といいます。断絶して終わりという見方で、現代の言葉でいうと「ニヒリズム」です。物質としての身体が私のすべてだと思うと、必然的にニヒリズムになることを、唯識はなんと千数百年も前に見抜いていたのだから驚きです。

しかし私がいちばん大事だと思いながら（我愛）、それが無になってしまうなど堪えがたいことです。そこでもう一つの偏った見方が発生するのです。体は実体としての私ではなく、体に宿る魂が実体としての私であり、魂は永遠に死なないという考え方で、「常見」といいます。あるいは、「今生の体は死ぬ体だが、次の生では死なない体になって甦る」というのも、常見のヴァリエーションと考えていいでしょう。

「魂の永遠」も「体の甦り・復活」もどちらも、仏教の視点からすると、魂や新しい体を実体と考えているという点で、まちがったものの見方・辺見とされます。「魂」も「新しい体」も、他と関わりなくそれ自体では存在できないという意味で実体ではない、と私も考えます。確かに実体としての魂や新しい体にこだわることは、辺見ということにならざるをえないでしょう。

ただ私は、実体ではないにしても現象として、身体とは別にある種の「魂」が存在する可能性はあながち否定できないと考えています。しかし、魂が存在するかどうかよりも、人間が今生で覚りうるかどうかのほうが重要だと思っていますし、微妙な問題なので本書の頁数では述べきれませんから、これ以上はおいておきたいと思います。

邪見

まちがったものの見方の第三にあげられているのは、邪見《じゃけん》・つながりを否定するものの見方です。繰り返しはっきりさせてきたことですが、すべてのもの、ということは私も、実にさまざまなつながりのおかげで存在することができます（縁起）。そのつながりは時間的にいえば、過去の数えきれないほどの出来事という原因が今の結果を生みだしているという「因果の理法」になります。空間的にいえば、あらゆるものごとが今特定のもの（者・物）が存在することを可能にしているということになります。そういう時間的・空間的つながり（因果・縁）という真理を無視したものの見方を「邪見」・よこしまな見方というのです。

人間はもともと分別知への傾きがあるのですが、特に戦後の日本人は極端なばらばらコスモロジーに陥っている人が多く、他と関係なくそれだけで存在できるものごとがあるかのように考えがちです。特に自分に関して、「私は私だ。他人は関係ないだろ」と考えている人が多いようです。その結果、他人に縛られないという意味での自由を得たように見えて、他とのつながりを見失って孤独に陥っています。自由に振る舞っているつもりが、他とのつながりを忘れているため、しばしばただの自分勝手になって、他者に迷惑をかけます。

そういうものの見方は、すべてはつながって一つであるという宇宙の事実に反しており、自分自身を孤独感で悩ませ苦しめ、他者に迷惑をかけるという三重の意味で「煩悩」というほかありません。

見取見・戒禁取見

悪見の第四と五は、自分の見解・思想にこだわる見取見《けんしゅけん》と特定の戒律や禁止事項にこだわる戒禁取見《かいごんしゅけん》です。

仏教では、いうまでもなく正しいものの見方（正見）と戒律を非常に重んじます。ところが、自分（たち）のものの見方（思想、宗教）や戒律に執着しこだわることは根本的な煩悩だとしています。これは、初めて学んだときは驚きでした。あらゆる宗教やイデオロギーが陥りがちな自己絶対化の危険にみごとなまでにしっかり気づいていて、それに対する厳しい警告をしているのです。

一般には、自分（たち）が信じている教えは絶対に正しく、守っている戒律は絶対に守るべきだと信じることこそ宗教だ、そうしてこそ、確信、安心、安定、アイデンティティの確立ができる、と考えられているのではないでしょうか。

ところが、唯識仏教では、自己絶対化は根本煩悩だとします。平たく言えば、まちがっているというのです。とても柔軟な、ある意味で「自己相対化」ともいえるような視点を持っているのです。私の知るかぎり、こんな宗教は他にはあまりありません。そういう点でも、本来の仏教はふつうにいう「宗教」を超えていると思います。

唯識仏教は、なぜ見取見と戒禁取見を否定するのでしょうか。それは、人間がマナ識という自分にこだわる心を抱えているため、やることなすこと、どうしても自分へのこだわりにつながってしまいがちだという洞察があるです。他のところでも少し触れましたが、私たちは自分へのこだわりのために、「自分（たち）が信じているのだから、自分（たち）が守っているのだから、これは正しいに決まっているんだ」、「これを信じ守ることこそ人間として正しいことなのだ」、「これを信じない、守らないやつは人間じゃない」という思考パターンにはまってしまう傾向があります。

そうするとあまりにもしばしば、十字軍などに代表されるような宗教戦争や内部での宗派間闘争や異端裁判や魔女狩りなどの恐るべき事態が生じてしまいます。宗教・信仰やイデオロギーの危険、それどころか過去から現在に到るまでさまざまなところで起こっているあまりにも悲惨な実害は、集団的な自己絶対化から出ています。

ところが、自己を絶対視することこそ無明だと気づいている仏教では、どんなに正しいと見える教えや戒律でも絶対視したらそれはもう誤りだというのです。先にも述べたとおり、どんなにすばらしい教えも戒律も、人間が救われ覚るための方法つまり「方便」にすぎないというのが仏教の基本的立場だ、と筆者は理解しています。

といっても、これは、「あらゆる意見はそれぞれの主観にすぎないのだから、どれが正しいなどということはない」といった価値相対主義とはまったく違うものです。

縁起、無常、無我……といったコンセプトで指し示される事実は、コンセプトがどうであれ、事実そのものでしょう。それは、例えば関係性、時間性、非実体性というふうに言い換えても、指し示された事実は変わりません。つまり、教えは絶対ではないが、それが示している事実は絶対です。

ですから、疑わしかったら、自分で何度でも考え直し、確かめ直すことができるのです。頭から信じなくてもいい、それどころか信じてはいけない、よく見（正見）、よく考え（正思）、何度でも考え直し確かめ直しながら、確信を深めていくことができる、というのが仏教的な「信」の特徴なのです。

そして、そういう事実に目覚めるためには、やるべきこと、やってはいけないことがあるというのも、ほんとうにそうかどうか、いわば臨床的に確かめることができます。「効果が確かめられようが確かめられまいが、とにかくこの教団ではこの戒律を守ることになっているんだから、絶対に守らなければならない」というのは、大乗仏教―唯識の考え方ではありません。その戒律を守ることによって、マナ識が浄化されて爽やかで温かな心になるという効果があるかどうか、確かめ直しをしていいはずです。効果があるようなら守り続ける、ないようならやめていい、というのが大乗の戒律への基本的な姿勢だ、と筆者は理解しています。

そういう意味で本来の仏教は、絶対主義でも価値相対主義でもなく、いわば「臨床的実証主義」とでもいうべき立場を取っているのではないでしょうか。そこに、科学としての心理学と対話―統合できる原理が含まれていると思われます。

第二節　凡夫の性

随煩悩

これまで、マナ識の四つの根本煩悩、意識の六つの根本煩悩について学んできました。もうこれだけでも、嫌になってしまうくらい、人間の心のマイナス面をしっかりと、的確に、しつこいくらい見せつけられました。しかし唯識は、病気に関する情報提供をさらに詳しくやってくれます。たいていの、ふつうの人、つまり凡夫の日常にありふれた付随的な悩み＝「随煩悩」が二〇種類もあるといいます。

根本煩悩という病因があるのですから、いろいろ症状が出てくるのは当たり前といえば当たり前ですが、それにしてもあまりにもはっきり詳しく言われると、そうとうショックです。この煩悩のリストは、私も読むたびに、あまりに自分の日常の心の状態に当てはまっていて、うんざり、がっかり、しょんぼりしてしまうほどです。
いかり（忿《ふん》）、うらみ（恨《こん》）、ごまかし（覆《ふく》）、悩ませ悩むこと（悩《のう》）、ねたみ（嫉《しつ》）、ものおしみ（慳《けん》）、だますこと（誑《おう》）、へつらい（諂《てん》）、傷つけること（害《がい》）、おごり（憍《きょう》）、内的無反省（無慚《むざん》）、対他的無反省（無愧《むき》）、のぼせ（掉挙《じょうこ》）、おちこみ（惛沈《こんじん》）、まごころのなさ（不信《ふしん》）、おこたり（懈怠《けだい》）、いいかげんさ（放逸《ほういつ》）、ものわすれ（失念《しつねん》）、気がちっていること（散乱《さんらん》）、正しいことを知らないこと（不正知《ふしょうち》）。

このリストを丁寧に読みながら、自己診断をしてみてください。一つも身に覚えがないという方はおられないでしょう。ここで大切なのは、「そんなに強くはない」、「それほど頻繁ではない」というのを、心の中で「ない」と言い換えて誤魔化してしまわないことです。症状の程度は軽くてもあるものはある、少なくてもあるものはあると判断─自己診断しないと、病気を見過ごしてしまうことになります。見過ごすしてしまうと、当然、治療をしません。治療をしないと治りません。

心の底から健康になって爽快な人生を送りたいのなら、心の病気の症状を見過ごさず、ちゃんと自覚する必要があります。慢性病のまま、うじうじ、ぐじぐじ、不快感や痛みはあるのだけれど、面倒臭い、怖いから治療したくないという方に強制はできませんが、でも治療したほうがいいのではないでしょうか。

そのためには、症状をチェックして自覚したほうがいいと思われます。

こうした煩悩の根本的な治療には、後述のように六波羅蜜の実践によって心の八つの領域（八識）が四つの智慧（四智）に転換するほかありませんが、豊かな共同体感覚が育まれれば、相当程度まで緩和されることはすでに述べたとおりです。いちいちの随煩悩についてすべてコメントするスペースは残念ながらありませんので、いくつかを選んで述べますが、その他の随煩悩についても、「つながり感覚・つながりの目覚め」によって軽減ないし緩和されるメカニズムを読者自身でシミュレーション的に推測していただけると幸いです。

忿——怒り

随煩悩の第一は怒りです。これは、まず怒っている本人も嫌な気分ですし、怒られている相手も嫌な気分になりますから、まさに「煩悩」です。私たちは、自分にこだわり、自分の思いどおりにならないことで腹を立てます。自分、自分、自分……です。原語はサンスクリット語ですが、漢字に写すと意味がさらにはっきりしてきます。「忿」とは、読んで字のごとし、分ける心です。自分と他者とが分離しているという思い込みのうえで、好みや利害や信念や立場などが対立していると思って、怒るわけです。

分かれていると思わなければ、対立のしようもありません。対立しなければ、腹の立ちようもありません。……というのは、理屈なのですが、感情はそうはいかない。この場合の「理屈」と「感情」の不一致は、なぜ起こるのでしょう?

怒り・「忿」は、自分が他と分離し対立していると思っているときに起こる心の現象です。自分ではない他のもの（者・物）が自分の思いどおりにならないと、どうしようもなく腹が立つのです。それは、病気のもっとも目に見える症状に譬えられます。それは、私たちの意識がもともと自分の思いどおりにならないといつでも腹を立てる可能性・「瞋《しん》」という根本煩悩を抱えているからです。「私の思いどおりにならないことがあった場合、私が怒るのは当たり前、当然の権利ではないか」という深い深い思い込みです。瞋という基本的な心のあり方は、きっかけがあればいつでも忿という現象を生みだしてしまうのです。

そして、それにはマナ識の我癡・我見・我慢・我愛というより根本的で無意識的な根っこがあります。私がいちばん可愛い、私がすべての依りどころ、私は私であって、他のものとは関係ないという思い込みがあれば、あらゆるものが私を中心にしてめぐるべきだ、すべては私の思いどおりになるべきだという気持ちになるのは当然です。

怒りという症状の奥底にはマナ識―アーラヤ識における無明・煩悩という根源的な病因・病原があります。そしてマナ識と意識が共同して作りだしたカルマ――共同作業――は、アーラヤ識に蓄えられ、こびりつき、ほとんど解けそうもないと思えるしがらみになり、そこから新たな煩悩のカルマがまた生えてきます。

善の場合（そしてこの後お話ししていく覚りに向かうための六つの方法・六波羅蜜の場合）

も、煩悩の場合も、アーラヤ識―マナ識―意識の循環のメカニズムは基本的に同じです。性質は、好循環と悪循環でまったく逆ですが。

このメカニズムを思い出していただくと、理屈と感情が一致しない理由がはっきりつかめます。感情は湧いてくるものですが、どこからでしょう？　そうです、マナ識―アーラヤ識という深層から湧いてくるのです。それは、意識上、ちょっと理屈でわかったくらいで、解消・浄化できるものではありません。意識の表面でちょっとわかった程度の理屈では、感情はどうにもならないのです。

（しかし、理屈嫌いの傾向の強い日本人にとって重要なことは、確かにちょっとわかった程度の理屈では感情は抑えられませんが、しっかりわかると相当程度感情は変えられるということです。詳しくは拙著『唯識と論理療法』佼成出版社、参照。）

恨――恨み

私たちは、自分の思いどおりにならないことがあると、腹を立て、そしてそのことをずっと覚えています。怒りというカルマが種子（「記憶」と言い換えることもできます）となって、アーラヤ識に溜まり、いつまでもなくならない、どころかしばしば芽を吹く、つまり思い出してはまた怒り・憎しみの感情が湧くのです。

人を恨み、世間を恨み、軽いとすねたり、ふてくされたり、ねじけたり、ぐれたり、憎しみを持ち続け、ひどいと怨念を抱き、呪い続けたりします。

怒り以上に、恨みは恨んでいる人自身きわめて不愉快、嫌な気持ちで苦しいものです。まさに、自分にとって「煩悩」です。恨みを言葉や表情や態度で示されるともちろん相手も不愉快ですし、恨まれた結果、復讐されることになれば、ますます嫌な目に遭わされることになります。相手にとっても「煩悩」です。

さて、怒りと同じく恨みの奥には「自分は正しい」という思い込みがあります。「盗人にも三分の理」ということわざどおり、悪いことをしたと自分でわかっていても、悪いことをした「自分なりの理・正しさ」があると思いたいのが人間です。まして、「どう考えても絶対に自分が正しい」と信じていれば、恨みは決して解消できません。

それに対して唯識は、絶対つまり「対＝関連性」を「絶した」、つまり完全に他と分離したような実体的な「自分」がいると思うこと自体、無明・錯覚であることを指摘します。恨んでいる自分も恨まれている相手も、深いところ・ほんとうのところではつながって一体・一如なのです。

さらに、それが自他を共に煩わせ悩ませるもの・煩悩であることを指摘します。恨みは自他共に不幸にします。自分だけでなく相手をも、相手だけでなく自分をも。

その二つのことが心の奥底までわかる（智慧）と、恨みは解消され、何よりもまず自分の心が爽やかになります。

しかし、怒りも恨みも、共同体感覚豊かであれば、完全解消とまでいかなくても、相当程度緩和・軽減され、許すことができるようになるでしょう。アドラー以後の個人心理学ではそうしたネガティヴな感情のコントロール法がさらに開発されています（D・ディンクメイヤー／G・D・マッケイ『感情はコントロールできる――幸福な人柄を創る』柳平彬訳、創元社、参照）。また、アドラーから大きな影響を受けて創られた論理療法は感情のコントロール法そのものといってもいいでしょう（前掲拙著『唯識と論理療法』、『いやな気分の整理学――論理療法のすすめ』NHK生活人新書、A・エリスほか『怒りをコントロールできる人、できない人』野口京子訳、金子書房、などを参照）。

覆――ごまかし

ニュースを見ていると、政・官・財にわたるさまざまな汚職が報道されます。それはわかったものが報道されているわけで、まだまだたくさんのことが隠蔽されているのではないかと推測されます。筆者は、こういう隠蔽体質が根強くあることに半分驚き嘆きますが、半分は「当然だな」と頷いてしまうのです。

なぜ、失敗や欠陥や犯罪を「隠蔽」するのでしょう？　それは「自分」を守ろうとするからです。正しかろうが正しくなかろうが、自己防衛をしたいために自分の失敗や自分のところの製品の欠陥や自分（たち）の汚職・犯罪を隠蔽し、ごまかし通そうとするわけです。その場合の「自分」には、自分の立場、自分の地位、自分の名誉、自分の体裁、自分の収入、自分の既得権益などの自分の「所有」や「属性」も含まれています。

それは、もちろん倫理としていけないことに決まっていますが、凡夫の性《さが》、凡夫の常、よくある話としてはよくわかります。「自分」と「自分のもの」を実体だと思い込み、それに執着するあまり、失わないために、あるいはもっと増やすために、隠れて悪いことでもやり、隠し続け、隠し通してごまかそうとしたくなるのは、「覆」という随煩悩です。

神話的仏教を信じていた時代の日本人は、「隠れて悪いことをしても、どこかで神仏やお天道さまやご先祖さまが見ておられる」、「正直に生きなければ、死んでからいいところへ行けない」と思っていたのです。そういう信仰を失った現代の日本人には、「ちょっとぐらい悪いことをしたって、バレなければ平気だ。陰でやればいい。隠しておけばいい」とどこかで思っている人が増えているようです。

でも、隠すと、良心が多少でもあれば、しくしくあるいはずきずきと痛みますし、ほとんどなくてもバレはしないかと不安ですし、バレっこないと思っていてもいつもバレないように余分に気を張っていなければならないし、心が煩わされ悩まされます。もちろん、隠蔽・ごまかしは人に迷惑をかけるという意味でも煩悩です。人に信頼され、愛され、自分で自分に誇りを持つことができ、胸を張って正々堂々と爽やかに生きたいのなら、ごまかし・隠蔽はなくしたほうがいいのは、あまりにも明らかです。

しかし、「自分」と「自分のもの」の実体視と執着があるかぎり、なかなかそういう体質、心の働きはなくなりません。この煩悩を癒す薬は、「信（まごころ・誠実さ）」と「マナ識の浄化」です。

悩――悩ませ・悩むこと

唯識の「悩《のう》」という言葉には、他者を悩ませるという意味と、自分が悩むという意味が重なっています。

「悩む」というほうから見ていくと、私たちが悩むのは内容が何であれ、すべて基本的には「自分の思いどおりにならない」から悩むのではないでしょうか。そしてその奥には「すべてのことが自分の思いどおりになってほしい。なるべきだ」という強い、エゴイズム的な無明の思い込みがあると思われます。

「悩ませる」についていえば、腹を立て恨むと、嫌な表情や態度、もっと激しい態度、嫌味や意地悪、きつい言葉などで、人を悩ませてやりたくなります。いたずら、いやがらせ、陰口、悪口、シカト……凡夫が編みだす人を悩ませる業には驚くべきものがあります。癡・愚かさとは、無知ではなくむしろ「悪知恵」の別名ではないかと思うことがあるくらいです。

その愚かさの根源にあるのは、自分が悩まされたのだから、相手を悩ませるのは当然の権利だという思い込みでしょう。その「自分が悩まされた」という感じ方には、極端な場合、「何となく虫が好かない＝私の感覚に合わないので、嫌な気分にさせられた」、だから「意地悪したくなるのは当然だ」ということまで含まれます。いじめが問題になるとき、「いじめは、いじめられる側にもそれなりの理由がある」といった言い方が出てくるのは、そういうわけではないでしょうか。

凡夫のなかにももちろん比較的ましな凡夫、善人というほかない凡夫――アドラー的にいえば健全なライフスタイルを形成した人――もいますが、かなりの数の凡夫が、どこか「自分の権利だ」と思って、一見平気で人を悩ませるようです。彼らの場合、人を悩ませはするけれども、自分は平気なんだから、「煩悩」という言葉は当たらないのではないか、という疑問が起こるかもしれません。

それに対して、唯識は、怒り、恨み、悩ませるに際しては、「熱悩《ねつのう》」とか「暴熱《ぼうねつ》」という言葉で表現される、自分にとってもきわめて不愉快な感情が伴うことを指摘しています。もちろん、悩ませる自分と悩まされる相手との分離という思い込み・妄想をもとにしているという意味でも煩悩です。

さらにそれに現代の深層心理的な洞察をつけ加えることができるでしょう。確かに、人を悩ませいじめて平然としていたり、むしろ喜んでいるように見えるサディズム的な性格というのはあります。しかし、それは意識上だけを見ればそう見えるのです。

考えてみて、他者から認められ愛されることのない人生は楽しいでしょうか？　性格によっては、認められず愛されなくても全然平気、むしろ楽しい人がいるのでしょうか？　そうではない、と筆者は捉えています。人間の本性上、認められ愛されることは普遍的で切実な欲求だと思われます。

ただ、ありのままで認められ愛されることを、心の奥・無意識で、切望していながら同時にそんなことは不可能なのだと絶望している人の場合、心の防衛メカニズムとして、「認められなくっても平気だ」、「愛なんて甘っちょろいものはいらない」、「強ければ人は嫌でもオレを認めるんだ」と言ったり行動したりしているだけなのです（精神分析で「否認」とか「反動形成」という防衛メカニズムです）。

ところで、自分を悩ませる人・意地悪をする人を好きな人はいるでしょうか？　いないでしょう。当たり前ですが、他者を悩ませる＝愛さない人は永遠に他者から愛され認められることはありえません。人を悩ませることは、法則的に人から認められず愛されないという結果をもたらし、したがって自分の無意識のしかし切実な願望が満たされることは決してない、絶望的だということです。

さて、絶望はもっとも深い悩みなのではないでしょうか？　まだ痛みなどの自覚症状が出ていない、しかし実は余命わずかという病気は、痛くなくてもまちがいなく病気です。それと同じく、自覚していない絶望もまた実存哲学者キェルケゴールの言葉を借りれば「死に到る病」です。精神的な死に到る病は、実は悩んでいる自覚がない（抑圧している）としても病です。人を悩ませることは、悩ませているだけで自分は悩んでいないつもりの本人にとっても、そういう深く複雑な意味でまちがいなく実は恐るべき心の病・煩悩なのだ、と考えられます。

そしてもはやいうまでもなく、「悩み」「悩ませる」ことは、共同体感覚が豊かになればほとんどなくなり、縁起・空・真実性に目覚めれば完全になくなるでしょう。

嫉──ねたみ

随煩悩というのは、病気に譬えるともっとも表面に現われてきた症状のようなものです。例えば、発熱、痛み、だるさ、腫れなど。症状の背後には病気があります。例えば、風邪、感染症とか、糖尿病、生活習慣病、ガンなど。これが、意識上の根本煩悩に当たると言ってもいいかもしれません。さらに、病気の背後には、ウィルスとか生活の乱れや体質などなどがあります。これが、マナ識の根本煩悩に当たるでしょう。

さて、「嫉妬」は（も）現代の重大テーマの一つです。近現代のいわゆる先進国の多くは、自由主義・資本主義の国です。それは、近代的理性（という分別知）に基づいた自由競争の社会です。そこでは、人は個人個人として分離しており、比較しあい競争しあう存在です。比較しあい競争しあっていると、当然、優劣が出てきます。競争することそのものが、比較して優劣を決めるということです。

人間の劣等感と優越感の間で苦しむ心の問題を鋭く分析したアドラー心理学は、まさにそういう「近代社会」になりつつあったオーストリアで必然的に生まれた心理学だということもできるでしょう。

そしてもちろん、そこではいつも優越していることがいいことだと考えられます（「大きいことはいいことだ」）。しかし、みんなが競争しているのですから、みんなが優越することは不可能です。優越しているといえるのは、感覚的にいえば、一つの集団のなかの一〇％くらいでしょう。例えば「できる子」というのは、四〇人クラスだったら、四、五番に入っている子です。一〇番以内なら「まあまあできる子」といった評価でしょう。

筆者は、そういう比較・相対評価がいいとは思いません。現代日本は、自由主義競争社会であり、社会のあらゆるところで徹底的に比較・相対評価がなされているという事実を述べているだけです。筆者は、一人ひとりの本質的な絶対評価をしたいと思っており、現代社会を容認しているのではなく、本質的な批判をしています。

それはともかく、分離意識↓比較・競争↓優劣↓少数の優越感を感じられる人と多くの劣等感を感じている人が発生する、という流れは必然的です。

さて、多少であれ劣等感を感じる人は優越していると見える人に対して、どういう感情を抱くでしょう？　そうです、それが「嫉妬」なのです。いつの時代にも比較競争はあり、優劣もあり、嫉妬もあったのですが、現代の日本はそれが極端になっていると思われます。分別知に基づいた近代社会は、必然的に嫉妬という随煩悩を肥大化させます。そして嫉妬は、いうまでもなくとても嫌な苦しい感情です。社会システムそのものが優劣―嫉妬を煽る本質を持っていますから、うっかりすると巻き込まれて誰かに嫉妬し、その結果、自分が悩むことになってしまいます。

そういう随煩悩から回復するための薬は、まずは「共同体感覚」であり、さらに他者と自己との根源的なつながりと一体性をまず頭で理解する「智慧」です。つながって一つならば、比較する必要はない、比較できないのです。だから、嫉妬する必要はない、嫉妬はありえないのです。例えば一つの体の場合、あまりかっこうのよくない足がきれいな目に嫉妬するなどということは起こりません。

もっと根本的に治療するためには、マナ識を浄化し、「平等性智《びょうどうしょうち》」という智慧に転換していく必要があるのですが、それはもう少し後で述べます。

精神分析的な発達心理学によれば、生まれたばかりの人間・赤ちゃんは、まったく自分と他者と世界とが融合しているような心理状態にいるとされます。自他未分化であるために、これまでしばしば「覚り」と混同されてきました。しかし、自我以前《プレパーソナル》と自我以後《トランス・パーソナル》は自我状態でないというところが似ているだけで、ほとんどまったくと言っていいほど発達段階の違うものです。赤ちゃんの心は、未分化な自己中心性の状態にあり、それを「ナルシシズム」といいます。やがて自分とお母さんが別の存在であること、自分と世界が別のものであることを次第に学習していき、長い成長期間を経て、ようやく「自我」を形成します。しかし心の奥・深層にナルシシズムの核は残り続けるといわれています。

自我は、自分と他者・世界が分離していることを自覚しつつ、自分のナルシシズム的な傾向のある欲求と他者・社会・世界の要求することの間にあって、調整・適応をしていく心の機能です。唯識が「マナ識」と呼ぶのは、心の奥で「ナルシシズム」という核を残しながら、実体視された「自我」が形成された状態だと考えていいでしょう。

「嫉妬」には、優劣に関する嫉妬だけではなく、もう一つ愛情に関する嫉妬があります。私たちにはマナ識があり、したがって「我愛」という根本煩悩を抱えているため、世界と他者が、自分のために自分を中心に存在していてほしい、しているべきだ、しているはずだというナルシシズム的な思い込みを、程度の差はあれ持っているようです。愛情でいえば、周りの（自分にとって重要な）人は私を愛するべきだ、誰よりも私をいちばん愛するべきだ、〔できれば〕私だけを愛するべきだ、という過剰な愛情への欲求・渇望を持ちがちです。

家族のなかで発生しがちなそういう問題を鋭く指摘したのがアドラーの「優越への努力」や「出生順位」についての分析であることは、もういうまでもないかもしれません。

しかし、親であれ、恋人であれ、伴侶であれ、友人であれ、私を中心に私のために生きているわけではなく、私だけを愛するというのは無理な注文です。もちろん関係の近い・遠いはあって当然ですから、私にとって重要な人ができるだけ私を愛してくれることを望むのは、不自然でも不当でもありません。〈自然な欲求〉です。ある程度までは、「権利」だと言ってもいいでしょう。しかし、「愛情を独占する権利」はない、と筆者は思います。愛情を独占したいというのは、程度はいろいろで、許容範囲というのがあると思いますが、いきすぎると〈神経症的な欲求〉になってしまいます。

嫉妬も、特に男女の関係では、程度が軽いものであれば、安定した誠実な関係を維持するために役立つことがあります。論理療法では、「健全な嫉妬」と「不健全な嫉妬」を区別しています（前掲拙著『唯識と論理療法』参照）。軽度の「健全な嫉妬」なら、愛情関係のスパイスになったり、関係持続のサプリメントくらいにはなるでしょう。

しかし、過剰な独占欲から生まれる「不健全な嫉妬」は、体験した人は誰でも身に沁みているように、まず自分をひどく苦しめます。さらに、少し冷静になってみればすぐわかるように、相手をひどく煩わせていることも確かです。そして、その結果、二人が幸せになるかというと、法則的に幸せにはならないようです。

過剰な独占欲は、マナ識の我愛から生まれる「貪り」つまり過剰な欲望なのです。そして過剰な欲望から生まれる随煩悩である「嫉妬」は、自分をも相手をも苦しめ煩わせるのですから、まぎれもなく「煩悩」です。

不健全な「嫉妬」の薬は、まず嫉妬は自分も相手も誰も幸福にはしない「煩悩」であることへのしっかりとした理解・気づきです。

慳——ものおしみ

次は、「慳《けん》」です。いちおうものおしみ・けちな心ということですが、これはより深くは「自分のものにこだわる心」と訳すことができます。私たちが、今自分に余っていても困っている人にあげようと思わないのは、まず人のことを自分とは分離した他人・別人と思っているからです。自分のものを自分の右手から左手に移すことなら、何のためらいもないでしょう。一体だと思っていないから、自分のものを人にあげたら自分のところから無くなると思って、けちな心が起こるのです。

それから、自分というものを実体である・あってほしいと思っているので、自分を守りたくなるのです。そして、実体としての物が実体としての自分を守ってくれると思うので、こだわり執着して、ものおしみをします。つまり、貪りという根本煩悩からものおしみという随煩悩が発生するのです。その奥には、自分を実体視し過剰に自己防衛的になる心である我癡や我愛が働いています。

しかし、過剰な自己防衛は必然的に不安を伴います。不安は、いうまでもなく自分を深いところで煩わせ悩ませる煩悩です。さらに、けちなことをしていると人から嫌われるという意味でも、ものおしみは煩悩をもたらすでしょう。ものおしみはすればするほど、自分を守ることができて安心になるのではなく、かえって不安が募り、人から嫌われるだけなのですが、私たちはなかなかそのことに気づけないようです。

安らかに、爽やかに生きたいのなら、物を自分だけで所有・保持することにこだわらず、宇宙のものを宇宙のそれぞれの部分（自他）のために、その時々にふさわしく、活かして用いる・活用するという心がまえでいたほうがいいようです。

「そんなことがこの私有制度を大前提にした資本主義社会の日本でできるのか？　そんなことをしたら損をするのではないか？」という反論的疑問がありそうです。

「私たちが、ほんとうの意味で賢ければ、不可能ではありません。そうしたほうが、深い意味で得な人生を送れると思います」というのが、それに対する筆者の答えですが、詳しいことは本書の範囲を超えますから、ここまでにしましょう。

誑――だますこと

人をだますことは倫理的に悪であり、詐欺になると犯罪であることは、誰でもわかっているはずです。しかし、わかっていればやらないかというとそうではありません。詐欺をやる人間は、それが犯罪だとわかっててやっているようです。

なぜ、犯罪だとわかっていてやるのでしょうか？　それは、詐欺をやってお金などを人からだましとったら自分が儲かる、得すると思うからです。そこには、人と自分が分離しており、他人が損をしても自分は損でないどころか得をするという考えがあります。

まずアドラー心理学的にいえば、あらゆる犯罪のもとには決定的な共同体感覚の欠如が見られます。さらに唯識的にいえば、分別知・無明があり、自分の利益のためなら何でもしがちな我愛の心があり、そして自分のものをできるだけたくさん欲しいという貪りの心があるからです。

特に現代人の多くは、死んだら終わり、地獄も極楽もないと思っていますから、誰も見てなければ、ばれなければ、やったもの勝ちだと思っているようです。お年寄りの保険金や年金を狙った詐欺、家族の気持ちを利用したオレオレ詐欺など、昔の日本ではあまり（まったくではないにしても）考えられないタイプの犯罪が増えているのは、神話的仏教が信じられなくなったことが大きく影響しています。うまくだましてバレなければ、今生での報いはないし、死んだらおしまいだからもちろん来生での報いもない、と思い込んでいるのです。

しかし、ほんとうにそうなのでしょうか？　そうではありません。どんなにうまくやって隠しても、自分の心にはバレています。誰が知らなくても自分は知っているし、誰が見ていなくても自分の心の眼は見ています。そして何よりも、やったことの残存影響力つまりカルマは、自分の心の底つまりアーラヤ識に必ず溜まっていきます。ヘドロのように汚く重苦しくドロドロと。溜まったカルマは、魂・アーラヤ識を腐らせます。たとえ今は痛みが自覚されなくても、魂が腐るというのは、まさに病であり、そういう意味で煩悩であり、まちがいなく重大・深刻な報いを受けているのです。

諂——へつらい

さて、次は「諂《てん》」、こびへつらう心です。これは、人類（の文明社会）が、硬直した階層・ヒエラルキーのある社会——私は「無明のピラミッド」と呼んでいます——を形成するようになって以来、おそらく一万年以上、集団の下に置かれた人間がずっと悩まされてきた煩悩です。自己防衛のためには、自分より強い人間にはこびへつらい、ゴマをすらないと生きていけません。「長いものには巻かれろ」とか「寄らば大樹の陰」ということわざもあります。「平等」が建前になった民主主義国日本でも、社会の現場では、へつらい、下手に出、愛想笑いをし、お世辞やお追従を言い、上の人がどんなにまちがっていると思ってもイエス・マンになったりしなければ、生き延びられない（地位や収入を維持できない）ことが、信じられないくらい日常的に頻繁です。「諂《てん》」は、こびへつらうために真実を曲げるという意味で、詳しくは「諂曲《てんごく》」

とも言われます。

難しい個々のケースについて、ここでお話しすることはできませんが、より一般的な原則だけは言えると思います。人間の社会全体が分別知・無明をベースにして営まれている凡夫の娑婆世界であるかぎり、そこで生き延びるにはやむをえない妥協、許容範囲の「自己防衛」はあっていいけれども、これ以上はまずいいきすぎた「自己保身」という段階になったらできるだけやめたほうがいい、ということです。

正当あるいは許容範囲の「自己防衛」と過剰で卑怯な「自己保身」は実際の場面ではかぎりなくグラデーションですから、境目の見極めはかなり難しいとは思いますが、原則だけでもしっかりつかんでいれば、決断のヒントになるのではないかと思います。

害——傷つけること

もう一つの随煩悩、「害《がい》」は、善の「不害」とちょうど逆の心の働きです。

人は人にさまざまなかたちで害を加えたいと思うことがあり、また実際害を加えます。いじめや暴力や殺人から戦争まで程度には大きな幅がありますが、人が人を否定する——しかも能動的・積極的に——心があるという点はまったく同質です。

では、なぜ人は人を否定するのでしょうか？　個々のケースには実にさまざまで複雑な事情がありますが、基本はまったく同じです。まずは、害を加えたいという気持ちは、共同体感覚の根本的な欠如から生まれ、さらに他の随煩悩、怒り、恨み、悩ませることともつながっています。そして、その背後には、意識上の根本煩悩のほとんどが関わっています。

まず、人と自分が分離しているという思い込み、一体性へのまったくの無知、愚かさ・「癡」がベースです。そして、自分の都合の悪いことがあればいつでも腹を立てる可能性としての「瞋」の心がありますから、ちょっとしたきっかけさえあれば、すぐに怒り、悩ませ、害を加えようという気持ちが起こります。自分の利益へ過剰に執着する「貪」の心がありますから、ちょっとでも自分の利益が害されたら、徹底的に害し返してやるという気持ちになりがちです。また他と自分を比較して自分のほうが上だと思いたい「慢」の心がありますから、プライドを傷つけられた、面子をつぶされた、バカにされたなどと腹を立て、傷つけられたのだから傷つけ返す権利があると思ったりするわけです。

しかし、このあたりまで、しかも個人の問題なら、唯識でなくてもアドラー心理学で共同体感覚を豊かに育むことによってそうとうに改善ないし緩和できるでしょう。また実際的な場面では、唯識を持ちださないで、アドラー心理学的に対処したほうが有効なケースも多い、と筆者は考えています。しかし、それだけでは対処しきれいないより困難で深い煩悩があると思われます。

まちがった思い込みの「悪見」のうち、特に特定のものの見方への執着である「見取見」と特定の戒律、禁止事項、モラルなどへのこだわりである「戒禁取見」があるので、自分の意見・思想や倫理感に合わない人には、「許せない」、「そういう考え方をするべきではない」、「そういう考えをする人間は存在しないでほしい」から始まって、「存在するべきではない」、「存在させないようにしたい」、「存在させないようにする」という完全否定・殺意にまで到ります。

その奥には、自分（たち）と他者がつながって一体の宇宙であることへの根源的無知・我癡、それどころか自分（たち）が実体であるという思い込み・我見、自分（たち）こそがすべての依りどころだという思い・我慢、自分（たち）がいちばん大切で可愛いという執着・我愛という、四つのマナ識の根本煩悩がまぎれもなく働いています。

マナ識を抱えた人間は、我愛の延長・拡大として自分（たち）に都合のいい人を愛することはできるのですが、都合の悪い人は、どうしても否定したくなります。そして、すべての人が自分（たち）の都合のいいようになるということはありえませんから、いつまでたっても害しあうこと・争いは絶えません。マナ識を抱えた人類が、歴史始まって以来、あるいは歴史以前から、こちらは自分たち、あちらは自分たちではないグループと分かれて、傷つけあい、戦争をしてきたのは、そういう意味では当然であり、止むをえないことであり、どうしようもないことのように思えます。

仏教、とりわけ唯識を学んで、私は幼い頃からの、「人間はなぜ戦争をするのか？　なぜやめられないのか？」という切実な疑問への実に明快な答えを得たと感じました。「人間はマナ識があるから戦争をする。マナ識があるかぎり戦争はやめられない」と。平和条約を結んでも、平和運動をしても、国際連盟を作っても、国際連合を作っても、マナ識があるかぎり、永続的な平和はやってこないでしょう、とても残念ですが。

しかし、マナ識が浄化できるのなら、永続的平和は可能です。少なくとも、そのための心理的条件は調います（ほかにもちろん政治的、経済的、文化・社会的などなどの条件も必要です）。そして、唯識は、「やりようによっては、マナ識は浄化できる」と言っているのですから、頭から信じる必要はありませんが、本気で平和を望むのなら、まずなぜそう言うのか、学んでみるだけの価値はあると思うのです。「日本は今のところそこそこ平和だから、そんな面倒臭いことなんか、いいや」とタカをくくったり、「世界全体の永続的平和なんて、不可能だ」とあきらめたりする前に、永続的な平和を可能にする心の条件について、できるだけたくさんの方に考えていただきたいと思います。

憍——おごり

自他が分離していると思うと自他の比較が起こります。比較した場合、もちろん自分のほうが上だと思いたいに決まっています。比較して上だと思いたいという基本的な気持ち（慢）があると、日々実際にもそういう感情が起こります。それが随煩悩の一つ、「憍《きょう》」、現代風に言えば「優越感」です。

優越感が硬直すると「傲慢」になります。客観的な根拠もないのに優越感に浸っているのは「自惚れ」といい、客観的根拠はあるけれども自分のことしか認めないのを「ナルシシズム」といいます。そうしたにせものの過剰な自信は、状況によって崩れがちであること、実は心の奥に不安を秘めていること、中長期には人に嫌われていくこと、したがって揺らいでしまうこと、揺らいでしまうような自信は「ほんとうの自信」とはいえないことなどについては、拙著『コスモス・セラピー――生きる自信の心理学』（サングラハ教育・心理研究所）で詳しく述べていますので、ご参照ください。

しかし、「いい気になる」という言葉が的確に表現しているとおり、おごり高ぶっている最中は本人の意識上には確かに快感があるのですから、人間は複雑で厄介です。煩悩が「煩悩」つまり煩わせ悩ませるものであることは、当面の当人の意識のことだけを見るとなかなか納得できません。周りの人との関係のなかでの、長い期間の、無意識の領域まで見たときの、ほんとうの心の安らかさや満足という物差しで計ったとき初めて、ごく当たり前に見え、「それでいいじゃないか」とか「しかたないじゃないか」と思えていた人間の感情が、実は煩悩であり、心の病であることがはっきりするのです。

煩悩がやがて「死に到る病」である深刻な慢性病にも譬えられるものでありながら、長い歴史のなかで、人類社会全体での治療の取り組みがなされてこなかったのには、そういう症状の自覚が出にくいという理由があったのだろう、と私は推測しています。しかし、もうそろそろ本格的に治療に取り組まないと、人類全体が末期症状を呈しつつありますから、手遅れになるのではないかと思います。手遅れになる前に、自覚して、みんなで治療に取り組んだほうがいいでしょう。

無慚・無愧――内的無反省・対他的無反省

無慚《むざん》と無愧《むき》は、善の心である慚と愧のちょうど逆の心です。復習しておくと、慚は自ら振り返って反省する心、愧は他に照らして反省する心でした。自我も含めすべては絶えずダイナミックに変化している存在ですが、マナ識は変わることのない実体としての自我があると思い込んでいます（我見）。そのために、心理学用語でいう「アイデンティティ」、アドラーのいう「ライフスタイル」はいったんでき上がってしまうときわめて変わりにくいのです。でき上がったライフスタイルのパターンつまりパーソナリティが自分そのものだと思い、それを依りどころにし、頼り、誇りにし（我慢）、それに執着してしまいます（我愛）。そういうマナ識にコントロールされた意識は、どうしても自分にこだわってしまう強い傾向を持っています。

こだわることには、「自分はこういう人間だ」、「自分はこれでいい」、「自分を変える必要はない」、「自分を変えたくない」と思うことが含まれています。つまり、人間は、事実としてよくてもよくなくても――「よい」には倫理的な善、社会的に適応している、幸福であるという三つの意味が含まれると思いますが――「自分はこれでいい」、「なぜ自分を変える必要があるんだ」と思いたくなる生き物だということです。そのため、自分で自分の姿を振り返って、「今の自分のあり方や行動はよくない」と反省するのが難しいのです。こちらから見ると、明らかに倫理的に悪い、あるいは社会的に不適応である、あるいは本人自身不幸なライフスタイルのパターンを持っている人がそれでも変わりたがらないというのは、不思議なようですが、よくある現象です。

それから、社会の常識やエチケットやモラルに照らして、「愧《は》じるべき言動をしたな」と反省するのは、自分を否定することのように思えて、いい気持ちではありませんから、認めたくなくなるのです。

しかし、事実は自我もまた無常であり、変化するもので、しかも、いい方向にも悪い方向にも変化する可能性があります。今までの自分の行動・カルマが今の自分を作っており、今からのカルマが次の自分を作っていきます。よいカルマは新しいよりよい自分を、悪いカルマは新しいより悪い自分を作るのです。

「自分」というものが変化するものであることを自覚し、その変化の善し悪しを決めるのは自分のカルマだと気づけば、反省しやすくなるでしょう。これまでのカルマの集積としての自分がいろいろな意味で悪い（倫理的に悪、社会的に不適応、不幸）と自覚しても、「自分はダメだ」と実体的に決めつける必要はないのです。自分も無常、ダメも無常ですから、変化しうるのです。これまでがダメだったと自覚したら、これからダメでないほうへと方向転換をし、変化すればいいし、できるのです。

反省は、いい方向へ転換・変化するためのスタートです。反省できないと、自分のためにも他者のためにもならない生き方を続けるほかありません。そういう意味で、無慚・無愧は、自分にとっても周りの人にとってもまちがいなく煩悩だと思います。

無慚・無愧という心の病の薬は、単純明快、慚・愧です。慚愧・反省という薬は、ときにはちょっと苦いこともありますが、確実にこれからの自分をよりよくできる、回復させてくれるのですから、飲んだほうが身のためです。

念のため、後ろ向きに「ああしなければよかったのに」とただ後悔することと、いったん後ろを振り返ってからもう一度前向きになって「あれはよくなかった。ああいうことはやめよう。これからはこうしよう」と反省するのは全然別のことです。反省は役に立つのでできるだけしましょう。後悔は役に立たないのでやめたほうがいい。「反省すれども、後悔せず」というのは、筆者のモットーの一つです。

掉挙・惛沈——のぼせ・おちこみ

掉挙《じょうこ》・のぼせと惛沈《こんじん》・落ち込みは対になった随煩悩です。

私たちは、自分に都合よくいっているときには、周りが不幸かどうか関係なく、のぼせてい い気になり、ルンルンしてしまいます。自分に都合が悪いことがあると、自分だけが世界でい ちばん不幸なような気がしてきて、落ち込んでしまいます。どちらにしても「自分」の都合が 原因です。

その場合、落ち込みが煩悩であることは、誰にでも納得できるでしょう。落ち込みが、「軽 うつ」、「うつ」という状態にまでなってしまえば、言うまでもなく「心の病」で、深刻な煩悩 です。

補足的にコメントすれば、うつは「心」の病だと言っても、脳生理の面も大きく、今では非 常にいい薬ができていますので、実際の治療としては、薬物療法と心理療法、とりわけ認知療 法や論理療法を併用するやり方がいいようです。もちろん、アドラー心理学の「勇気づけ」も 予防と初期の対処として有効です。

人によって程度の差や、どちらが多めかという違いはありますが、たいてい誰でも、日々、 のぼせと落ち込みの感情の間を行ったり来たり、動揺しているのではないでしょうか。感情の大きな浮き沈みが煩悩であるということも、納得できるでしょう。

のぼせっぱなし、いい気になりっぱなしということができるのなら、のぼせは、人迷惑ではあっても、自分には煩悩ではないように思えるかもしれませんが、そういう幸福な、おめでたい人はごく少ないのではないでしょうか（皆無ではないとしても）。

私たちが、自分（の都合）を中心にして生きているかぎり、人生には落ち込む種はいっぱいありますし（四苦八苦）、時々はいいことがあるにしても、のぼせと落ち込みの浮き沈みは避けられません。もちろん適度な上下なら人生の味わいですが、過剰な浮き沈みは煩悩です。

落ち込みや過剰な浮き沈みという感情に悩まされている人への唯識心理学的な薬は、知恵から生まれる「平静さ」です。この「平静さ」というのは、退屈で平坦な無感情・無感動のことではなく、人間性心理学のマズローのいう「高原体験（plateau experience）」やチクセントミハイのいう「フロー体験（flow experience）」と似た、適度でゆるやかな上下のリズムのある、ややハイ気味の、爽やかな状態が持続していることだと思います。

不信――まごころのなさ

随煩悩は、まだ六種類もあります。取りあえず「まごころのなさ」と訳した「不信《ふしん》」は、善の心である「信」のちょうど反対です。

これは、仏教という宗教団体に入信しないとか、ブッダや特定の宗祖などを崇拝しないとか、仏教の教義を信奉しないということではありません。そうではなく、マナ識にコントロールされているため、どうしても自分を中心にし、自分の都合や偏見でものを見、事実・真実を素直に認めようとせず、それに真剣に直面しないという意味で不真面目で、直面しないから当然誠実に実行することもないという心です。

もちろんその結果、「縁起」という事実を認めず、自分が自分だけで生きているような気になり、「縁起の教え」という意味での仏教を聞いても信じないということも起こるわけですが(その場合、大事なのは事実で、教えは事実を指し示しているかぎりにおいて信じられるべきです)。

事実に反する考え方や生き方をすると、当然、事実からしっぺ返しがあります。何よりも人生をまっすぐに気持ちよく生きていけませんから、不信はもちろん煩悩です。

懈怠——おこたり

さらに、自分だけが可愛いと、当然、なるべく自分に楽をさせたくなります。自分が楽をすることで人に苦労や迷惑をかけていても、「知っちゃあいない、関係ない」と思ってしまうのです。ほんとうは関係・つながりがあり、だから責任があるにもかかわらず、無知のため、勝手にサボるのです。それが怠惰の心、「懈怠《けだい》」です。

しかも、今の自分を実体視していて、自分も無常であり変化せざるをえないことが計算に入っていませんから、今の自分に楽をさせることで、未来の自分にツケがまわってくることも計算に入っていません。しかし、私もまた無常で変化するもので、いい言動・カルマはいい変化を、悪いカルマは悪い変化をもたらします。周りに迷惑をかけ、自分にもやがて悪い結果をもたらすのですから、懈怠は確実に煩悩です。

放逸――いいかげんさ

次の好き勝手にする心、「放逸《ほういつ》」も基本的には同じです。目先の自分の好き勝手にすることは、周りの人に迷惑をかけることが多く、やがて関わりのなかにある自分にも悪い結果をもたらします。好き勝手にしていると当座はいい気分かもしれませんが、やがて人から嫌われ、遠ざけられ、黙殺されるようになり、さらには排除され、ひどいと抹殺さえされかねません。だから、放逸は煩悩なのです。

これは、自分と人の好きをうまく調和させて、お互いの好きにすることがお互いのためになる生き方をするのとはまるで別です。自分だけの好き勝手ではなく、お互いの、みんなの好きと自分の好きをみごとに調和させて生きられるようになることを、人間性心理学で「自己実現」といいます。仏教の「自利利他円満」とほとんど同じことです。

失念――ものわすれ

「すべてはつながって一つ」ということは、学ぶと誰でもわかり、納得できる事実でしょう。しかし、学んだ人がほとんど誰でも体験するのは、そのときはわかったような気がしても、ふだんはすっかり忘れているということです。いつも気づいている、いつも意識にある人はめったにいません（いたら、その人こそ覚った人＝ブッダです）。

いちおう「物忘れ」と訳しましたが、「失念《しつねん》」は正確に言うと、縁起・空という事実が念頭からすっかり去っている心の状態のことです。念頭・意識に浮かぶのは妄想・雑念ばかりという状態は、まちがっているという意味でも、当然悩むことになるという意味でも、煩悩です。

具体的な実例として、ぜひご自分の日常を思い出してみてください。何か悩みにはまり込んでいるとします。そのときには、一〇〇パーセント法則的にといっていいくらい、縁起・空あるいは自分と宇宙が一体だということを忘れています。

自分が宇宙と一体であり、悩みの種・問題も宇宙のなかでの出来事だとしっかり意識にあると、悩んでもまいってしまうほど過剰に悩んだりしません。悩み、というより問題を大きなスケールの視野のなかに置き直して見ると、それほど大げさに捉えるほどのことではないと思えてきます。すると、冷静になれて、「どうしたらこの問題を解決できるだろう」と考えられるようになるはずです。「はず」がなかなかはずにならないので困りますが、はずにならないのは、肝腎なときに思い出せないからです。

いつでもとまでいかなくても、必要なとき・肝腎なときにはちゃんと思い出せるようになるには、しっかり記憶しておく、アーラヤ識に熏習《くんじゅう》しておく必要があります。

散乱——気がちっていること

「散乱」は、狭い意味では、坐禅中に気が散って集中できないことです。実際にしてみるとわかるように、私たちの心はあれこれいろいろなことへ関心を持っていて、なかなか集中できません。その「関心」は、基本的に自分にとって損得、好悪などどちらの関わりがあるかを気にする心です。自分を中心にして分別するマナ識に支配されていることは、この場合もはっきりしています。

さらに広い意味でいうと、どちらでもいいこと、どうでもいいこと、あまりよくないこと等々に、いろいろ関心・興味があって、人生の優先事項に集中できないことも含まれるでしょう。いわゆる「気が多い」のです。気が多い人は、無常ということ、人生の貸し与えられた時間は有限であるということの自覚が足りません。人生に、あれもこれも面白そうなことを全部つまみ食いしていられるほど時間がたっぷりあるかのような錯覚を抱いているのです。

青春には時間が無限にあるような錯覚がありがちで、それは青春の特権でもあるので、あまり目くじらを立てるつもりはありません。親鸞聖人のような宗教的天才なら、幼いときにすでに次のような歌を作って、思い立ったその夜にでも出家するのでしょう。「明日ありと思う心のあだ桜夜半に嵐の吹かぬものかは」。なかなかここまでの切実な無常観を持つことは、ふつうの人間には困難です。

しかしそれにしても、膨大な時間を浪費しそうような年齢になった後で、「ああしておけばよかった」と後悔しないためには、早めに散乱・気が多すぎるという煩悩を反省—克服しておく必要があることはまちがいありません。

なお、「気が多い」ことと「関心が広い」ことは一見似ていますが、実りがあるかどうかということで区別はできます。広い関心は持ったほうがいい。ムダなことに気を散らすのはやめたいものです。

不正知——正しいことを知らないこと

随煩悩のリストの最後にあげられているのは「不正知」です。善の心が「信・誠実さ」で始まって「不害・傷つけないこと」で終わることに意味が読み取れたように、随煩悩の心が

「忿・怒り」で始まって「不正知・正しいことを知らないこと」に終わることにもただ羅列しただけではない意味があるように思えます。

つまり、日常的な煩悩のいちばん決定的・最終的なものは、世界と自分のありのままの姿（如・縁起・空）を知らないことだというのです。

これまでも見てきたように、人間は自分を中心にものを見ますから、自分のものの見方を正しいと信じ込む強い傾向があります。そうしないと確信を持って迷うことなくしっかりと生きていくことができないからです。自分の考え方や生き方が正しいかどうか自信を持てなくて迷っているという状態は、とても苦しいものです。

人間が、自信を持って安心して生きるためには健全で安定したアイデンティティやそれを支えるコスモロジーを必要とするということ自体は善でも悪でもありません。しかし、マナ識に我癡・我見という根本煩悩があるために、意識の基本に癡と悪見という根本煩悩が発生し、意識の表面には不正知という随煩悩が現象するのです。

多かれ少なかれ、自分（たち）が自分だけで自分だけのために生きているかのように、いつまでも生きられるかのように、自分の大切な面は変わらないかのように思いがちな傾向のある人がほとんどでしょう。

しかし、もともと一体である宇宙が分化して統合されたままつながりあっていて、ダイナミックに変化・進化しながら、その時々に、それぞれの姿を現わしては消え、消えては現われているというのが、ありのままの世界の姿なのでした。しかし、そういう正しいことを知らず、正しくないことは山ほど知っている（分別知）というのがふつうの人間の基本的姿です。

それによって形成されるアイデンティティは自己中心的で硬直したものになりがちであり、そこにあるコスモロジーはばらばらコスモロジー的な傾向の強いものになります。そこからさまざまな正しくない行為・カルマも生まれてきます。

ですから、逆にいえば、縁起の理法、つながり・かさなりコスモロジーを学ぶことによって、たとえ意識の表面からであっても、不正知が癒され無癡へと変化していき、それがマナ識を一定程度浄化しながらアーラヤ識に蓄えられていき、それが十分に蓄えられていくとまたマナ識を浄化しながら意識に上がるという好循環が始まるのです。

そのためには気を散らさず集中すること、忘れないようによく記憶すること、好き勝手なことをしたりサボったりしていないで努力すること、過剰な自己防衛をせず素直な心になること、舞い上がったり落ち込んだりしていないで静かな心になることなどが必要です。

第四章　治療法としての唯識心理学のシステム

第一節　四つの智慧への転換

覚りへの好循環の構造

これまで長々と煩悩の話ばかりしてきました。これからいよいよ、「でも、治る」という話に移っていきますので、気持ちが明るくなることでしょう。

まず、スタートとして、煩悩の悪循環の構造を思い出し、ちょうどその逆に善や覚りの種子を好循環させれば覚りに近づけるというポイントを復習しておきましょう。

学んできたように、まずアーラヤ識は善悪どちらでもないのですが、そこに煩悩の種子が溜まっていて、それがマナ識を発生させます。マナ識は必ず四つの根本煩悩、我癡・我見・我慢・我愛を伴って発生します。そこから意識上の根本煩悩が発生し、さらに随煩悩が発生するのでした。

意識上の根本煩悩や随煩悩は種子として、マナ識をいっそう汚染しながらアーラヤ識に溜まっていきます。種子はやがて芽を吹いて、またマナ識を汚染しながら意識上に発生し、それがまた種子となって、マナ識―アーラヤ識へ悪循環を続けるのです。

しかし幸いなことに、意識はまさに意識的になれば善や覚りの行動・業・カルマを起こすことができるのでした。意識的に起こした善と覚りのカルマは、種子となってマナ識を浄化しながらアーラヤ識に溜まり、溜まった種子はマナ識を浄化しながら意識にのぼってきて善と覚りのカルマを起こし……と好循環します。

ですから、原理はきわめてシンプルで、心を煩悩から覚りへと変化させるには、煩悩の種子の悪循環を善と覚りの種子の好循環へと変換させればいいわけです。

といっても、最初は悪循環の力のほうが強くて、好循環はなかなかうまくいかず、しょっちゅう逆流するというかもとに戻ってしまうのですが、辛抱強く続けていると、力が拮抗してきて、やがて好循環のほうが強くなって、逆流することが少なくなり、最終的には一方的な好循環になっていく、といわれています。

つまり、長い長い間かかって慢性化した病気は短期間で一度には治らず、行きつ戻りつ、しばしばぶり返すけれども、辛抱強く治療を続けていると、徐々によくなっていくのに似ています。これは、「辛抱強い努力」が嫌いな人には、あまりいいニュースではないかもしれませんが、でも、これは「治る」というニュースなのですから、まちがいなくいいニュースだと思うのですが、どうでしょう？

転識得智——八識から四智へ

唯識は、私たち人間はふつうの人（凡夫）はみんな、心の表面から奥底まで、多かれ少なかれ煩悩で汚れていると指摘していました。いわれてみると、筆者の場合すべて当たっていて、自己弁護の余地がありません。

しかし幸い、唯識はさらに、私たちが煩悩だらけであることは、煩悩を蓄えているアーラヤ識を持っていることであり、アーラヤ識は善悪中性のいわば種子を蓄える蔵のようなもので、そこに善と覚りの種子を蓄え直すことができるということでもある、と人間の根本的な変容の可能性を語っています。

倉庫と在庫品の譬えを思い出してください。不良在庫ばかりの倉庫があるとして、悪いのは在庫であって倉庫ではありません。倉庫はそのままで、不良在庫を優良在庫に入れ替えることができます。在庫が違えば、同じ倉庫でありながら果たす機能はまったく違ってきます。まったく同じ倉庫が、不良在庫を出庫するか、優良在庫を出庫するかは、在庫次第です。

さて、では、倉庫の在庫総入れ替えができて、すべて優良在庫になったとしましょう。アーラヤ識に、善と覚りの種子ばかり溜まったらどうなるかということです。

アーラヤ識は、いわば宇宙からの大量注文にまったく何の手落ちもなく完璧に対応して、すばらしい在庫を出せるいわば宝庫に変わります。そういうふうに機能がまったく変わった状態を「大円鏡智《だいえんきょうち》」といいます。大きな宇宙の真理をありのままに映しだす澄みきった鏡のような智慧、というふうな意味です。

宇宙の真理の種子によって徹底的に浄化されると、マナ識はすべてのものの一体性・平等性に心の奥深く気づいているという「平等性智《びょうどうしょうち》」へと大転換を遂げます。

徹底的に浄化された大円鏡智と平等性智によって意識も徹底的に浄化されて変容し、世界が一体でありつながりあっていながらそれぞれの区別できる姿はある・それぞれの区別できる姿はあるけれどもどこまでもつながっていて、結局は一つであることにいつも目覚めているすばらしい観察の智慧、「妙観察智《みょうかんざつち》」に転換します。

浄化された無意識と意識によって機能する五感は、その時々にもっともふさわしいものを見、聞き、嗅ぎ、味わい、体感する智慧、作《な》されるべき所のことを成し遂げる智慧、「成所作智《じょうしょさち》」に転換します。

八識が大転換して四つの智慧、「四智《しち》」になるのです。そのことを「八識が転じて智慧が得られる」という意味で「転識得智《てんじきとくち》」といいます。

人間は確かに煩悩まみれであるが、しかしやりようによっては覚ることができる、というのが唯識—仏教のメッセージです。自分自身の現状を見ると、とてもそんなことは不可能に思えるかもしれません。しかし、もちろん突然ではないけれども、手順を踏んで段階を追っていけば、次第次第に覚り・四智の世界に近づけるのが人間の本性である、というのです。以下、四智のそれぞれについてもう少し見ていきましょう。

大円鏡智

禅の標語に「不立文字《ふりゅうもんじ》、以心伝心《いしんでんしん》」、覚りは文字・言葉にしない、できない、直接心から心に伝えられるものである、というのがあります。禅には独特のわかりにくいレトリック・表現方法があり、筆者も、かつて禅の修行を始めた頃、「覚りとは曰く言い難いもの」であると思っていました。

しかし唯識を学ぶと、覚りは確かに最終的には自分自身で体験するほかないものですが、ぎりぎりのところまでは言葉で表現・説明できることがわかりました。といっても、もちろん説明は説明であって、それそのものではありません。いくら説明がわかっても、体験することの代わりにはならないのです。

それは、「健康とはこういう状態です」という説明がいくらわかっても健康になれるわけではないのと同じです。しかし、説明がわかると何とか病気を治してそういう健康な状態になりたいという気持ちになります。覚りの説明も同じように、煩悩という心の病気を治して究極の健康な心になりたいという気持ちを起こしてもらうための手立て・方便なのです。あくまでも説明なのですが、説明していきましょう。

アーラヤ識には、すべてのものをばらばらに見てしまうという生まれつきの傾向があり、また生まれてから言葉によって教え込まれた分別知がしっかりと溜まっています。さらに、毎日の言葉を使って営まれる生活の体験が分別知として集積されていきます。それが、アーラヤ識─マナ識─意識─マナ識─アーラヤ識……と悪循環していきます。ですから、それだけだと、人間は一生分別知の悪循環から解放されることはないでしょう。

しかし、ほんとうはすべてのものがつながっており、結局は一つであり、比較するものもないほど徹底的に一つなので空・ゼロという表現さえできるという、真理の言葉を聞いて学ぶと、それもしっかりと溜まっていきます。さらにただ聞くだけではなく、自分自身で思い出し、よく考え、納得するという作業を繰り返していくと、そのカルマも種子となって溜まります。

それに加えて、言葉を超えて世界を体験する方法としての禅定を実践すると、その体験もまた覚りの種子としてアーラヤ識に溜まっていきます。「薫習《くんじゅう》」といいます。この薫習が、在庫総入れ替え的な段階にまで到達すると、鏡がものの姿をそのままに映しだすように、大宇宙の真理をそのままに映しだす完璧な鏡のような心・「大円鏡智《だいえんきょうち》」に変わります。宇宙と私の一体感が心の底まで徹底するのです。鈴木大拙は、それを「Cosmic Unconscious, 宇宙的無意識」と表現しています。この話を聞いたとき、筆者は曰く言い難い「覚り」以上に、そういう覚りを得たいという強い憧れを感じたものです。

平等性智

アーラヤ識に溜まっている煩悩を素材として構成された無意識の心理システム・マナ識は、素材がすべて善と覚りの種子に入れ替わってしまうと、当然ながらまったく別の心理システムに変容します。すべてのものと自分との一体性＝平等性にたえず目覚めているという、驚くべき無意識システム・「平等性智《びょうどうしょうち》」になるのです。

それまでさまざまなもの（者・物）と出会ったとき、「なぜか」「ふと」「どうしても」自我中心的に反応していた（マナ識反応！）のが、自然に、ありのままに、まったく無理なく、自利利他的に対応できるようになる、というのです。

心の底が変容すると心の奥にある実体的な自我への執着も解きほぐされ、解放され、やわらかでのびやかで自然な、自他の調和を図ることのできる心に変容するわけです。

それに関して、すでにお話ししたかもしれませんが、重要なので繰り返しておくと、自他の分離意識があるままで「自分を他者のために犠牲にする」というのと、自他の一体感があるために「自利と利他が調和するよう行動できる」というのは、似て非なるものだと思います。

「自己を犠牲にする」とか「自己を捨てる」というのは、その前提に「自己」が自分の——たとえ理想のためであったとしても——好き勝手にしていい所有物であるかのような錯覚があるのではないでしょうか。

犠牲にしたり捨てたりする以前に、自己は自己によって成り立っているものでもなければ、自己の所有物でもない、という事実があります。あえていえば、自己はその一部であるという意味で宇宙の所有物だといってもいいでしょう。

ですから、平等性智が開けて宇宙の働きに沿って生きるようになったとき、場合によって「他者のために犠牲になっている」と見える行為をすることもあるでしょう。しかし、ある場合は「自由自在、自分の好きなように生きている」と見えるような振る舞いをすることもあります。それは、そのときそのときの宇宙の働きの方向に自然に従っているだけのことなのです。そういう心の奥深いところから湧いてくる自然な振る舞いや感情の源泉が「平等性智」と呼ばれているのだ、と言い換えてもいいと思います。

もちろんそれは、もっとも典型的なケースでは、他者の苦しみを自然に自分の苦しみと感じるために誰に頼まれたわけでもなく自分がやりたいから他者のために働く「慈悲」となって現われます。

しかし平等性智の開けた人にとって、苦しみや不幸も喜びや幸福もすべて宇宙のことですから、絶対的な対立と捉えてどちらかでなければならないとは考えないのです。すべては「あるがまま」でいいと感じています。しかし、無常なる宇宙では固定して変わらないという意味での「あるがまま」はありませんから、「なるがまま」と言い換えてもいいでしょう。宇宙の

「なるがまま」が心の奥の「なしたい」という無意識の願望と一致しているのです。そこで、宇宙のなそうとしていることが自分のしたいこと、自分のしたいことが宇宙のなそうとしていること、というふうに自然に自由自在に生きるわけです。

ですからときには、苦しんでいる衆生を町や村に置き去りにして、一人清々しい野や山に隠れて「智慧」つまり宇宙との一体感の楽しみにふけることもあります。あるいは、高い山から清らかな水が流れ下って、低地の村々を潤すように、智慧の楽しみを人々に伝えようとすることもあります。

しかしいずれにせよ、悪い意味での倫理的に硬直して（戒禁取見）、「慈悲を行なわなければならない」とか「瞑想して智慧を得なければならない」とか「得た智慧を衆生に伝えなければならない」というふうにはならないのです。

妙観察智

心が奥底――奥・マナ識と底・アーラヤ識――まで変容してしまえば、当然、表面の意識も徹底的に変容します。自分を含めた宇宙全体が一体であるけれどもそのなかのものそれぞれにはくっきりと区分があること、区分はあるけれども果てしなくつながっていて結局は一体であるというすばらしい事実に、いつも自然に目覚めている、いつも洞察ができているという心の状態です。すばらしい事実を洞察・観察する智慧という意味で「妙観察智《みょうかんざつち》」と呼ばれています。

これは、私たちのような頭・意識で学んでわかってそう思う、あるいは思うように努めているという状態とは質的にまったく違います。譬えで言えば、徹底的にガット（胆）に収まっているのでたえずハート（心）に実感がありくっきり明晰にヘッド（頭）も含めた全身心で目覚めているといった感じでしょうか。

自分と人、自分と物、自分と宇宙が一体でありながら区別できるそれぞれのかたちを持って存在していることに気づいているのを「真実性から依他性、一つからつながりへ」というのでした。「分別性から依他性、ばらばらからつながりへ」という方向でものを見ると、考えること、感じること、することすべて煩悩になっていくのでした。

もっともよくわかる人間関係のことを考えてみましょう。

個々人がばらばらに分離して存在していて、それからつながり・関係を作っていくのだと思っていると、まず自分にとっていいつながりがあると、それに過剰に愛着・執着して「愛別離苦」に苦しむことになります。

また、自分にとっていいつながりがないと孤独に悩まされます。それから、悪い関係にもこだわりを感じて「怨憎会苦」に苦しみ、怒ったり、恨んだり、嫉《ねた》んだり、傷つけたり傷つけられたり……します。愛別離苦や怨憎会苦で心が乱れるのが嫌で、人に関わるまいと引きこもると、これまた「孤独地獄」に苦しむことになります。

しかし、もともとすべてはつながって一つということに深く気づいていると、孤独に悩まされようはないのです。そもそも純粋な孤独などというものは、この一つの宇宙にはありえないからです。たとえ現象的には人から離れて一人でいても、本質的にはすべての人やものといつもつながっているというのが深い事実なのです。

かたちのうえでは別離があるとしても、深い底のところ、全体としては宇宙が分離してしまうことはありえません。すべてのものが同じ宇宙の部分としていつも一緒にいるのです。心の底からそう思えれば、人を深く愛しても別れを怖れたり、過剰に悲しんだりすることはありません（適度に悲しむことはもちろんあります）。

同じ宇宙の一部でありながら、それぞれのかたちに分かれているからこそ出会えるということを、許された無常の時間の範囲で爽やかに喜び楽しむだけです。

人と対立し、不利益をこうむっても、過剰に憎んだり、傷つけよう、殺そうと思ったりすることもありません（妥当な正義感はしっかりとあります）。

もともと一つでありダイナミックに変化していく宇宙のなかでは、あわてて殺さなくても、かたちのうえではすべての人が必ず死んでいくことを知っていますから、過剰に恨むことはありません。もちろん、せっかくそれぞれ宇宙の一部でありながら愚かさのために無駄な対立をしていることを非常に残念に思う気持ちはあるのです。

妙観察智の具体的な現われはきわめて多様でとても書きつくすことはできませんし、筆者もすべてを自分のこととして知っているわけではありません。ここではただ、この世のあらゆることについて、それまでとはまったく違ったすばらしいものの見方ができるようになるらしいということだけ学んでおけば十分でしょう。

成所作智

無意識と意識が変容すると、それに対応して五感まで変容する、といわれています。

実体としての自分にこだわっている間は、見るもの聞くものすべてを自分の好みや都合によって判断します。そして、自分の好きなものだけを見たり聞いたりしようとします。自分の嫌いなものは見たり聞いたりしたくないので、意識的、無意識的に避けようとします。しかしまた、嫌いでも自分の都合に関係していることは嫌がりながらも気になってしまいます。自分を脅かす危険のあるものに対しては不安にとらわれてしまいます。さらに、自分に関係がないと思っている（実は関心がないだけなのですが）ものに対しては、まったく冷淡、無視、知らん振りです。宇宙のありのままを感じるというのとはまるで違います。

そういう、宇宙にあるものを自分の都合で分別―選別して感じているのは、ふつうの人のふつうの感性のあり方です。どこがいけないというのでしょうか？

繰り返してきたとおり、宇宙とそのなかのすべてのものは一体です。しかしもし、真っ白なのっぺらぼうのような、あるいは真っ暗な深淵のような、またはどろどろの混沌のような一体だったら、すべてのものの区別はなく、したがって関係というものもなかったでしょう。例えば私一人だけだったら、独り言・モノローグしかできません。あなたと私が「区別」という意味で別人であるからこそ、関わり・つながることができ、対話・ダイアローグ・コミュニケーションができるのです。

宇宙もただ一つであるままだったら、そこにはどんな関係もコミュニケーションもなかったでしょう。それは、想像しただけでも退屈そのものの世界です。

しかしとても楽しく幸いなことに、宇宙は区別とつながりとコミュニケーションに満ちたところです。宇宙全体とそのなかに生きている私たちの関係で考えると、宇宙はいつも私たちに実にさまざまな豊かなメッセージを送っているということができます。宇宙の一部としての五感は、本来はそうした宇宙のメッセージの受容器官なのではないでしょうか。

ところが、私たちは自分の関心によって宇宙のメッセージをきわめて限定して選択的にしか受け容れていないのです。しかもしばしば歪めて受容してしまいます。

これはまず、宇宙のありのままを感受していないという意味でまちがいです。さらに、それは宇宙の豊かなメッセージを聴いていないという意味で、とても貧しい、つまらないことです。つまり、そこがいけないのです。

ところが、私たちの感性は宇宙の豊かで美しいメッセージを聴くことのできる感性に変容しうる、見ること、聞くこと、嗅ぐこと、味わうこと、体感することのすべてにおいて、もっとも自然な作されるべきことを成し遂げることのできる智慧に変わるというのです。「作されるべき所のことを成す智慧」という意味で「成所作智《じょうしょさち》」と呼ばれています。

「感性が開く」とか「豊かな感受性」という言葉がありますが、成所作智は世界で最高に開いた感性、もっとも豊かな感性のあり方だ、といってもいいと思います。もちろん五感が感じるべきもっとも自然なことを感じるようになれば、五体も作すべきことを自然に成し遂げるようになります。そういう豊かに開いて生き生きとした五感・五体で感じ、生きる世界は、どんなに美しく感動的でしょうか。これは片鱗を体験しただけでもすばらしい！　完璧になったら、この上ない生きる喜びを感じることができる、人生の質《クオリティ・オブ・ライフ》のきわめて高い人生を送れるに違いありません。

大円鏡智と平等性智が「Cosmic Uncoscious, 宇宙的無意識」に当たるとすれば、妙観察智と成所作智はまさに「Cosmic Conscious, 宇宙意識」だといっていいでしょう。

四智と共同体感覚

右に述べてきたような「四智」および転換以前の「八識」に関する洞察は、もちろんアドラー心理学では十分に展開されていません。しかし、前半で引用したアドラーの言葉に「連帯感や共同体感覚は……機会に恵まれれば家族のメンバーだけではなく、一族や民族や全人類にまで広がることもある。それはさらにそういう限界を超え、動植物や他の無生物にまで、ついにはまさに遠く宇宙にまで広がることさえある」（傍点筆者）とあったように、後期のアドラーは「共同体感覚」をほとんど「宇宙意識」に近いニュアンスで使うこともありました。

したがって、後期のアドラーが見つつあったものをさらに拡大・深化させれば、そのまま唯識の四智の洞察につながる、と解釈することは十分に可能なのではないでしょうか。そして、そういう解釈が可能だとすれば、アドラーと仏教・唯識の統合はきわめて自然、というより必然的なものに見えてくるでしょう。

第二節　心の発達段階論

五位説

人間の病んだ心の仕組み、心の病の原因といろいろな症状、つまり八識と煩悩の話の後で、究極の健康状態になった心、つまり四智の話をすると、よく「四智なんて、自分の現状とはあまりにも差がありすぎて、確かにすばらしいけど、現実性のないただの理想論のように感じる」という感想が出てきます。

筆者はそれに対して、「寝たきりの病人に、回復のプロセスのていねいな説明抜きで突然、あなたはオリンピックに出て金メダルが取れるようになります、と言っても信じられないようなものですね」と答えます。

まず、床の上に起き上がれるようになり、ベッドの手すりにすがって立てるようになり、歩行器を頼りに廊下をそろそろ歩けるようになり、松葉杖をついて歩く練習をし、かなり痛い思いもしながらしっかりリハビリをして、病院の庭くらいなら散歩できるようになり、退院してふつうの生活に戻れるようになり……というステップを踏んで健康を回復してから、ようやく軽いトレーニングができるようになります。

ステップは人によってさまざまですが、それなりに時間がかかります。「寝たきりから三日目で奇跡的な金メダル」ということは起こらないでしょう。しかし、半年、一年、二年とかけて、奇跡的に復帰する選手もいます。それから、金メダルには到達できなくても、ふつう程度に健康な生活ができるようになる人はたくさんいます。

唯識では、八識の凡夫から四智の仏・覚った人への成長・変容は非常に長い時間をかけてステップを踏んでいく必要がある（漸悟《ぜんご》）と考えられています。何年かがんばって修行して、あるとき一瞬はっと覚ったらそれで終わり・完成（頓悟《とんご》）ではないのです。

まず、いわば、自覚症状があって自分が病気であることに気づいて医者にかかり、診断を受け、病気とその治療法の説明を受ける段階があります。続いて、説明がしっかり納得できたので、実際の治療・リハビリを実行し始めるという段階があります。この二つのステップだけでも、そうとうに長い時間がかかるというのです。

なるべく手間と時間と費用をかけないでインスタントに治りたいと思うのは人情つまり凡夫の気持ちですが、唯識ドクターは「かけるものはかけないと治りませんよ」と一見クールに聞こえる、しかしほんとうにはいちばん親切なインフォームド・コンセントの手続きを踏んでくれます。

それから、ようやくベッドを離れて少しふらふらしながらでも歩けるようになるという感じの健康回復の本格的第一歩のステップに達します。

しかし、それからのリハビリが非常に長いというのです。というか、リハビリからふつうの生活、それから軽いトレーニング、そして金メダルへの挑戦のためのハード・トレーニングと、回復のプロセスは切れ目なく続いていきます。

そして、そういう四つのステップを全部踏みきれたら、いわば金メダル的な完璧な健康、というか超健康のステップにもいけるかもしれない、というわけです。

その五つのステップを「五位《ごい》」といいます。

さて、この譬えで考えてみて、みなさんは、「どうせ金メダルまではいけそうもない」と思った場合、「それなら、ずっと寝たきりでいい」とか思ったりされるでしょうか？　筆者は、たとえ金メダルは無理でも、がんばってリハビリして少なくとも健康なふつうの生活ができるレベルくらいまでは回復したいですし、できればジョギングか地域の運動会で走れるくらいにはなりたいと思います。それは、単なる理想論ではなく、現実性のある到達目標なのではないでしょうか。そして、そういう可能な到達目標の向こうに、かなわないかもしれない美しい夢として金メダルのレベルもあっていい、ということなのではないかと考えています。

唯識では、覚りたいと思ったところから究極の覚りを得たところまで、大まかにいうと五段階あるとし、段階のことを「位《い》」といいます。

この五段階の歩みは、アドラー心理学のテーマが終わったところから始まる仏教・唯識のテーマの歩みだといっていいでしょう。

続いて、五位の一つ一つの段階について説明をしていくことにしましょう。

資糧位

第一段階は、「資糧位《しりょうい》」です。これは、修行を凡夫の迷いの国から仏の覚りの国への旅に譬えると、旅のための資金や食糧を準備する段階です。

凡夫の国から仏の国への旅は、長い長い旅ですから、行き当たりばったりで、準備もなくガイドもなしに出かけたのでは、途中で迷ってしまい、下手をすると遭難してしまうかもしれません。しっかりとしたガイドブックを入手してよく読み、目的地のすばらしさにわくわくすると同時に、目的地までの道筋や交通手段、途中で起こりうるトラブルや危険についても、予めしっかり頭に入れておく必要があります。

具体的にいうと、まず、お経や唯識の理論書などガイドブックに当たる仏教の文献を学んで、よく理解することです。それから、もちろん教えについて理論的に学ぶだけでなく、修行の方法についても学んでおく必要があります。

さらに重要なのは、経験豊かなリーダー・旅行ガイドに当たる、よい師を見つけることです。現地に行ったことがなく自分もガイドブックを読んだだけというガイドは、当てになりませんから、気をつけたほうがいいでしょう。一緒に迷い、ひどいと無理心中・共倒れということなりかねません。それから、修行の旅は、楽しいだけではなくそうとう厳しい場面もありますから、励ましあう仲間はぜひ欲しいものです。

そういう善い先生、善い仲間のことを、仏教では「善知識《ぜんちしき》」といいます。善知識に出会うことができたら、修行の旅、そして人生という旅そのものが、たとえ厳しくても方向はしっかりわかっていて、努力は必ず報われる、みんなでがんばれる、やりがいのある旅になるでしょう。

加行位

さてしかし、いくら準備をしっかりしても、歩きださないかぎり、それは旅にはなりません。「旅行」というくらいで、歩行・実行しなければ旅にはならず、目的地には近づきません。覚りへの旅の歩行のことを「修行」というわけです。

修行を実行する段階を「加行位《けぎょうい》」といいます。行を加える、行に参加する、実践にコミットする、という意味です。具体的には、この後で述べる六つの修行方法・「六波羅蜜《ろくはらみつ》」を実践することです。

「仏教を学ぶ」ことのほんとうの意味は、行を実践する、六波羅蜜を実修することで、仏教の本を読むのは、あくまでも準備にすぎません。勉強・研究をすること自体とても大切なことですが、それは資糧位にいることであって、加行位には踏みだしていない段階なのです。仏教を自分のものにしたいのなら、加行位に入る、修行の実践にコミットすることが必須です。

人から「あそこはすばらしいよ。ぜひ行ってみるといいよ」と言われて、旅に出たくなることがあります。でも、いろいろあって結局は行かずじまいということもよくあります。しかし、「やっぱり行こう！」と決心して準備を始め、そして実際に出かけると、一定の時間は当然かかりますが、やがて目的地の入口に到達します。

通達位、修習位

この話をするといつも思い出すのは、中国のかなり奥のほうにある五台山という仏教の聖地に行ったときのことです。

夕方家を出て成田まで行き、かなり待ってから、夜間飛行で上海に向かいました。うつらうつらと寝たり起きたりして、「何だかやっぱり遠いなあ」と思いながら夜を過ごし、やがて空が明るんできて、早朝の上海空港に着陸したときは、「そうか、大陸に来たんだ」と思いました。しかし、それからが長かった。ほんとうに長かった。

中国大陸はほんとうに広いですね。ある意味、うんざりするくらいの広さでした。途中、他の仏教遺跡をいろいろ見たせいもあるのですが、最終目的地まではほんとうに遠かった。でも、旅は——目的地で用事だけ済んだらトンボ還りというビジネスの旅は別にして——途中も楽しい、どころか場合によっては途中こそ楽しいものです。

もっとも記憶に残っているのが、大同からマイクロバスで五台山まで走った最終コースです。これまた恐ろしく長い道でした。大同市内を出ると、そこは高速道路という名前の舗装もしっかりしていないガタガタ道で、バスは埃を巻き上げながらひた走りました。

うれしかったのは、道路の両側が美しいポプラ並木だったことです。ポプラは私のもっとも好きな樹木の一つで、その並木の新緑の葉が日の光に映え風に揺すられてキラキラ輝いているのを見ると、もううっとりとしてしまいます。

ところが、もう旅に出てかなりになっていて、疲れもそうとう溜まってきていましたので、眠いのです。「この美しい景色を見逃してなるものか」と思うのですが、もうたまらず目がふさがってきます。少し居眠りして、ふと気づいて、「もったいない。がんばらなくっちゃ」と目を引っ張るのですが、睡魔には勝てません。しかし悔しいので、また目を覚まそうとします。……ということを何度か繰り返しているうちに気づいたのは、このポプラ並木は果てしなく続いていて、一時間や二時間では終わりそうもないらしいということです。そこで安心して一眠りして起きてみると、案の定、まだ並木は続いていました。

朝から午後のかなり遅い時間、夕方近くまでそうとうなスピードで走っていたと記憶していますから、少なめに見ても時速八十キロ×六時間以上、五百キロは続く並木道でした。出たときはたっぷりと繁った青葉、遥か向こうにようやく五台山が見えてきたときは、ようやく芽生えてきた新緑の葉、「気候もこんなに違うんだ」と思いました。

ともかく、こんなに美しいポプラ並木を朝から夕方まで見ているという体験は、生まれてこの方初めて一度きりで、一種の「至高体験」でした。

そして夕方、かなり肌寒い五台山の麓の宿に着いたときには、「そうかここが五台山なんだ」という感慨がひとしおでした。でも、五台山に登るのは翌日です。

……個人的な思い出話をしているようですが、これは譬えです。我が家から成田、そして上海、それから途中いろいろあって、大同から五台山の麓までは、覚りの旅でいうと、「加行位《けぎょうい》」から「通達位《つうだつい》」、そして「修習位《しゅじゅうい》」に当たります。

長いフライトの後で上海空港に着いたことは、まちがいなく中国に来たということで、目的地の入口、通達位に当たります。入口ですが、中国にはまちがいありません。

しかし、それから目的地までの旅がこれまた長いのです。これが修習位に当たり、長いということだけ考えるとうんざりしそうですが、ところが途中も美しい、楽しいものです。途中だけだったとしても、「やっぱり旅に来てよかった」という感じです。

そして目的地の麓に来るとほっとするというか何というか、「来たぞ！」という感じです。でも、また翌日、これまでよりも険しいデコボコ道、運転を誤ると谷底に落ちそうな道を猛スピードで走らないと、山中にある仏教寺院には着かないのです。ひやひやしながら、お尻が痛くなりながら、ようやく着いたお寺は、とても風格のあるお寺で、金色に輝く立派な仏さまがおられました。

究竟位

長い修行の旅を経てようやく到達する仏の境地、究極の段階を「究竟位《くきょうい》」といいます。つまり、八識が完全に四智へと変容した、すばらしい境地です。内容については、転識得智のところで述べましたから、省略しましょう。

ともかく、このように、覚りたいと思ってから究極の覚りに到るまで、「資糧位」、「加行位」、「通達位」、「修習位」とステップを踏んで、最終段階「究竟位」に到るというのが、唯識の「五位説」の大まかな話です。

第三節　心の治療方法

六波羅蜜

これまで、迷いと覚りについて非常にシステマティックに学んできました。ここまで学ぶと、「では、どうすればいいのか」という問いが心に浮かんでくるのではないでしょうか。そこがいちばん聞きたいところだったかもしれません。

丁寧すぎるくらいの情報提供・インフォメーションの後でようやく、唯識ドクターは、「……というわけで、あなたの心は病んでいますが、次のような処置をすれば治ります。やってみますか」と治療方法の説明と同意・コンセントのプロセスに入ります。「治療法は六つの方法がセットになっています。一つだけでも効果はありますが、全部をやることでそれぞれが相互に促進しあって、効果が顕著に高まります。試してごらんになりますか」と。

まず、それぞれの名前をあげてごくおおまかに説明しておきましょう。①「布施《ふせ》」とは、施すこと、いろいろないいものをあげることです。②「持戒《じかい》」とは、戒律を維持する、きまりを守るということです。③「忍辱《にんにく》」とは、辱めを忍ぶ、自分を害するものに対して仕返しをせず忍耐することです。④「精進《しょうじん》」とは、精一杯一所懸命に修行を進めることです。⑤「禅定《ぜんじょう》」とは、心を静め、深め、集中して、つながって一つである空の世界を実感するための瞑想です。⑥「智慧《ちえ》」とは、これまで学んできたような言葉による智慧から始まり、言葉を超えた空の智慧、四智まで、いろいろな深さの智慧全体を示しています。

この六つの方法を、心を込め時間をかけてしっかりと実行すれば、心は徐々に癒され健康になり、最終的には超健康といってもいいレベルに成長していくのです。

なお、この六波羅蜜はもちろん仏教的な覚りのため、唯識でいえば八識を四智に転換するための方法論ですが、そこまで到達できないとしても、これまで述べてきたような理由で、ほぼそのまま共同体感覚を深く育むための方法としても有効だ、と筆者は考えています。

最初、おおまかな説明を聞いただけでは、「何だか堅苦しくて面倒そうだ。もう少し楽して楽な方法はないのか」と思うかもしれません。そういう方は、「面倒だけど治る方法と、楽だけど治らない方法と、どちらがいいだろう？　どちらが自分の利益になるだろう？」と自問してみてください。

前にお話しした譬えでいうと、寝たきりから起き上がって、歩けるようにリハビリをする場合、かなり根気が必要だったり、場合によってはそうとう痛かったりするようです。でも、歩きたかったら、がんばるしかありませんね？　ベッドで寝転んでいるほうが当面楽かもしれませんが、それでは歩けるようになりません。

歩けるようになったときの未来の喜びと、寝たままでいる今の楽さと、どちらを選択されますか？　もちろん最終的にはそれぞれの自由ですが、長い目で見たら明らかに、がんばったほうが自分の利益になると思います。……といっても、もう少し詳しく説明しなければ、何をどうすればいいのかわかりません。続けたいと思います。

布施

宇宙のなかのすべてのものはつながっており一つですが、それぞれの区別できるかたちははっきりあります。人間同士に関してもそうで、すべての人間はいちばん深いところでは一体とはいっても、それぞれは区別できる個々人という意味で別人です。

区別できるという意味での個々人がいることは、ありのままの世界の姿（如・実相）で、それ自体は妄想でもなければ悪いことでもありません。それどころか、それぞれ別の人間であるからこそ、すばらしい出会いもできるわけです。宇宙全体が、ずるずるべったり、混沌状態の一体だったら、いわばどろどろとうごめいているだけで、感動的な、古くてすてきな言葉でいうと「邂逅《かいこう》」、この人に遇えてよかった、生まれてきてよかったという出会いの体験はできません。

　ところがまずいことに、人間は分別知によって他の人を見ます。そうすると、自分とはまったく分離した別人、自分には関係のない「他人」と感じられたりします。もちろん自分にとって直接的な関わりがあると思う人は「関係者」と感じられるのですが。

　しかし、私たちが仏教を通して世界のほんとうの姿を学ぶと、すべては縁起・つながり、そして究極は空・一如の世界だということが、頭では納得できます。

　確かに頭で納得はできても、なかなか実感は湧きません。どうしても「私は私、人は人」、「私のものは私のもの、人のものは人のもの」と分離的に感じられてしまい、「私と人はつながっている」、「宇宙という意味では私と人は一体だ」という気がしません。それは、平均的な・ふつうの・平凡な人には当然なことです。

　そこで、岐《わか》れ路は、「みんなそうじゃないか。どこが悪いんだ」と居直るか、「実感はないが、考えてみると確かにそうだ。どうしたら、ほんとうのことが実感できるようになるんだろう」と考えて、方法を教えてもらって実行するかというところです。

他の人と私が一体であることを、頭でわかるだけでなく、ハートで感じ、胆に納めていくためのトレーニング、リハビリの最初のメニューが「布施」です。これは分別知的な常識からいうと、「私」の「もの」を「人」に「あげる」という意味です。

しかし無分別智・一体性の智慧からいうと、「私」も「人」も「もの」も同じ一つの宇宙の現われです。もの（者・物）は、究極のレベルでいえば、すべて宇宙のものであって、誰か特定の個人のものではありません。「私の物を人にあげる」といっても、あげる者ももらう者も物もみんなほんとうは空・宇宙です。「私が物を人にあげる」のは、宇宙が宇宙を宇宙にあげる、というか、宇宙のある部分が宇宙のある部分を宇宙のある部分に移すだけのことです。

これを、私と人と物という三つの要素がみな空であることに基づいた布施という意味で「三《さん》輪空寂《りんくうじゃく》の施」と呼んでいます。

高いところにある水が低いところに流れていって、同じ高さになるのは、水の自然です。それと同じように、宇宙のこちらに余っていて、そちらに足りなかったら、そちらのほうに物が移っていくのが、宇宙全体の自然でもあるというのです。

ところが私たちは、そんなことを言われても、実感もなければ、実行もできません。前の譬えでいうと、ベッドで寝たきりのようなものです。しかし、「金メダルを目指したい」、「近くのお店に買い物にいけるくらいには元気になりたい」と思うのなら、最初はベッドに起き上がる程度からでも、とにかく練習を始める必要があります。

仏教を学び始めたらすぐ、大変な献身、自己犠牲、布施をしなければならない、できるはずだ、というのではありません。それは寝たきりの人を突然炎天下のマラソンに出場させるようなもので、そんな無理をさせると病人は倒れてしまう、どころか死んでしまうかもしれません。無理なリハビリはリハビリにならないどころか、状態を悪化させますから、それは「治療」とは呼びません。リハビリは、回復の程度にあったメニューでなければなりません。回復の程度にあったメニューを、ちゃんと実行することが必要です。もちろん、治りたいのなら、リハビリをサボってはいけないのです。

三種類の布施

「あげる」というと、私たちはすぐに物のことを考えます。さらに現代のような貨幣経済の社会だと、物を買うことのできる「お金」を連想します。実際、日本の仏教で「お布施」というと、お葬式や法事を執り行なってくれたお坊さんに信者が差し上げるお礼、特にお金のことをいいます。

しかし、これはインドのもともとの大乗仏教の「布施」とはかなり違ったものになっています。本来の布施は、修行のためにするもので、修行者・僧侶が行なうべきものです。そして修行としての布施には三種類あり、物だけをあげるのではありません。

何よりもまず、真理の言葉・教えをあげる、伝えるというのが、修行者が行なうべき布施の第一です。ふつうの人・凡夫は、無明のために四苦八苦の苦しみをしています。その苦しみから解放されるには、智慧・覚りを得なければなりません。といっても、突然、八識が四智に変わり、究竟位の覚りを得るわけにはいかないのでした。まず縁起・空という真理の教えを聞いて、学ぶことから始まります。

苦しんでいる人をそういう学びの歩み、あるいは心のリハビリの第一歩に導き入れるには、ちゃんと言葉で説明をしてあげなければなりません。そういう真理・法の言葉を伝えてあげることを、「法施《ほうせ》」と呼んでいます。常識的に物をあげるというのとは異なり、「説法」をすることこそ、菩薩がまず行なうべき布施なのです。

しかし、その人が例えば今大怪我で激痛で苦しんでいるとすると、インフォームドコンセントだのリハビリだのといっているわけにはいきません。何はともあれ応急手当をしなければなりません。例えば止血、痛み止めの麻酔などです。

それに似て、物質的な面で苦しんでいる人、例えば餓えている人に、難しい仏教の教えを説いても、そのときのその人の救いにはなりません。ですから、そういう場合は、まず食べ物など物質的な援助をするのです。「財施《ざいせ》」といって、状況によってぜひ必要なものです。しかし、建前としてはまず法施があって、その補助として財施があるといっていいかもしれません。

それから、布施の最後、ある意味でいちばん大切だと思うのは「無畏施《むいせ》」です。畏《おそ》れのない心つまり安らぎを与えることです。悩んだり、苦しんだりしておられる方の心が安らかになるお手伝いをすることは、仏教がもっとも重点的に行なうべき布施だと筆者は考えています。

真理の言葉を伝えるのも、必要な物をあげるのも、その結果として心が安らかになるのでなければ、あまり意味がありません。心を持って生きている人間という生き物にとって、言葉も物ももちろんベースとして必要ですが、そのうえにさらに心の安らぎ・満足というものが必要です。

そして、現代では、そういう無畏施の方便として心理学・心理療法が非常に有効であり、アドラー心理学の「勇気づけ」は現代人への無畏施としてきわめてすぐれている、と筆者は考えているわけです。

以上のように、物、言葉、心の三つの面すべてについて、私に少しでも余りがあれば足りない人にあげる努力、布施の実行によって、私たち自身の心が他者との一体性、さらには宇宙との一体性を少しずつ実感できるようになるというのです。

ここで大切なのは、人のためよりも、まず自分自身の心の健康回復のために行なうリハビリが布施なのだということです。これがわかってから、筆者も「なぜ、私が損をしてまで人のためにしなければならないんだ」という疑問はまったくなくなりました。布施は、自分のために人にやらせていただくトレーニングだったのです。ですから、布施をさせていただいた方に「リハビリにつきあって下さって有難うございます」と感謝してもいいくらいです。

こういう考え方は、西洋心理学一般にも、アドラー心理学にもない、非常にすぐれた仏教独特のものでしょう。

ともかく、無理のない範囲で少しずつやっていくことが肝心です。私たちは、六波羅蜜というと何かすごいことをしなければならないのだと思い、すぐ自分には無理だと思うか、逆に無理をしてしまいがちです。しかし、布施も含め六波羅蜜はリハビリのメニューのようなものですから、回復度に合わせて徐々にやるほうがいいようです。

いくら人の役に立ちたいといっても、やっとベッドから起きて歩行練習を始めたばかりの人が、突然アフガンにでも行って炎天下の重労働のボランティアなどをしたら、すぐに倒れて、かえって周りの人に迷惑をかけてしまうでしょう。泳げない人が、溺れている人を助けようとして飛び込んだら、自分も溺れてしまって、救助員に二重に手間をかけてしまいます。仏教の歴史のなかでもそういうことがよくあったようで、「非力《ひりき》の菩薩救わんとしてかえって溺る」という言葉があるそうです。

ですから布施も、自分のいまの実力に応じて、無理のない程度にすこしずつやるのがいいのです。溺れる人を助ける救助員になりたかったら、まず先に泳ぎをおぼえる必要があります。その場合、最初はボードにつかまってバタ足をするといった程度の練習から始めるわけです。

幸い、『雑宝蔵経《ぞうほうぞうきょう》』というお経に初歩的メニューがあります。「無財の七施」といって、財力がほとんどなくてもできる布施です。①眼施《げんせ》　人をやさしい眼で見ること、②和顔施《わげんせ》　やさしい顔をすること、③言辞施《ごんじせ》　やさしい言葉をかけること、④身施《しんせ》　体を使ってできることをすること、⑤床座施《しょうざせ》　席をゆずること、⑥心施《しんせ》　心で思うこと、⑦房舎施《ぼうしゃせ》　宿をお貸しすることの七つです。

人を見るとき、なるべくやさしい目で見るようにしましょう。人にはなるべく笑顔で接するようにしたいものです。激しい言葉、とげのある言葉を使わないで、やわらかなやさしい言葉を使うように心がけましょう。やさしい言葉というのは、ときとしてほんとうに救いになるものです。旧約聖書に「優しい舌は命の木である。乱暴な言葉は魂を傷つける。」（箴言一五・四）という言葉がありますが、ほんとうにそうです。

それから、たとえ小さなことでも体を使ってできることをしてあげるように気をつけたいですね。例えば、体が不自由な方は、ちょっとものを取るのも大変で、そんなときそばにいる人に頼んで心よく気軽に取ってくれるとすごく助かるのだそうです。電車などで、面倒臭がらず照れないで、必要だと思われる方にさっと席を譲るようにしましょう。筆者も、いつも必ずではありませんが、なるべくそうしています。

なかでも「心施」など、「心で思っても何もしなければ何にもならないではないか」と思われるかもしれませんが、そうではありません。苦しいときに誰かが思ってくれるだけでも、大きな心の支えになりますし、また心の深い思い・祈りはしばしば——必ずではないにしても——実現します。「念ずれば花ひらく」という言葉もあります。

唯識の考え方からいうと、人間の心は奥深いところで他の人とも宇宙ともつながっていますから、私の思いが宇宙の働きと共振すると、私が何もできなくても、宇宙が他の人のためにそれを実現してくれることがあるようです。

以上の項目のなかの一つ、二つなら、私たちでも、お金がなくても、力がなくても、いつも必ずはできないにしても、なるべくそうするように心がけることはできます。まあ、最後の宿をお貸しするのは、自分に家がなければできませんが。

ところで、以上の七施に、筆者は人の言葉・思いに耳を傾けてあげるという布施を加えるといいのではないかと思っていて、七施の名前にならって、⑧傾耳施《けいじせ》と呼んでいます。これもまた、財力がなくてもできることです。

ただ、本格的にするには、かなりの根気と非常な共感力が必要です。ひたすらに耳を傾けるだけのように見えるロジャーズ派カウンセリングに大変なトレーニングが必要であり、したがってまたプロのカウンセリングは有料であるように、「相手の気持ちに深く共感しながら、しかも感情的に巻き込まれてしまわない」というのは、決してやさしいことではありません。

しかし、人に聞いてもらえ、わかってもらえるだけでも、大きな慰め、救いになることがあります。できるだけ聞いてあげるという布施も実行していきたいものです。

布施とチャリティ・ボランティアの違い

私たちがぺこぺこにお腹が空いているとき、足が歩きまわり、目や鼻などが食べ物のあるところを見つけ、手が口に運んで、舌が美味しさを感じ、胃や腸が栄養を吸収します。その場合、足や目や鼻や耳や手が一方的に損をして、口や舌や胃や腸が一方的に得をしているわけではありません。一体である全身・全体のために体の各部分が、それぞれにふさわしい働きをしているだけのことです。

それと似て、私たち人間が深いところでは一体、つまり一つの体なのだとしたら、私が足や目や鼻や手の働きをし、他の人が口や舌や胃や腸の働きをしたとしても、私が損をし人が得をするわけではありません。

「布施」は、そういう深い事実に目覚めて自他の深い生きる喜びを感じられるようになるために行なうリハビリやトレーニングのようなものなのでした。「私のため」と「人のため」がほんとうには別のことではなく、同じ「私たちのため」であることを実感したいので、練習をするわけです。

布施は、「私が何かを人にあげる」というかたちのうえでは、いわゆるチャリティ（慈善）やボランティアと似ています。そして公平に見て、日本近代でいえば、仏教には布施という理想ないし建前はありながら、実行の点でキリスト教のチャリティ、ボランティアに一歩も二歩も譲るところがあったと思います。

しかし、布施はその目指す精神性においては、ある意味でチャリティ、ボランティアよりも深い、あるいは高いといえるのではないでしょうか。

チャリティは、「私」が「何か」を「人」にあげる、というかたちになりがちです。つまり、私と人と物が別の分離した存在であるという考え方が大前提になっており、何らかの意味でより多くの物を持っている私が、持っていない人に同情して、私の物をあげるというかたちになっているのではないでしょうか（キリスト教的チャリティもきわめて深い場合は、神の子が神のものを神の子のために使うという精神、アガペーという愛の精神で行なわれるのですが）。

そういうチャリティやボランティアは、ときにいくつかの問題を引き起こします。

一つは、私が私の物を人にあげることによって、精神的な見返り（例えばやりがい、生きがい、誇り、喜びなど）を求めているため、見返りがなかったら嫌になってしまうことがしばしばあるという限界です。ボランティア関係者の方によく見られる燃えつき症候群《バーンアウト・シンドローム》の原因の一つは、自分のしたことへの精神的な見返りがない、「報われない」という思いのようです。

二つは、「多く持っている＝優越している私」対「少ししか持っていない＝劣等なあなた」というかたちになると、ときとしてしてあげる相手につらい劣等感を感じさせ、心理的に傷つけてしまうことがあるということです。

三つは、可哀そうな人のためにいいこと・立派なこと・優れたことをしてあげている私という優越感で固まった傲慢な人間を生みだすことがあるという点です。率直にいって、福祉関係者の方のなかには、もちろんほんとうに頭の下がるすばらしい人格の方もおられますが、時々、えらそうで嫌味な方もいないではありません。

こういう話をするときにはいつも但し書きをするのですが、これは、「だからボランティアには無理があるし、もともと偽善なのだ。そんなものはやめてしまえ」と言いたいのではありません。人のためにいいことをすることは、もちろんいいことです。少々偽善的でも善は善ですから、進んで行ないましょう。言葉の意味からしても、ボランティアとは「自発的に進んで行なう人」ということです。

しかし筆者は、ボランティアをしている、あるいはしようとしている若者たちには、「ボランティアを布施の心でやれると、もっといいんじゃないかな」といいます。

広く深い意味での私つまり宇宙が、私のものを、私のために動かすだけなら、別に見返りはいりません。本気でそう思えれば、見返りがなくても嫌になったり燃え尽きたりしないでしょう。

そういう思いで、つまり平等性智に近づくべく努力しながら行なえば、優越―劣等という分離した関係で相手を傷つけることも少なくなるでしょう。

痛い左手を痛くない右手が撫でても、それは当たり前のことで、右手が左手より優れているわけではなく、撫でられた左手がしてもらった負い目や劣等感を感じることはありません。もちろん、右手がえらそうに「やってやった」と優越感に浸ることもありえません。布施の心で行なえば、傲慢な心になる危険が避けやすいでしょう。

凡夫あるいはごく初歩の菩薩である私たちは、自他の分離を前提にしたボランティアをしていろいろな点で行きづまることがありがちです。ぜひ、つながって一つだから自然にする・せざるをえないという慈悲を目指すリハビリとしての「布施の心」で、そういう限界を超えていきたいものです。

持戒

いわば「菩薩のためのリハビリ・メニュー　その二」は、戒律を守る・保持すること、「持《じ》戒《かい》」です。聞いただけで、堅苦しそう、面倒臭いと思う方もおられるでしょう。戦後の日本人は、自由、というより自分の好きなようにすることがいいことだという思い込みが強く、「戒律を守る」という言葉はほとんど死語です。

そこで、仏教でいわれている戒律の内容の説明に入る前に、「戒」についての考え方そのものについて一言コメントをしておきたいと思います。

重い病気になった場合、いろいろなことに「だるくて、面倒臭くて、何もしたくない。放っておいて、寝かせといてくれ。もういい。いろいろするくらいなら、死んだほうがましだ」という気分になることがあるのはよくわかります。

しかし、治療をしないでいてよくなるのならいいのですが、よくなりません。ちっとも「もういい」などないのです。どんどん悪くなります。すんなり死ぬのなら楽になるかもしれませんが、たいてい死ぬ前にもっと悪くなって苦しみますから、ちっとも「まし」なんかではありません。よくなったほうがいいに決まっています。

よくなるためには、やるべきことはやらなければなりません。やるべきでないことは、やってはいけません。その場合、よくなるのは誰でしょう？　医者でしょうか、患者でしょうか？　もちろん患者さんご本人です。自分のために、やるべきことをやり、やるべきではないことはやらない、というのは、これは誰かに強制・束縛されることでしょうか？　そうではありません。自分で自分をコントロールすることです。それは、他律ではなく自律です。自分のために自分を律する、自分のために治療に必要な規則を守るわけです。

それに似て、「持戒」は自分の心の健康回復―成長のためにすることですから、自分で納得して自分のために自分に戒律を課すこと、つまり「自戒」であり、自分のためです。「不放逸」と「不誠実、怠惰、好き勝手な心」の部分で、私たちはマナ識と非論理的な考え方のせいで、目先、自分が楽をすること、自分の楽しいことをすること、自分の好きなように、自分勝手にすることがいいことだと思いがちだという話をしました。でも、よく考えたら、それは違うのでした。

もう一つ、また金メダルの譬えですが、金メダルを目指す選手は、毎日、どういう生活をしているのでしょう。好きなように食べ、好きなように寝、好きなように夜更かしをし、面倒臭いことはなるべくやらないようにし……というふうにしているわけはありません。筋肉トレーニング、ウェイト・コントロール、メンタル・トレーニングにいたるまで、できること＝やるべきことは何でも精一杯やります。そういう人たちが口をそろえていうのは、「自分に勝つ」ということです。怠けたい、楽をしたい、好き勝手をしたい自分に、向上したい、金メダルを取りたい自分が勝つのです。

目標のために自分で自分をコントロールする、セルフ・コントロールすなわち「自律・自戒」が「持戒」の基本です。もちろん仏教では、「戒師」から「授戒」されるのですが、それはトレーナーからトレーニング・メニューを提案されるようなものだと考えればいいでしょう。他から提示されたメニューを自分のために受け容れて実行するということです。「持戒」の基本的な意味がわかってから、筆者も「持戒・自戒」の努力をする気になりました。筆者は、伝統的な仏教の戒律を授かっているわけではありませんが、いちおうおおまかなポイントだと思うことだけお話ししていきます。

五戒

まず、僧も在家の人も共通に守る、非常に基本的な五つの戒、「五戒《ごかい》」というのがあります。不殺生《ふせつしょう》、殺さないこと、不偸盗《ふちゅうとう》、盗まないこと、不邪淫《ふじゃいん》、不適切なセックスをしないこと、不《ふ》妄語《もうご》、ウソをつかないこと、不飲酒《ふおんじゅ》、お酒を飲まないことの五つです。

不邪淫と不飲酒で引っかかる人は多いでしょうが、他の三つはいうまでもないほど人間として非常に基本的なルールです。覚るかどうかという話以前に、人間同士が信頼しあい安心して生きていくうえで、これらは鉄則といってもいいでしょう。これらがきちんと守れただけでも、世の中はどんなに平和になるでしょう。

これらが権威ある仏の教えとして広められたことによって、アジアの人、日本人の真面目な国民性が育まれてきたことはまちがいありません（儒教の影響も大です）。そして、近代化によって仏教―神仏儒習合のコスモロジーが否定されるにつれて日本人の倫理性・精神性も崩壊しつつあります。私たちは、仏教の戒の意味をコスモロジー的視点からもう一度見直す必要があるのではないかと思います。

それから、「不邪淫」はもともと、僧はセックスそのものをしてはいけない、在家は結婚という形式の外でのセックスはいけないという意味です。これは、いい悪いは別にして、現代の日本ではほとんど通用しない戒かもしれませんが、セックスは人間同士の行為ですから、これを「相手も自分も傷つけるような不適切なセックスは避ける」という意味に取れば、現代でもきわめて有効な規準だと思います。

性は、命のすばらしい機能であると同時に人間においては非常に歪み汚れたものになる危険も含んでいます。かたちは時代によってある程度変わっていくにしても、男女がお互いを幸せにできるようなセックスが人間として適切であり、自分も含め誰かを傷つけるようなセックスは不適切であるという大まかな物差しがあれば、その時代、状況にふさわしいルールができ上がってくるのではないか、と筆者は考えています。

現代の日本では、最後の「不飲酒」という戒は、僧侶を含め守っていない人が圧倒的多数のようです。それどころか、仏教の裏用語で「般若湯《はんにゃとう》」というのはお酒のことです。「覚りに導くお湯」と呼んで、お酒を飲むこと＝不飲酒戒を破ることをごまかしたのですね。東南アジアのテーラヴァーダ仏教の僧侶の方からすると、日本の僧侶がお酒を飲むのは、許しがたい破戒に思えるようです。

筆者もかつて禁酒禁煙主義者でしたが、日本的なお酒を飲むことによってコミュニケーションを図るという文化を見ているうちに、「酒は呑むべし、呑まれるべからず」でいいのではないかと思うようになり、適度な範囲で人と楽しく飲むようになりました。呑まれてしまって羽目をはずし、大失敗、とんでもないことをすることさえなければ、「不飲酒」は「酒に飲まれないこと」というゆるやかなルールでもいいかもしれません。

どちらにしても、原則は、心の健康回復のために妨げになることはしない、助けになることはするということだと思います。

八戒

五戒の次に「八戒《はっかい》」または「八斎戒《はっさいかい》」と呼ばれるものがあります。これは、在家の人が特定のときにかぎって守り、いわゆる精進潔斎をする場合の戒です。

五戒に、「不塗飾香鬘舞歌観聴《ふずしょくこうまんぶかかんちょう》」、香料を塗ったり髪を飾ったりせず、踊りを見たり、歌を聞いたりしないこと、「不眠高広厳麗床上《ふみんこうこうごんれいしょうじょう》」、高くて広くて豪華で美しい床で寝ないこと、「不《ふ》食《じき》非《ひ》時《じ》食《じき》」、決まったとき以外に食事をしないことが加わります。簡単にいえば、贅沢、華美なことをしないで身を慎むことでしょう。

余談ですが、『西遊記』の猪八戒の名前はここから来ています。彼がいぎたなくて食欲、性欲などのコントロールがきわめて苦手だったからこそ、この八戒を守るようにという意味で、三蔵法師がつけたわけです。

十善戒

そしてさらに多いのが「十戒《じゅっかい》」「十善戒《じゅうぜんかい》」です。

不殺生、不偸盗、不邪淫、不妄語までは五戒と重なり、不飲酒が省かれて、「不両舌《ふりょうぜつ》」、二枚舌を使わないこと、「不悪口」、人の悪口をいわないこと、「不綺語《ふきご》」、飾った言葉を使わないこと、「不貪欲《ふとんよく》」、欲張らないこと、「不瞋恚《ふしんい》」、腹を立てたり恨んだりしないこと、「不邪見《ふじゃけん》」、因果・縁起の理法を否定するような考えを持たないことの五つが加えられています。これも在家、出家共通の戒ですが、特に在家の信者の熱心な人には、この「十善戒」が授けられ、守るように教えられました。お酒の好きな人は、不飲酒が省かれているので、ほっとするかもしれません。

かつての日本人の真面目さ、潔癖さ、正直さ、真面目さ、やさしさ、柔和さ、質素さといった美点は、先にお話しした五戒や、こうした十善戒の心がお寺でのいろいろな機会に語られたお説法などを通じて庶民に滲み込んでいったことで育まれたという面がかなり大きいと思います（それは寺子屋で儒教が説かれたことと並行しています）。

かつて筆者自身、仏教の意味は高尚で難解な教理や厳しい修行によって到る深い境地などだけにあると思いがちでしたが、現代のように荒廃してきて初めて、こうした一見当たり前のようにも思える、日常的な戒めがどんなに大切なところで日本人の精神性を育んできたのか、見直さなければならないと思うようになりました。人間は、倫理も含めてすべてのことに関して、教えられなければ学ぶことは困難です。仏教だけに通用するのではない普遍性のある十善戒のようなことをちゃんと子どもに教えることのできる教育制度を考えなければならないのではないか、と私は思っています。

さて、出家者すなわち僧が守るべき戒はこんなものではなく二五〇もあって「二百五十戒」といいます。さらに尼僧はもっとたくさんの戒を課せられます。しかし、これは本書の範囲を超えますから省きたいと思います。

忍辱

自分と他人、おれたちとあいつら、この物とあの物、人間と自然など、すべてのことを分離し別れたものと見るものの見方を「分別知《ふんべつち》」というのでした。

確かにそれぞれの物・事には区別があります。しかし、根本的には分離していない、つながっていて、結局は一つなのでした。そういう根本的な真理・法・ダルマからいうと、他人が私に損をさせた、嫌な思いをさせた、傷つけたというのは、広く深い意味で自分が自分に損をさせた、嫌な思いをさせた、傷つけたということになります。

傷つけられたというので傷つけ返したら、実は深い意味での自分を二重に傷つけることになります。譬えると、右手に包丁を持ってお料理をしていて、誤って左手の指を切ってしまったというので、傷ついた左手が包丁をひったくって右手に切りつけて仕返しをしたら、両手とも傷ついてひどいことになるようなものです。

いうまでもなく、右手と左手は同じ一つの体のそれぞれの部分ですから、決してやられてもやり返したりはしません。それどころか、左手の指を切った拍子に刃が上を向いた状態で包丁を落とし右手のほうがもっとひどい怪我をしたというケースなら、軽く傷ついた左手でもっと傷ついた右手の治療をすることだってあります。

六波羅蜜の第三で、ある意味でもっとも難易度の高いメニューである「忍辱《にんにく》」とは、他のもの（者・物）から傷つけられてもそれを忍ぶということです。

私たちは、なかなか自分に不利益を与えた相手を許すことができません。腹を立て、憎み、恨み、仕返しをしようと思ってしまいます。しかし、すべてがつながって一つということを知って、さらにそれを実感し、覚りたいのなら、この困難なトレーニング・メニュー、「忍辱」に挑戦しなければなりません。

ここで重要なのは、これは「のなら（ならば）」という条件つきの「ねばならない」で、強制的な意味での倫理、絶対化された「ねばならない」ではないということです。無理をして、「人を許さなければならない」と思っても、なかなかできません。

無理をしないためには、まず頭だけでいいから理を認識することが先です。「あいつとおれとは、実は一体なのだ」と理論としてだけでも認めるのです。そこを唯識では「忍はまず認から始まる」といいます。怒りや恨みや仕返ししたいという感情を押さえつけようとするより、感情は感情としてあるがままにしておいて、理をしっかりと認識し、認識できたら、少しずつでも実習するのです。「まったく腹が立つ。どうにもゆるせない。何とか仕返しをしてやりたい……でも、ほんとうはあいつとおれとはつながっていて、それどころか一つの宇宙の部分同士なのだ。まったく気に入らない、そんな気になれない、どうしてもそうは思えないけど……しかし理としてはそうなるんだ。ならば、せめてひどい仕返しをするのだけはやめておこう」というふうに。

ブッダの「怨みに報ゆるに怨みを持ってすれば怨みの絶ゆることなし」という言葉があります。憎しみに対して憎しみ返すと、また憎しみが増幅されてこちらに返ってきます。果てしない憎悪の悪循環を断つためには、忍辱という薬が必要です。それより何より、人を憎むと自分自身の心も不愉快です。自分の心の爽やかさのためにも、憎悪の悪循環を断つためにも、そして「すべては一体」と覚って心が超健康になるためにもできるだけ取り組んでいきたいものです。

能動的な受容

仏教の「忍辱《にんにく》」には、人から辱められたことを忍ぶという意味だけではなく、暑さや寒さや餓えや災害など、環境から来るいろいろな苦しみを耐え忍ぶという意味もあるといわれています。世界と私は一体だといっても、区分という意味では分かれていますし、世界は区分された個体としての「私」を中心に私の都合に合わせて存在しているわけではありません。大きな全体の都合でダイナミックに動いています。その動きはときに私の都合に合わないこともあるのが、世界・自然の自然な姿です。

ところが、自分の都合や願望へのこだわりの心で世界を見ると、世界はしばしば不条理・不自然そのものに思えます。「私をこんな目に遭わせるなんて、神も仏もあるものか」と思うことがありますが、世界にはそういうすべてを私の都合どおりにしてくれる存在という意味での神や仏はいないようです。はなはだ残念なことですが。

宇宙は、私たちにいのちを与えてくれた存在でもありますが、ときにまったく非情にいのちを奪う存在でもあります。それは、いくら恨んでも嘆いても仕方のない、宇宙のありのままの自然な姿だというほかありません。それでも、怒ったり恨んだり嘆いたり絶望したりしたくなるのが、私たちの人情つまり凡夫の感情です。

菩薩は、そういう凡夫の感情に深い同情・憐れみの心を持っていますが、しかし、自分に関しては「それが人情だからしかたない」とは考えないのです。人情は人情として受け止めながらも、感情に溺れ、打ち負かされてしまわないよう努力するのです。

「これは、個人としての私にとってとてもつらいことだが、だからといって誰か・何かを恨むようなことではないのだ。これもまた、ありのまま、自然なことなのだ」と認識して、能動的に受容しようとするのです。

忍辱とは、ただ受動的に「しかたない」とあきらめて我慢することではありません。あらゆる苦しみを積極的な修行のチャンスと捉えて、能動的に受け容れようと精一杯努力するのです。仏教用語で真理を意味する「諦《たい》」は、「あきらめる」と読まれますが、これは、受動的に弱々しく、希望を捨てることではありません。真理を明らめる・明らかに把握することによって、自分の都合で考えたり感じたりすることを能動的に断念するという意味なのです。

ナチのユダヤ人収容所から奇跡的に生還したことで知られる精神医学者フランクルが、「人間は、意味のない苦しみには耐えられないが、意味のあることなら雄々しく耐えることができる」という意味のことをいっていますが、確かにそうだと思います。

苦しみに意味を見出し、積極的・能動的に雄々しく立ち向かうことによって、高い、深い人間的成熟がもたらされることは、多くの苦労された方の実例からも明らかです。人の辱めを忍ぶこと、さまざまな苦しみに耐えること、忍辱は難易度の高いトレーニング・メニューですが、くじけないで取り組みたいものです。

精進

六波羅蜜の四番目は、精進《しょうじん》です。いちおう「努力」と訳すことができます。これは善の心の働きのなかにもありました。つまり、ふつうに考えてもいい心の働きですが、覚るためにも、これは不可欠な項目だということを意味しています。

私たちの生きている世界は、ダイナミックに動いており、変わっていくものでいつまでも同じではありません。つまり「無常」です。そして個人としての私たちに与えられた人生の時間も無常ですから、永遠に続くものではありません。好むと好まざるにかかわらず、それぞれに与えられた人生の時間は有限です。

ですから、言うまでもないことですが、人生でできることも有限です。やりたいことをいつまでも何でもやり続けることは、ほんとうに残念なことですが、できないのです。無常ということ、人生は有限だということに気がつくと、やらなくてもいいことや、どちらでもいいことをしている暇はないということがわかります。ましてやってはいけないことなどするのは、人生の無駄遣いどころか悪用です。

なるべくやりたいこと、やるべきことに限定して精一杯やっても、人生の時間はまるで足らないという気がします。ですから、前にも述べたとおり、人生では最優先事項、優先事項、少し後にまわしてもいいことをしっかり区分する必要があります。

特に世界新記録、金メダルクラスのきわめて高い人間成長をしたいと思うのなら、他の余計なことをしている暇はないでしょう。目標に向かってまっしぐらにトレーニングを重ねていくほかありません。それが「精進」という言葉の意味だと思います。

これは布施、持戒、忍辱と異なって、特定のことをするというよりは、有限な人生の時間の使い方の基本的な心構え、まっすぐまっしぐらにわき目もふらず修行していく姿勢のことだと思っていいでしょう。

ちなみに日本の日常用語に「精進料理」という言葉がありますが、もともとお寺で修行に励むときの食べ物という意味です。修行の中心は、次にお話しする「禅定《ぜんじょう》」で、心を静め、集中して空・一如の世界を直感することです。そのためにもちろん体の姿勢も坐禅という静かな姿勢を取ります。心も体も静かにするためには、食べ物も淡泊なものである必要があります。ですから、生き物を殺してはいけないということも含めて肉や魚は食べませんし、ネギやニラやニンニクといった体に元気がつきすぎるものも避け、主として穀類と野菜で作られた、非常に繊細な健康的でおいしい食べ物が工夫されました。それが一般的な料理になったのが「精進料理」です。

禅定

人間の心は、奥底から表面まですべてものごとをばらばらに分離したものとして捉えます。「分別知」です。そして、言葉を話すことは口のカルマ、考えることは心のカルマで、カルマは種子になり、マナ識を通ってアーラヤ識に溜まり、やがて芽生えてマナ識を通って意識に浮かんでくるという循環をしますが、これがすべて分別知の悪循環になっていますから、それを断たないかぎり、分別知から生まれる煩悩を断ち切ることはできません。煩悩を根本から断ち切るためには、分別知の悪循環を断ち切る必要があるのです。六波羅蜜の第五、「禅定《ぜんじょう》」はそのための方法です。

人間は誰でも、朝起きてから夜寝るまで目がさめている間中、心の中にいろいろな言葉やイメージがめぐっているようです。それは驚くほどしっかりと自動化されていて、言葉やイメージをめぐらせないようにするのは、やってみるとほとんど不可能だと思うくらいに困難です。そういう心の中での言葉やイメージを「念」といいます。

私たちの心の中では朝から晩までほとんどいつも、いろいろな言葉やイメージ、つまりばらばらの「雑念」がとめどもなく湧いては沈み湧いては沈み……と、めぐっています。雑念をなくして「無念無想」になろうとしても、まず無理でしょう。

実は雑念をなくそうという思い自体ある種の分別知による念つまり雑念なので、なくそうとすると、雑念に雑念が重なり対立・葛藤しあって、心が混乱状態になるばかりです。

ところが、古代インドの瞑想家たちは、そういう念と念が葛藤する状態を超えるみごとな方法を発見したのです。それは、直接念を押さえつけ、心を静めようとするのでなく、いわば念を生みだす心の裏をかくような方法です。仏教内外にいろいろな禅定の方法があるのですが、筆者は、臨済宗系の坐禅を学んで実践してきましたので、ここでは臨済禅の坐禅という「禅定」の大まかなポイントだけ述べることにします。

臨済宗で初心者に指導される「数息観《すそくかん》」という坐禅の方法があります。呼吸を数える瞑想法（観）です。

人間の心と体は、区別はできますが分離はできない一体のものです。そして、意識的な心で、無意識的な心（つまりマナ識やアーラヤ識）をコントロールして静め、落ち着かせることは難しくても、体を静かにし、落ち着かせることならそれよりはいくらか容易です。そこで、①まず体の姿勢を調えて、落ち着いて静かに坐ることから始めるのです。それが、坐禅などの坐り方・坐法です。「調身《ちょうしん》」といいます。

坐禅では、「結跏趺坐《けっかふざ》」といって、左右の足を組みます。これは、足をしびれさせて我慢会をさせるためにするのではありません。両ひざとお尻の下にしいた座蒲《ざふ》で長さを足した尾てい骨の三点で、ちょうどカメラの三脚のような安定した状態を作るためにするのです。

これは、足が長くて痩せている人の多いインド人には静かに長く坐っているためにはいちばん楽な姿勢だそうです。確かに足の短めな旧世代の日本人が、足首、膝、股関節やその周辺の筋肉がこちこちに硬いままで、最初から無理にこんな姿勢をすると痛い目に遭います。しかし、ちゃんと準備の柔軟体操でやわらかくしてからすると、それほどひどいことにはなりませんし、慣れてくると体を安定した姿勢にして心を安定させるという目的のためにはやはり非常に適切な姿勢だと感じるようになります。

初心で「結跏趺坐《けっかふざ》」が無理なら、片方の足だけもう一方の足の太ももに乗せる「半跏趺坐《はんかふざ》」にし、どちらにしても坐り方が調うと、次にひざがしらと尾てい骨で逆三角形の重心に背骨を立てる感じですっと上体を伸ばします。

それから、両手で卵型よりやや丸めという感じの「法界定印《ほっかいじょういん》」というかたちを作り、下腹部に軽く当てます。

次に、口を少しだけ開けて息を吐きながら上体をゆっくり前に倒していきます。息をしっかりと吐ききりながら、体を倒しきったら、口を閉じて鼻から息を吸いながら、ゆっくり上体を起こします（道場では鳴り物が入るのですが、省略します）。

そして首筋を伸ばして正面を見、そのまま首筋が伸びた状態で、視線だけ一メートルほど前方に固定します。すると、まぶたが下がるので、一見、外からは目を閉じているように見えるので「半眼《はんがん》」と呼ばれていますが、目は閉じるわけではなくしっかり開けていなければなりません。よくテレビドラマの武将などが目を閉じて坐禅しているシーンがありますが、あれは基本的にはまちがいです。目は、一点を見つめるのではなく、ただきょろきょろしないように、一ヵ所に固定するだけです。

ここまでで「調身」ができたわけです。

さらに瞑想家たちは、人間の体の機能のうち意識的な心である程度コントロールでき、しかもそれが無意識的な心につながっている特殊なものがあることを発見したのです。それは呼吸です。呼吸は、意識である程度コントロールできます。そして、呼吸が浅く短いと、無意識を含めた心全体があわただしい気分になり、深く長いと、落ち着いた静かな気持ちになります。

②体の姿勢を調えたら、次に呼吸を、なるべく長くて細くて静かで滑らかになるように調えるのです。「調息《ちょうそく》」です。

これは実際にやってみると、「いくらか容易に」と表現したように、すごく容易ではありません。それどころか、かなり難しいことが実感できるでしょう。それでも、直接無意識の心を調えようとするよりは容易です。

続いて、おへその少し下あたり、東洋医学でいう「臍下《せいか》丹田《たんでん》」から吐いて、そこに吸うという感じで、ゆったりと呼吸をしていきます。「呼吸」と表現されているように、吐くのが先で、吸うのは後です。しっかりと吐かないとしっかり吸うことができません。丹田に気合を入れて、なるべく長くて細くて静かで滑らかに呼吸するように、といわれています。

そして、呼吸を数えていきます。吐くときに「ひとー」、吸うときに「つー」と数え、「とお」まで数えたら、また「ひとー、つー」に返ってこれを所定の時間繰り返します。呼吸を調えるのが「調息」ですが、数息観では、呼吸を調え数えることに集中することで同時に「調心」を行なっていきます。

これは単純な方法ですが、決して容易ではありません。「長くて細くて静かで滑らかな呼吸」は、やってみるとなかなかうまくいきません。さらに、他のことを考えずそれだけに専念することも困難です。呼吸は乱れ、気は散り、足はしびれて痛くなってきて、「なぜ痛い思いをしてまで、こんなことをやっているのだろう？　私には坐禅なんて無理なんじゃないか？　こんなことをやったって、効果があるのだろうか？」などなど、いろいろな雑念が湧いてきます。

そこで学んだことを思い出すと、雑念はすべて分別知です。分別知が悪循環しているかぎり煩悩は浄化できません。煩悩を浄化したいのなら、そういう疑問―雑念は放っておいて、「ひとー、つー」と集中していかなければなりません。

生まれてこの方ほとんど分別知だけを熏習してきたマナ識やアーラヤ識が、短期間で浄化されることはありませんが、気長に続けていると、ごくわずかずつですが変化していきます。何年も何十年も経って振り返ると、ゆっくり、しかしじっくり確実に心が昔より爽やかになっていることが実感できるのです。

③それからさらに、「無念」になろうという念を起こすのではなく、一つの念に集中する、

いわば「専念」することで、心を静めていくのです。それは、例えば特定の聖なる言葉・マントラであることもあり、聖なるイメージであることもあります。どういうものを専念・精神集中の対象にするかに関して、仏教を含む古代インドの宗教ではきわめて多様な方法が工夫されています。

しかし、どんなに効果の高いトレーニング・メニューがいろいろあっても、それを読んでいるだけでは、レベル・アップはしません。どんな特効薬の効能書きがあっても、読んでいるだけでは治りません。仏教の話・知識は薬の効能書きのようなものです。読んだだけでも、ほっとするという安心効果はありますが、それでは不足なのです。薬やリハビリ・メニューに当たる実際の効果をもたらすのは、六波羅蜜です。

智慧

六波羅蜜の最後は、「智慧《ちえ》」です。人間の心の病の根本的な原因は「無明」ですから、無明が除かれて智慧に変わることが根本的な治療であることは、これまでお話ししてきたことではっきりしたと思います。これまで無明を智慧に変えるための五つのトレーニング・メニューをご紹介してきましたが、おもしろいことは、無明を智慧に変えるためのメニューそのもののなかに智慧が含まれているということです。

唯識では、人間は生まれつき（前世から引き継いで）アーラヤ識のなかに無明の種子を持って生まれてくると考えられています。現代風に言い換えると、言語を使った分別知を持つようになる遺伝的な素質といってもいいでしょう。それに加えて、生まれてこの方ずっと言葉による分別知の教育を受け、それもアーラヤ識のなかに記憶として蓄えられていきます。そういう先天的および後天的原因によって、私たち人間は分別知のかたまりとして育ってきます。そのなかでも重要なのが、自分が実体であると思い込む無意識のなかの分別知のかたまり、つまりマナ識です。

アーラヤ識とマナ識という深くて広い心の領域が分別知のかたまりなのですから、意識や五感がそれにコントロールされて分別知的な働きしかできないのは、当たり前といえばあまりにも当たり前です。

ところが、不思議なことに人間の意識は、分別知とは違うものの見方を教えられるとそれなりに理解できます。「分かる」という言葉がみごとに表現しているとおり、どこまでも分別知でありながら分別を超えた智慧について理解できるのです。

心のトレーニング・メニューである六波羅蜜の一つとしての「智慧」は、まず言葉を超えた究極の智慧に到るための手段としての言葉による智慧から始まる、といっていいでしょう。すでに私たちが学んできたつながりコスモロジーや縁起や空という考え方が、そういう言葉による「智慧」に当たります。

しっかり聞いて理解し、よく自分で考えて納得するというプロセスを繰り返し繰り返しやっていると、そのカルマが種子となってアーラヤ識に熏習されていきます。アーラヤ識に熏習された、いわば蒔かれた種はやがて芽を吹いて意識にのぼってきます。

意識からアーラヤ識に熏習されるときと、アーラヤ識から意識に芽吹いてくるときのどちらのときにもマナ識を浄化していく好循環のプロセスは前にお話ししたとおりです。

しかし縁起や空、つながりコスモロジーという考え・思想は、どんなに深くアーラヤ識に熏習されても、やはり分別知というところを超えられません。それを超えるのが「禅定」という方法でした。

分別知によって分別知を超える「智慧」を学ぶことと並行して、禅定によって無分別の世界そのものを直接に体験し、無分別のカルマの種子をアーラヤ識に熏習することが不可欠なのです。もちろん、他の四つの波羅蜜の種子も熏習していく必要があります。それらの種子の総合的な力によって人間の心は、五つの段階を踏んで徐々に八識から四智に転換していくわけです。

というと、「智慧」には六波羅蜜の六分の一の重要度しかないと思うかもしれません。そういう面もありますが、人間が「言葉を使って生きる動物」であり、意識的な存在であるという点では、言葉によって意識的に分かる智慧には決定的な重要性があります。人間は、言葉による智慧によって言葉を超える世界を分かることができるからこそ、言葉を超えた体験をしたい、しなければならないことも分かり、方法としての六波羅蜜の意味も分かり、実践しようという意志を抱くこともできるのです。

特に資糧位から加行位にかけて、この言葉による智慧をしっかり学び、身につけていくことが必要です。

第四節　究極の安らぎ

無住処涅槃

唯識—仏教の目指すところを一言でいえば「覚り」です。覚りというと何かとても深遠で神秘的で「曰く言い難い」もののように感じられるかもしれません。しかし、これまでお話ししてきたとおり、あえて言葉で「すべてが一つでありすべてがつながっていることを見ることができる心のあり方」と表現することもできるのでした。そのことを理論的に詳しく説明したのが「三性説」でした。心理学的な言い方をすれば、「心理機能論」といってもいいでしょう。
しかし私たちふつうの人間は、すべてがばらばらにあって後からつながりができるかのようなものの見方をしています。心の奥底から表面まで、すべてばらばらのものの見方しかできないのです。そういう心の仕組みを八つの領域に分けて分析したのが「八識説」でした。それに対して覚りの心を四つの智慧からなるものとして分析したのが「四智説」でした。八識の心を転換して四智の心を獲得することを「転識得智《てんじきとくち》」といいます。これも心理学的な言い方をすれば、「心理構造論」ということができるでしょう。

八識の凡夫から四智の仏までの段階を明らかにしたのが「五位説」です。心理学的には、「心理発達論」に当たるでしょう。

ここまでが、いわば原理論で、次の「六波羅蜜論」が臨床論になります。八識の心を転換して四智の心を獲得するには六つの方法が有効—必要であるという話でした。

これで唯識の理論の大切なポイントはほぼ尽きるといってもいいのですが、もう一つ、六波羅蜜を実践して八識が四智に転換した結果どういう心境・境地になるのかという、治療—修行のいわば「目的論」に当たる話があります。「無住処涅槃《むじゅうしょねはん》」という、大乗仏教独特の考え方です。

本書は、アドラー心理学と仏教の臨床実践的な統合の見通しをつけることを目的としていますので、このテーマについて深く掘り下げることはせず、大まかにご紹介するにとどめます(より詳しくは拙著『唯識のすすめ——仏教の深層心理学入門』NHKライブラリーの当該箇所、さらには拙著『究極の自由に向かって』サングラハ教育・心理研究所、参照)。

有余依涅槃・無余依涅槃

大乗以前の仏教では、生きることそのものが「迷いの生存」と捉えられ、覚り・涅槃は迷いの生存からの解放・脱出、「解脱《げだつ》」と同一視される傾向があり、覚った人は輪廻の世界から永遠に解脱して二度と戻ってこないことになっていました。

といっても、覚ったらすぐ死ぬわけではありません。覚ってもまだ体があって生きている状態は、「有余依涅槃《うよえねはん》」と呼ばれました。「迷いの生存・煩悩の依りどころである体がまだ余って有るが、心は覚りの状態にある」という意味です。

しかし、大乗以前の仏教の修行者たちは、肉体があるかぎり性欲や食欲といった欲望はなくならない、欲望を完全になくするには肉体そのものがなくなるほかない、と考えたようです。そういう肉体がなくなり欲望もなくなった状態のことを、「無余依涅槃《むよえねはん》」といいます。「依りどころである余計な肉体が無くなって煩悩の炎が完全に消えてしまった状態」という意味です。

本来清浄涅槃

それに対して大乗仏教の人々は、そういう考え方は自分一人が苦しみの生存の世界から逃れようというちっぽけな考え方、自分しか乗れない小さな乗り物だ、として批判をしました。確かに体がなくなれば煩悩もなくなり、自分は楽になるかもしれませんが、煩悩に苦しんでいる他の人々を救うことはできません。他の生きているもの＝衆生と同じ体があって初めて、慈悲・救いの実践をすることができます。

「この体があるままで完全な涅槃に入れる」というのが大乗仏教の特徴的な教えです。私たちの体・生命そのものが、煩悩と迷いの生存の主体であることから解放されて、覚りと慈悲の主体に変容することが可能だというのです。これは、単に特定宗教としての仏教の枠をはるかに超えた、人類全体にとって大変な希望のメッセージです。

大乗仏教の究極の目的である覚りとは、宇宙の本質である「空」ということに心の奥底まで目覚めるということでした。そして「空」というのは「一如」と同義語で、宇宙のすべてのものは一体であるということでもありました。大乗仏教の修行者たち＝菩薩は、徹底的な禅定の実践の結果、徹底的な無分別の智慧に到りました。すると、それまで損と得、幸福と不幸、善と悪、汚染と清浄、生と死というふうに分別していたことがみな無分別＝一体であることが見えてきたのです。宇宙では、善と悪、汚染と清浄という相対的な区別はできても、絶対的には分離しておらず、一体です。

大乗仏教では、そういう汚染と清浄という人間的な分別を超えた宇宙の本質を、もともと絶対的に汚れを離れている、汚れや悪という意味での煩悩は本来的には空であるという意味で、

「本来清浄涅槃《ほんらいしょうじょうねはん》」と捉えています。

この本来清浄涅槃というところから見ると、私たちの体や心も「本来清浄」です。そこでは、煩悩の依りどころである体が残っている・残っていないという問題は超えられてしまいます。「体があるままで本来清浄である」という宇宙的事実の発見が、それまでの小乗仏教に対する大乗仏教の決定的なポイントだといっていいでしょう。

無分別智的に見れば、体も心も含んだ自分もまたそのまま一つの宇宙の一部です。大乗仏教の菩薩たちは、自分がそのまま宇宙と一体なのならば、この身心よりもむしろ宇宙そのものを「自己」と捉えるべきだと考えました。英語で表現すれば、小文字で始まるselfではなく大文字で始まるSelfこそほんとうの自分だということです。

無住処涅槃

こういう驚くべき深い境地に立った大乗の菩薩たちは、輪廻に関しても、それまでとはまったくといってもいいほど違った考え方をするようになりました。

この身心に限定された自分というのは確かに生まれて死ぬものですが、宇宙としての自己は時間と空間と物質をすべて包んで超える存在です。そういう大きな自己とその一部としての特定の身心を持ったこの「私」との関係は、区別はできても分離できないものです。そして他の人と私の関係も、同じ一つの宇宙のあの部分とこの部分というふうに区別はできても分離できないものです。

そうすると、他の人の喜びは私の喜び、他の人の苦しみは私の苦しみということになります。特に分別知を基に営まれているこの世は四苦八苦という苦しみの世ですから、多くの人がいろいろに苦しんでいます。その苦しみを私の苦しみと感じたら、放っておけなくなります。他者の苦しみを自分の苦しみと感じて放っておけないと思う気持ちを「悲」といい、他者を喜ばせることを自分の喜びと感じる気持ちを「慈」といい、あわせて「慈悲」といいます。

修行者＝菩薩自身も苦しみに満ちた世界にあって、そこから抜け出したい、つまり涅槃に入りたいと思ったのですが、いざほんとうに深い涅槃の世界に入ってみると慈悲という気持ちのために、苦しみの世界で苦しんでいる衆生を放っておけなくなります。

そこで、状況に応じて絶対の安らぎの世界＝涅槃の世界にいたり、やはり衆生とともに苦しみの輪廻の世界にいて、苦しみをなくし安らぎを与えるという働きをしたりというふうに、自由自在に居場所・住所を変えるというあり方をするのです。そういう自由自在、住所不定の境地のことを「無住処涅槃」と呼んでいます。

どこまでもこの体と心が「自分」だという思い込んでいる私たちにはあり得ない話に思えます。それをわからせるために、「海の水と波」という譬えが考えだされました。

海の表面に立っている波を見ると、一つ一つ別の波のように見えます。しかしそれを海の水という面から見ると、すべて同じ一つの水です。海は、状況によって、鏡のように平らであることもできれば、さざ波になることも、大波になることも、怒涛になることもできます。しかしどういう波になっても、それが海の水であるということは決して変わりません。海は、自由自在に形を変えることができます。

私たちが自分の本質を「波」と捉えると、それは現われては消えるはかないという意味で「無常」な存在と感じざるをえません。そうすると、不安になったり、むなしくなったり、絶望したりするほかありません。しかしほんとうの自分は「海・水」なのだと覚ると、それは時を超えて時のなかで永遠にダイナミックに働き続けるという意味で「無常」な存在だとわかります。そうすると、根本的な安らぎと爽やかさを感じながら、ときには働いたりときには休んだり、自由自在に宇宙の働きの一部としてあるがままにあり、なるがままになり、なすがままになしていくということが可能になる、というわけです。

これはあまりにも深い境地なので、筆者も唯識の文献を手掛かりに「そういうことになっています」という話しかできませんが、修行を深めていけばいつの日かそういう境地に到達できるということについては実感的に納得しています。

そして、前にもお話ししたとおり、私たちの今生の課題としては、これをはるか彼方の行くべき方向を示してくれる道しるべ・理想として、行けるところまで行けばいいということだと思っています。

こうした修行の究極の「目的」の話は、もちろんアドラー心理学や人間性心理学の目指す「自己実現」を超えた「自己超越」というレベルの話であり、西洋の心理学はトランスパーソナル心理学の最善の部分においてようやく本格的な探究―研究のテーマになってきたところだといっていいでしょう。

ほとんど到達しがたい、あまりにも深い、高い境地の話で、自分には無理だ、関心がない、あるいは単なる理想であって現実性がない、と思う方もあるかもしれませんが、たとえそこまで行けないとしても、はるか彼方に目標・目印があることで、人間成長・修行の道の途中で逸《そ》れたりブレたりする危険が避けやすいという点で、無住処涅槃という究極の境地について知っておくだけでも大きな意味がある、と筆者は考えています。

まとめ：アドラー心理学と仏教・唯識の統合的学習について

最後に、すでに前半（第一部）のまとめと後半（第二部）の本文中に述べてきたアドラー心理学と仏教・唯識の接合から統合へという方向での学習について、もう一度全体としてまとめ直しておきたいと思います。

まず、人間の強い自我確立への衝動を、アドラー心理学では「優越性への努力」ほかと呼び、唯識では「マナ識」とその「根本煩悩」と呼んでいたわけですが、両者の洞察は重なる部分が大きく、しかも、それが基本的には善悪中性であり、善の方向にも悪の方向にも向かいうるものであるという洞察は一致していました。

人間は、きわめて主体的・主観的存在であり（仮想と唯識）、主観的であるためにしばしば誤った人生観・世界観（私的論理と無明）に陥るのですが、にもかかわらず自分の誤りに気づいていません。そのために自分をも他者をも幸福にしない不毛な生き方に陥ってしまう（不適切なライフスタイルと煩悩）という洞察についても、両者の洞察は相似形《パラレル》でした。

さらに、自己と他者、自己と世界のつながりという普遍的な事実・真理（共通感覚と覚り）に気づいた先人（師、セラピスト）に教え導かれることによって、誤りを訂正することが可能であり、そして気づくことによって、自他ともに調和した生き方（共同体感覚と自利利他・慈悲）ができるようになりうるという点も相似形《パラレル》でした。

ただ一点、意識と無意識を構造理論で捉えるかどうかというところでのみ、アドラーと唯識は一致していないともいえますが、クライアントのさまざまなニーズに応えるために存在しているという臨床家としての柔軟な姿勢――臨床家にとって理論は実践のための参照枠、ある意味で方便にすぎません――さえあれば、そこは容易にクリアできるのではないでしょうか。

しかし、「アドラーの課題が終わったところから仏教の課題が始まる」という言い方で表現したように、両者がそれぞれ主なテーマとしているレベルや発達段階、そしてアプローチの方法論が異なっていることはいうまでもありません。

アドラー派の臨床心理学の実践からすれば、他の人や物とのかかわり・つながりを考えることのできる「共同体感覚豊かなライフスタイル」を獲得・再獲得すれば、行動と心の問題は相当程度緩和または解決できると考えられます。場合によっては、日常的な意味ではもう何も問題がないというくらい自他の調和の取れた優れたライフスタイル＝パーソナリティ形成さえできるでしょう。

しかしそれでもなお、唯識・仏教の目からすれば、自我を実体視する無明とそこから生まれるさまざまな煩悩への傾向を完全に脱したことにはならないのです。とりわけ死への不安と怖れを含む四苦八苦などの人間の心の根本的悩み・煩悩は、八識が四智に転換したときにのみ根源的に解決されるわけです。

そこで理想的・理念的には、両者の統合によって、まず教師、セラピスト、師が、自らの到達しえたレベルでの共同体感覚さらには縁起の理法への目覚めから生まれる慈悲の姿勢で接することによって、子ども、クライアント、弟子の共同体感覚を育み深め、縁起の理法への目覚めを促し、さらにより高い発達課題としての究極の覚り（四智、究竟位、無住処涅槃）を共に目指す「善友」（人生の善き友すなわち修行仲間や師）となりあうというかたちが想定できるのではないでしょうか。

以上述べたところから、アドラー心理学者にとっても仏教者にとっても、相互にないものを補いあう、あるいは統合的に学習しあうという生産的な関係になる基礎はすでに十分あるのみならず、むしろ必然・必須だとさえいえるのではないか、と筆者は考えています。

あとがき

異常気象の猛暑のなか、ずいぶん久しぶりに一冊書き下ろしました。前著からこんなに間が空いたのは、公的にものを書きはじめてから初めてです。

仏教と心理療法の統合という共通テーマの前著『唯識と論理療法――仏教と心理療法・その統合と実践』（二〇〇四年、佼成出版社）を書いた後、続けてすぐに本書も書こう・書ける・書かなければと思っていたのですが、思いがけず時間が経ってしまいました。

一定数いてくださるらしい固定読者のみなさんには、ほんとうにお待たせしてしまいました。「何をしているんだろう、スランプなのか？」と思っていた方もおられるかもしれませんが、私のブログ（「伝えたい！　いのちの意味」http://blog.goo.ne.jp/smgrh1992/）をお読みいただいている方は、「そうか、ここのところ別のテーマに集中していたんだな」と理解してくださっていたことでしょう。

筆者は、現代の個人レベルでの心や行動の荒廃と環境の荒廃には深い対応―並行関係があると考えていて、四〇年以上、一貫して両方のテーマに取り組んできました。ここ数年は、環境問題の予想以上の進行の速さと深刻さのため、どうしたら日本を「エコロジカルに持続可能な社会」にすることができるかというテーマに、優先的に集中せざるをえない気持ちでした（曹洞宗大本山永平寺発行の『傘松』に連載し、現在、ブログでも公開中の「環境問題と心の成長」、持続可能な国づくりの会「理念とビジョン」などを参照)。そして環境問題はまさに「地球環境問題」というグローバルな問題ですから、もちろんさらに世界全体をどうしたらエコロジカルに持続可能にできるかというテーマにも取り組む必要があります。大変な課題です。

戻ると、現代人の心と行動の荒廃は、現象としては多様ですが、いちばん深いところ、主にはたった一つ、自分と他者との根本的なつながりを見失っていることから生まれていると思われます。アドラー心理学的にいえば「共同体感覚の喪失」です。そして仏教的により根源的にいえば「分別知・無明」によるものです。

環境の荒廃は、近代人が自分たちと自然(環境)が本来一体であることを忘れて、人間とは分離している、人間の都合で勝手に利用したり変形したりしていい物・対象だと錯覚したことから生まれていると思われます。自然との共同体感覚・エコロジー意識が十分であれば、環境問題は発生しなかった、あるいは発生してもごく初期に対処―解決されたはずです。

もちろん、人類、特にその指導者たちが大自然・宇宙と私そして人類はつながっており究極は一体であるという事実(縁起―一如)に目覚めていれば、そもそも環境問題は(戦争も)起こりようがなかったと考えられます。

個人の心レベルでも人類社会レベルでも、問題の起こる、というより問題を起こす根本的な原因は同じ、無明・分別知だ、と筆者は考えています。したがって、根本的な解決は、人類全体、特にその指導者たちが覚るほかありません。

とはいっても、突然、現状の人類全体、あるいはそこまで広げなくても日本人全体が覚るということは起こりそうもありませんから、ともかくまず個人の心レベルで少しでもつながりのなかの自分という事実に気づくことで癒されること（健全な自我の確立・再確立）も考える必要があります。その場合、アドラー心理学の「共同体感覚」という考え方とそれを育む臨床技法が非常に有効だ、と筆者は考えているわけです。しかしそこにとどまらず、その先まで縁起―一如の自覚まで目指したいというのが、本書の「自我から覚りへ」という副題の意味です。

右のようなさまざまな意味で、本書も早く書きたい・書くべきだと思いつつ、かつ早く書く約束だったにもかかわらず、最近の体力不足と怠慢も加わってここまで遅れてしまいました。

前著からの編集担当者である根岸宏典さんの大変な忍耐と適切な督促なしには、ここで書き終えることもできなかったでしょう。心からお詫びと感謝を申し上げたいと思います。

最後に、私事ですが、ちょうど本書執筆の時期と重なって、九十九歳になる自分の母を我が家に迎えて介護が始まり身心の疲れが重なるなか、変わることなく私の仕事も支え続けてくれている妻に、感謝と慰労の意を表したいと思います。ありがとう、ほんとうにごくろうさま。

二〇一〇年九月十二日

岡野守也

岡野守也（おかの もりや）

1947年生まれ。関東学院大学大学院神学研究科修了。卒業後、牧師と兼務で出版社に勤務。仏教、心理学、エコロジー、ホリスティック医学などの企画編集に携わる。並行して92年、サングラハ心理学研究所を創設、98年独立─専心。現在、名称をサングラハ教育・心理研究所に変更。機関誌「サングラハ」主宰。法政大学、武蔵野大学、桜美林大学などで講師も務めた。日本仏教心理学会元副会長。

主著に『唯識の心理学』『トランスパーソナル心理学』（共に青土社）『唯識のすすめ─仏教の深層心理学入門』（NHK出版）『聖徳太子『十七条憲法』を読む─日本の理想』『道元のコスモロジー─『正法眼蔵』の核心』『空海の『十住心論』を読む』『『金剛般若経』全講義』（以上大法輪閣）『コスモロジーの創造─禅・唯識・トランス・パーソナル』（法蔵館）などがある。本書の姉妹編として『唯識と論理療法─仏教と心理療法・その統合と実践』（佼成出版社、電子版のみ）がある。

仏教とアドラー心理学——自我から覚りへ

2010年10月30日　初版第1刷発行
2025年 6 月30日　初版第3刷発行

著　者　岡野守也
発行者　中沢純一
発行所　株式会社佼成出版社
〒166－8535　東京都杉並区和田2－7－1
電話　(03) 5385－2317（編集）
(03) 5385－2323（販売）
URL　https://kosei-shuppan.co.jp/

印刷所　錦明印刷株式会社
製本所　株式会社若林製本工場

ISBN978-4-333-02465-0 C0015

佼成出版社の本

「気づきの瞑想」で得た苦しまない生き方

◉カンポン・トーンブンヌム 著／上田紀行 監修・序／プラ・ユキ・ナラテボー 監訳／浦崎雅代 訳

【電子版あり】

［四六判／236頁］1，540円（税込）

不慮の事故で全身不随の障害を負った著者が、テーラワーダ（上座）仏教に伝わる「気づきの瞑想」を実践して体得した境地とは。「体に障害はあっても、心は障害者ではない」という自由な心持ちに至るまでの修行の道程と心の軌跡が綴られる。

現代坐禅講義
――只管打坐への道――

◉藤田一照 著

［四六判／496頁］2，750円（税込）

日本曹洞宗を開いた道元禅師の坐禅観の核心である「只管打坐」（＝ただ坐る）に至る道を、身体感覚を主軸に詳述する。各章末に各方面の第一人者――臨済宗僧侶、調息整体指導者、気功師、ヨーガ指導者、身体感覚教育研究者との対談を付す。

仏教新論

◉森 政弘 著

【電子版あり】

［四六判／264頁］1，980円（税込）

工学博士で五十年来の仏教研究家でもある著者渾身の一冊。仏教思想に貫かれている哲理「一つ」が解れば仏教が解るとし、仏典中に織り込まれている「一つ」を抽出、その理解・体得の仕方を説き明かす。著者参禅の師、後藤榮山老師の推薦文を付す。

禅と哲学のあいだ
――平等は差別をもって現れる――

◉形山睡峰 著

【電子版あり】

［四六判／200頁］2，200円（税込）

「差別と平等」「生と死」「迷いと悟り」「我と他」「明と暗」……仏教の言葉の多くが相対的な表現で説かれてきた。本書は相反する言葉をあげ、その中から二つの言葉が意味する真の思想を探る禅僧の哲学的考察。巻末に『般若心経』解説付。

ロボット工学と仏教
――AI時代の科学の限界と可能性――

◉森 政弘 著／上出寛子 著

【電子版あり】

［四六判／512頁］2，640円（税込）

「仏教哲学に則った科学技術こそが、世界を真の幸福へと導く」。そう訴える世界的ロボット工学者との出会いを契機に仏教を学び始めた心理学者が、その核心をつかむまでを約二百通の電子メールのやりとりから描き出す。理工系のための仏教入門書。

スマナサーラ長老が道元禅師を読む

◉アルボムッレ・スマナサーラ 著

【電子版あり】

［四六判／192頁］1，650円（税込）

道元の思想が凝縮された「仏道をならう（＝学ぶ、探究する）というは、自己をならうなり」の句は、そのまま釈尊の教えを言い尽くしている――。スリランカ仏教の長老が道元の著作を読み解き、わたしたちがより心穏やかに生きていける道を提示する。

※価格は 2025 年 6 月 30 日時点のものです。